小樽商科大学研究叢書7

労働契約の基礎と法構造

労働契約と労働者概念をめぐる
日英米比較法研究

Hideo Kunitake
國武英生

The Legal Structure of the Contract of Employment
Comparative Analyses of the Employment Relationship
in the United Kingdom, the United States, and Japan

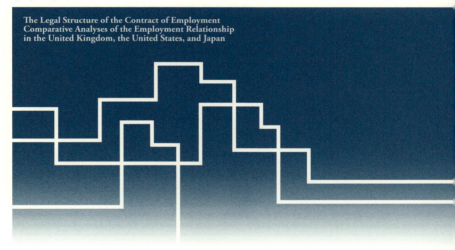

日本評論社

はしがき

1　本書は、イギリス法とアメリカ法の比較法研究を通じて、労働契約と労働者概念をめぐる理論的基礎とその法構造を明らかにすることを目的とするものである。

　わが国の労働法は、基本的に、指揮命令下で働く使用従属関係を対象とする法分野として歴史的に形成されてきた。「労働者」か否かによって明確に適用範囲を区分する二元的システムは、社会の経済活動および社会構造に適合的だというのがこれまでの理解であった。

　しかし近年では、雇用システムの変化や就業形態の多様化、IT（情報技術）化の進展により、SOHO、テレワーク、在宅就業者といった雇用と自営の中間的な働き方や、フリーランスといった働き方が急速に増加している。なかでも象徴的なのが、世界で急速に進んでいるシェアリング・エコノミー（Sharing economy）ないしギグ・エコノミー（Gig economy）とよばれる現象である。社会的・技術的変化により、労働力を大量に投入して生産を行うという労働集約型の就労形態から、個々人が労働の生産を担う知識経済型また労働分散型の就労形態へと移行しつつある。

　こうした状況下において、従来の労働者性の判断基準が適合しない自営的な働き方が増加しており、そうした者に労働関係法規が適用されるのかという点が筆者の基本的な問題関心である。その前提として、そもそも労働契約とはどのような契約であるのか、また、労働契約以外の契約類型についていかなる法的ルールを適用すべきかといった点が重要な法的論点となる。

　以上のような問題意識から、本書は、イギリス法とアメリカ法の動向を把握し、その分析を重ねる中で、現代社会における労働契約法理の分析と将来へ向けた問題提起を試みるものである。

2　本書は、次の構成からなる。

　第1章において、わが国における学説・裁判例を検討し、わが国において労働契約概念がどのように成立、発展してきたのかを考察し、労働契約をめぐる歴史的沿革と学説における議論状況を通じて、現状の法的課題を明らかにした。

　第2章では、イギリス法の検討を行い、イギリスの雇用契約の歴史的展開を明らかにすることを試みるとともに、制定法レベルにおける法的規律のあり方について検討を行った。イギリス法の特徴は、被用者概念の判断基準を解釈によって見直すことにより、妥当な結論を導こうとするアプローチを採用しているとともに、近年では、雇用類似の従属的就業者に対応するために、第3のカテゴリである「労働者（worker）」概念を導入することにより、労働法上の一部のルールを拡張している点にある。

　第3章では、アメリカ法における被用者概念に関する検討を行った。アメリカ法の特徴は、法律の適用範囲を法の趣旨に基づいて複数の判断基準を使い分けるとともに、州法レベルでも異なる基準を採用しており、法目的によって柔軟に判断していく実態を把握できたが、法目的による判断基準の使い分けは、適用関係の判別を困難にする実態もあることを指摘している。

　第4章では、新たな働き方であるライドシェアに代表されるシェアリング・エコノミーをめぐる訴訟を検討の素材にして、イギリスおよびアメリカにおける自営的就労をめぐる法的論点について検討を行った。イギリスでは、雇用契約論の再構成の議論が行われているのが特徴であり、また、第3のカテゴリである「労働者」概念を見直す議論も展開されている。アメリカでは、「独立労働者（independent workers）」という新たな分類を設ける議論も展開されている。

　最後に、第5章において、これまでの比較法的考察をふまえて、わが国における法状況について検討を行った。イギリス法とアメリカ法の知見が示唆するところは、従属労働関係にこだわらず、労働市場を構築する観点からプラットフォーム企業を介在する働き方も含めた法的規制を指向していることである。社会保障法や独占禁止法など他分野とも連携・協働しつつ、個人の役務提供を対象とした労働市場法の検討が必要であるという示唆が導かれる。

本書では、日本においても雇用と自営の中間的な働き方が増加していることに鑑み、その法政策のための基軸の構築を試みた。

3　本書は、2018年9月に北海道大学より学位を授与された博士論文（「労働契約の基礎と法構造」）に補筆・修正を行ったものである。労働契約と労働者概念に関する法理論は、北海道大学大学院博士後期課程から一貫して研究対象としてきたテーマである。本書は、10年以上にわたって法律雑誌等に掲載した論文に大幅な加筆訂正を加え、新たな書き下ろしを加えて一書にしたものである。

　本書は、タイトルに示すように、わが国の労働契約の基礎とその法構造を明らかにすることを目的とした比較法研究である。無論、イギリス法とアメリカ法の雇用契約全般にわたって分析することは、筆者の能力をはるかに超える作業であり、本書では、特に、労働法の適用対象を画定する労働契約と労働者概念に焦点をあてて検討している。研究を進めるうちに次々と新たな課題を認識し、多くの至らぬ点があることも自覚している。しかし、現代の雇用をめぐる環境の変化を目の当たりにし、大きく鮮度を損なわないうちに、諸賢のご批判を仰ぎたいと考えた次第である。今後の研究を通じて改善を進め、より高い成果を発表できるように努めていきたい。

4　北海道大学の学部ゼミ以来、指導教官として公私にわたり親身に御指導を頂いている道幸哲也先生（北海道大学名誉教授）には、本書に至るまでの論文の執筆に際して、測り知れないほどの学恩と御厚情を賜った。まがりなりにも、自分が研究者となることができたのは、道幸先生の下において研究に対する真摯な姿勢と自由闊達な議論の重要性を学ぶことができたからに他ならないと思っている。道幸先生には、ここに心からの感謝を申し上げたい。

　また、研究の基礎は北海道大学大学院の在学中に養われたものといって過言ではない。小宮文人先生（専修大学教授）、本久洋一先生（國學院大學教授）には大学院時代から折に触れて御指導頂き、また、加藤智章先生（北海道大学教授）、故倉田聡先生（元北海道大学教授）には、労働法と社会保障法を両輪として学ぶことの重要性を御指導頂いた。北大労働判例研究会、北

大社会保障法研究会を通じて、研究とはいかなる学問的営為であるのかを学ぶ貴重な機会を頂いた。研究会の先生方にも、普段から数多くの御指導・御助言をいただいた。ここに記して、諸先生方の御指導に対し謝意を表したい。

　本書の刊行に際し、日本評論社の上村真勝氏にはご尽力を賜った。刊行作業を辛抱強く支えて下さったことにつき、厚く御礼申し上げる次第である。出版にあたっては、山田哲氏（東京農業大学）、松田朋彦氏（北海道大学大学院）には原稿の校正のみならず貴重なご意見をいただいた。研究会で同じ時間を共にした先輩と後輩に感謝したい。

　本書は、小樽商科大学から出版助成を得て小樽商科大学研究叢書として刊行したものである。このような機会を与えていただいた小樽商科大学の関係の皆様に記して御礼を申し上げたい。

　最後に、今日までの私の歩みをいつも温かく見守ってくれた父と母と、共に日々を歩んでくれている妻に、この場を借りて感謝を捧げたい。

　　2019年2月

國　武　英　生

※本書はJSPS科研費　JP18K01291の助成を受けた研究成果の一部である。

目次

はしがき　i
文献略語一覧　ix

序章 …………………………………………………………………… 1

第1節　問題の所在 ……………………………………………………… 1
第2節　問題の構造 ……………………………………………………… 5
　第1款　問題の社会的背景　5
　第2款　本書の問題意識　12
第3節　方法と構成 ……………………………………………………… 14
　第1款　検討の対象　14
　第2款　検討の方法　15
　第3款　本書の構成　18

第1章　わが国における労働契約と労働者概念 ……………… 21

第1節　労働契約と労働者概念 ………………………………………… 21
　第1款　労働契約と労働者概念の沿革的考察　21
　第2款　わが国における近時の学説の展開　34
　第3款　労働者概念の構造　41
第2節　労働者概念に関するわが国の裁判例 ………………………… 49
　第1款　労働者性判断の基本枠組み　50
　第2款　下級審裁判例の新たな展開　57
　第3款　労働契約の性質決定と当事者の契約意思　62
第3節　課題の確認 ……………………………………………………… 67
　第1款　就労形態の多様化と労働者概念　67
　第2款　問題構造の分析　69

第2章　イギリスにおける雇用契約概念の形成と展開……………71

第1節　イギリスにおける雇用契約の形成……………………………72
第1款　資本主義成立以前の雇用関係　72
第2款　主従法時代と雇用契約概念　86
第3款　雇用契約概念の成立　96
第4款　小括　101

第2節　雇用契約と労働法の適用対象の構造……………………101
第1款　イギリスにおける雇用契約　102
第2款　被用者性判断基準の展開　105
第3款　義務の相互性基準の台頭　110
第4款　小括　113

第3節　準従属的労働者への法的対応………………………………115
第1款　雇用モデルの変容と雇用契約の役割変化　115
第2款　制定法における「労働者」概念　118
第3款　制定法上のその他の適用対象　125
第4款　小括　128

第3章　アメリカにおける被用者概念の形成と展開……………129

第1節　被用者概念の歴史的形成………………………………………130
第1款　原初的労働社会の形成　130
第2款　ブラックストンの雇用関係　132
第3款　代位責任におけるコントロールテストの形成　133

第2節　アメリカにおける「被用者」概念……………………………136
第1款　アメリカにおける雇用契約と被用者概念　137
第2款　「被用者」概念の判断基準　138
第3款　州法レベルの対応　151

第3節　全国労働関係法における「被用者」…………………………153

第4節　アメリカにおける「使用者」概念……………………………155

第5節　小括…………………………………………………………………156

第 4 章　雇用関係の構造 ……………………………………… 159

第 1 節　シェアリング・エコノミーと雇用関係 ……………… 160
第 1 款　シェアリング・エコノミーと雇用環境の変化　161
第 2 款　ライドシェアと Uber 訴訟　167
第 3 款　シェアリング・エコノミーをめぐる法的課題　174

第 2 節　イギリスの学説と改革案 ……………………………… 178
第 1 款　雇用契約をめぐる初期の学説　178
第 2 款　フリードランドの雇用契約論　180
第 3 款　目的論アプローチ　187
第 4 款　マシュー・テイラーの「従属契約者」概念　188

第 3 節　アメリカの改革案　193
第 1 款　「独立労働者」概念　193
第 2 款　全体の見直し ……………………………………… 197

第 4 節　比較法的考察 …………………………………………… 198
第 1 款　ILO における雇用関係をめぐる議論　198
第 2 款　各国の状況　202

第 5 節　小括 ……………………………………………………… 206

第 5 章　総合的理解の試み …………………………………… 209

第 1 節　英米における雇用契約の構造分析 …………………… 210
第 2 節　労働契約の基礎と法構造 ……………………………… 217
第 1 款　検討の視点　217
第 2 款　労働契約の法構造　222
第 3 款　残された課題　227

参考文献一覧　231

文献略語一覧

【日本法関係】
〈雑誌略語〉
学会誌：日本労働法学会誌
季労：季刊労働法
ジュリ：ジュリスト
法時：法律時報
法セ：法学セミナー
民集：最高裁判所民事判例集
労研：日本労働研究雑誌
労旬：労働法律旬報
労判：労働判例
〈文献略語〉
石田1994：石田眞『近代雇用契約法の形成』（日本評論社、1994年）
岡田1961：岡田与好『イギリス初期労働立法の歴史的展開〔増補版〕』（御茶ノ水書房、1961年）
片岡1956：片岡昇『英国労働法理論史』（有斐閣、1956年）
中窪2010：中窪裕也『アメリカ労働法〔第2版〕』（弘文堂、2010年）
西谷2013：西谷敏『労働法〔第2版〕』（日本評論社、2013年）
森1988：森健資『雇用関係の生成——イギリス労働政策史序説』（木鐸社、1988年）
柳屋2005：柳屋孝安『現代労働法と労働者概念』（信山社、2005年）

【イギリス法関係】
〈文献略語〉
Collins and Ewing and McColgan 2012：Collins,H., Ewing,K., and McColgan, A., Labour Law: Text and Materials（Oxford: Hart Publishing, 2012）
Countouris 2007：Countouris, N., The Changing Law of the Employment Relationship（Ashgate, 2007), p18.
Deakin and Wilkinson 2005：Deakin, S.F., and Wilkinson, F., The Law of the Labour Market: Industrialization, Employment and Legal Evolution（Oxford, 2005）
Freedland2003：Freedland,M.R., The Personal Employment Contract（Oxford: Oxford University Press, 2003）
Freedland and Kountouris 2011：M. Freedland and N. Kountouris, The Legal Construction of Personal Work Relations（Oxford: Oxford University Press, 2011）

序　章

第 1 節　問題の所在

　ある当事者が労働契約を締結し、労務提供をしてその対価として賃金を受け取ることは、ごく日常で行われている。

　この労務提供と賃金の交換関係を対象とする労働契約は、労働法における基本概念の 1 つであり、これまでにも多くの議論がなされてきた論点の 1 つである。しかし、そもそも「労働契約」とはどのような契約なのかということは、労働法の基本概念であるにもかかわらず、意外にも解明されていない。労働法の体系において労働契約概念が占める位置は決して小さなものではなく、その理論的解明がなされていないために、むしろ近時混迷を深めつつあるのではないかと思われる。

　20世紀に基本概念を確立した労働法は、労働法が適用される雇用と、それ以外の委任や請負といった契約とを明確に区別することによって労働法の適用関係を規律してきた。すなわち、労働法は、指揮命令下で働く従属労働をその対象とする法分野であり、安全配慮義務や労働組合法などの集団的労働関係の分野については例外的に適用対象を拡大することで、明確な二元的システムが社会の経済活動および社会構造に適合的だと考えられてきた。

　具体的には、個別的労働関係の適用対象を画定する労働者性については、雇用、請負等の法形式にかかわらず、労務提供の実態に基づいて「使用従属関係」の有無を実質的に判断すべきであると理解され、とりわけ、労働基準

法が刑罰法規であることから、規制の対象が明確であることが求められた。その結果、標準的な雇用関係を想定して、労働契約を締結した関係であることが労働法上の制度・理論の適用を認めるための前提であり、それ以外のいわゆる自営業者については、労働法上の保護は当然及ばないものとして考えられてきたのである。労働法規の適用の段階では、「労働者」であるかどうかが重要であり、実務的にもその労働者性の判断基準の具体化が重要な関心事であった。

しかし、現在では、こうした理解を維持することに伴う理論的な困難に直面している。主要な社会的変容としては、次の3つを指摘できる。

第1は、就業形態の「多様化」に起因するものである。雇用システムの変化やIT（情報技術）化の進展に伴い顕著に現れているのが、雇用と自営の中間的な働き方をする者の増加という現象である。労働契約以外の契約類型で就業する、いわゆる「契約就業者」が増加している[1]。これまでにも、請負や委任といった契約類型の異なる働き方がごく日常においてみられたが、近年では、SOHO、テレワーク、在宅就業者にとどまらず、ネットで仕事を受注する働き方が一般化しており、仕事を受注しながら会社員と類似した働き方をする「自営的就労」も増えている。

第2は、使用者による意図的な就業形態の「非雇用化」である。労働者と類似した就労実態でありながら、その契約形式を請負契約、委任契約等といった類型を意図的に選択することによって、労働関係法規の適用を免れようとするケースがその典型例といえる。裁判例のなかには、労働者の概念を狭く解釈し、結果的に労働法の適用範囲を限定するものも現れている。

第3は、自分で働く時間を決めることができるオンデマンド労働の拡大である。こうした現象を加速させるのが、海外で急速に拡大しているシェアリング・エコノミー（Sharing Economy）ないしギグ・エコノミー（Gig Economy）と呼ばれるオンデマンド経済の拡大である[2]。インターネット技術の進展により、欧米諸国ではシェアリング・エコノミーを基盤として職業生活を営む

---

1 西谷敏「労働契約論と労働法の再構築」法時66巻2号（1994年）4頁以下参照。
2 アメリカではギグ・エコノミーと呼ばれることが多いが、本書では便宜上、一般的に定着しつつあるシェアリング・エコノミーという用語を基本的に用いることにする。

者が現れ、それが爆発的に増加している。コンサルティングや業務請負、クラウドワーク、フリーランスといった従来型の働き方に位置づけられるものもあれば、ライドシェアに代表されるように、個人的活動の延長で収入を得る新たな働き方も世界各国で広がっている。プラットフォーム企業を介在させた個人間でサービスの提供をするオンデマンド労働が技術的にも容易となった。個人は、インターネット技術により、1つの企業に所属するだけではなく、同じ時間帯に複数の仕事に従事することも可能となっている[3]。

　クラウドワークや個人の起業は、労働力を大量に投入して生産を行うというかつての労働集約型の生産方式から、個々人が労働の生産を担う知識集約型また労働分散型の生産方式への移行を象徴する出来事である。また、新しい生産方式では機械化・自動化が大幅に進むなかで、個人に求められる役割は情報を活用して知的創造性を発揮することである。シェアリング・エコノミーは、プラットフォーム企業を介在しながらネットワーク構造のもとで個人がサービスを提供する働き方であり、権力構造を前提とした従来型の雇用とは一線を画する構造をもつということもできよう。

　このように、経済活動のなかで第三次産業、なかでもサービス業の比重が高まるとともに、使用者から具体的な作業指示を受けずに働く者など、経済的従属性が大きい働き方が増加している。サービスの提供内容としては基本的に同じ役務提供をする「労働」であるにもかかわらず、契約類型の違いにより法的取り扱いに大きな差が生じることが妥当なのか。従来の労働者性の判断基準が適合しない働き方に対して、労働法の適用をどのように考えるべきかが重要な法的課題となっている。

　いかなる当事者を労働法の適用される者としてとらえるかという問題は、一見単純そうである。すなわち、従来の判例法理により、労働契約以外の契約関係については、原則として、労働法の適用される「労働者」と認めず、例外的に、安全配慮義務と集団的労働関係法については一部について適用を拡大すればよい、という回答が考えられよう。労働法が適用されない自営業

3　総務省の発表によると2017年9月時点で正社員数は3,483万人、役員を除く労働者の占める割合は63.2%である。母数に自営業者も含めた全就業者6,596万人にすると、正社員比率は52.8%に下がる。

者については、労働法の適用対象とせずに民法などの一般法を適用すればよいという帰結になる。

しかし、雇用システムの変化やIT化の技術の進展により、雇用関係において指揮命令関係が相対的に緩やかになっている状況において、自立的に働く「自営的就労」の増加も見込まれており、こうした働き方について一律に労働法の適用から排除してよいかが問われることになる。現行の労働法制は、労働者か否かによって法的保護の有無を明確に区別しており、法的保護が得られる者とまったく保護がない者のオール・オア・ナッシングの取り扱いになっている。今後直視していくべき実態は、雇用関係を二分する「雇用」にも「自営業」にもあてはまらない形で就労する者が相当数存在するということである。

この問題は、労働法が対象とする「契約」とは何かを問うとともに、そもそも「労働法」とは何なのか、を問う壮大なテーマとなりうるものであるが、今後の労働法の役割を考えるうえで、避けて通ることはできない論点であると思われる。

以上のような問題意識に基づき、本書は、オンデマンド労働の拡大を受けて、従属的な労働契約関係を対象とする画一的な労働法規制が機能不全に陥っているという問題意識から、労働契約の歴史的展開と基礎構造を明らかにすることを通じて、自営的就労に対して法的保護を拡大する法的手法の意義と限界、その制度設計のあり方を検討するものである。

本書の問題関心は、労働法の対象となる契約関係を法的にどのように構成し、多様な働き方を許容しつつ、公正な労働市場を確立するにはいかなる視点が必要かを解明するという点にある。労働法学における論点としては、現行の解釈である使用従属関係を基本とした「労働契約」関係以外の者にも労働法のルールを一部について拡大していく必要があるか否か、というところにある。これは、労働契約関係以外の当事者を含む契約関係をどのように措定し、法的に分類していくかという問題である。労働法の法的効果をいかなる関係の者に及ぼすかどうかという問題であり、労働法システムを機能させるうえで中心的役割を果たす論点といえよう[4]。

労働法制にとどまらず、社会保障法制や税制を含めて、新しいビジネスの

利便性を活かしつつ自営的就労の法的保護をも両立させる法政策が求められており、今後のわが国の雇用政策を考えるうえで必要不可欠の論点として位置づけられる。雇用関係が多様化するなかで、契約締結や解消をめぐる問題も少なくなく、報酬の支払い、労災、社会保障や報酬の決定のあり方等をめぐる紛争も顕在化している。したがって、今日、この問題を検討する意味はあると考える。

第2節　問題の構造

第1款　問題の社会的背景

この問題を複雑にしているのは、その背景にある次のような社会構造の諸要因である。問題の社会的背景を共有すべく、より具体的に社会的背景について敷衍しておきたい。

1　グローバル化する経済と雇用

グローバル化する経済と雇用関係が、労働法の想定すべき雇用モデルを変容させている。

労働法の歴史をふりかえれば、労働法誕生の端緒は18世紀にイギリスで発祥した第一次産業革命に由来する。1760年代から1840年代頃にかけて、蒸気機関の発明と鉄道建設によってもたらされた第一次産業革命は、機械による画一化された工業製品の製造が可能となった。蒸気機関を使って大量生産された代表的なものは織物であり、その後の技術的発展により人々の生活は豊かになったが、他方で劣悪な労働環境の下で単純労働に従事する労働者を大量に生み出した。こうした状況下において、労働法は、農業社会から機械化・工業化への転換期において、労働者の状況を改善するための政府による法的介入として誕生したものである。カール・マルクスは人間の労働力その

4　Deakin and Wilkinson 2005, p4.

ものが商品となり、生産ラインに配置され、分業化によって1人ひとりが分断されることを「疎外」と呼んだが、20世紀の状況はマルクスの思想が多くの人々の共感を呼んだ時代であった。

19世紀後半から20世紀初頭には、電気の活用によるエネルギーの効率化と工場による大量生産を可能とする第二次産業革命がはじまる。20世紀に成功した雇用モデルの代表が、フォーディズムと呼ばれるアメリカの雇用モデルである。自動車会社のフォードの特徴は、仕事と権限の細分化とピラミッド的な労働組織を基礎とする大工場モデルであり、成人男性のフルタイム労働を想定したものであった。使用者に従属して規律を守り、その一方で労働者は安定と補償を受けるというものであり、均質で安定した地位が保障され、労働組合がその代表性を担った。

また、フレデリック・テイラー（Frederick Taylor）が提唱したテイラー主義は、生産現場に科学的管理法を導入するもので画期的であった。作業のストップウォッチ計測やスケジュール管理によって効率を最大化していくもので、その徹底により不確実性を最小限に抑えることを可能にした。労働時間は、労働関係を規律する客観的な基準としての機能を担い、従属性を図る指標ともなった。共通の働き方をすることにより、集団的労働関係では規律と連帯をもたらす役割を果たした。

第三次産業革命は1960年代の半導体やコンピューターの発展とインターネットの推進であり、一般的にはコンピューター革命あるいはデジタル革命と呼ばれている。第一次産業革命と第二次産業革命では肉体的な労働が機械への代替につながり、第三次産業革命では、情報処理を機械に代替させてきた。

そして、21世紀の現代は、第四次産業革命と呼ばれる変革期にある[5]。第四次産業革命はデジタル革命の上に成り立っており、その特徴が、グローバル化する経済と雇用関係である。次のような3つの象徴的な現象がおきている。

第1に、テクノロジーの発展とAI化の進展により、一部の職業では新しい機械が人間にとって変わりつつある。現実に、従来は人が担っていた工場

---

[5] 第四次産業革命の位置づけとその詳細については、クラウス・シュワブ（世界経済フォーラム訳）『第四次産業革命――ダボス会議が予測する未来』（日本経済新聞社、2016年）。

や倉庫などでの雇用が、新しいテクノロジーによって機械によって自動化されている。海外の研究では、現在の仕事のうち47％がコンピューターで代替可能という調査結果もある[6]。製造業の生産ラインの管理は機械にとってかわられ、労働者が担うべき役割は大きく変化することが予想される。IoT、ビッグデータ、人工知能、ロボットの技術が進展し、シェアリング・エコノミーが活用されるようになるなど、産業構造の大幅な変化が予想されている[7]。

第2に、テクノロジーの発展により、ごく少数の労働者だけで高い生産性を上げることが可能になっている。以前は、企業として、製造から営業、総務といった多様な部署を組織化して実施していたものが、AIの活用や外注化により、少人数でサービスを提供することが可能である。従来型の人間の仕事は、AIに安価に置き換えられることになる。バックオフィス業務などの従来型のミドルスキルのホワイトカラーの仕事は、大きく減少することが予想される。産業構造の変化に伴い、人は人間にしかできない役割を仕事として担うことになる。

第3に、グローバル経済により、新興国を含めて世界全体で経済活動がなされるようになっている。世界中に広がったグローバルなサプライチェーンを先進国の企業が管理する構図が明確に進んでいる。国家間の取引における垣根は低くなり、個人間でも国際的取引が容易にできる時代になった。また、製造業も多国籍で行われることが普通のこととなり、現在では、インターネットの発展により、取引が企業や個人間で国境を越えて行われている。フリーランスによる取引も国境を越えて行われている。技術革新ははじまったばかりであり、急速に発展するブロックチェーン技術などの新技術は、現時点で想定している以上の社会変革をもたらす可能性がある。

アメリカの未来学者であるアルビン・トフラー（Alvin Toffler）は、人類の歴史を、農業社会、工業化社会に続いて、情報化社会である「脱工業化社会」に移行していくことをかねてから指摘していた[8]。技術革新の発展は、

---

[6] Frey, C. B., and Osborne, M. A., 'The Future of Employment: How Susceptible Are Jobs To Computerisation?', (2017) 114 Technological Forecasting and Social Change 254.

[7] 産業構造の変化の見通しに関する分析として、経済産業省「新産業構造ビジョン――一人ひとりの、世界の課題を解決する日本の未来」（2017年5月）。

過酷で単純な労働から人間を解放し、単純労働の苦痛も機械が代替してくれるという意味では、人間にとっては恩恵を与える技術であることは間違いない。労働人口が減少するわが国において、労働生産性を上げていくためには、コンピューターやAIが労働の効率化に寄与するというのが現実的な解決法の1つになる。その一方で、使用者から具体的な作業指示を受けずに働く者など、経済的従属性が大きい働き方が増加するとともに、シェアリング・エコノミーの拡大により、アプリで個人間の役務提供を結びつけてサービスを提供する働き方が爆発的に増えていくことが想定される。

こうしたシェアリング・エコノミーの本質は、これまで企業が担っていたサービスがプラットフォーム企業を媒介にして個人によって提供されるようになる、という点にある。第四次産業革命による変革がどの程度ものになるかはまだ見通しはつかない状況にあるが、個人に空前のパラダイムシフトをもたらす技術である。第四次産業革命は確実に進展しつつある。

労働法は、資本主義の歴史とともに発展してきたものであり、戦後の労働法のあゆみは、資本主義そのものを発展させてきた歴史でもある[9]。資本主義を機能させる法的装置として労働法が形成されてきた歴史をふまえつつ、今後の資本主義社会の発展や社会構造にも留意したうえで労働法の役割について考察していく必要がある。

2　契約就業者の増加

前述の技術革新や社会的な変化は、就労形態に重大な変化をもたらす。それが象徴されるのが、「契約就業者」の増加という現象である。

わが国においても、SOHO、テレワーク、在宅就業者やインディペンデント・コントラクター、契約就業者といった働き方をする者の増加が顕著になっている。インターネットを通じて仕事を仲介するクラウドソーシングも急速に拡大しており、経済産業省は「雇用関係によらない働き方」について、厚生労働省は「雇用類似の働き方」や新たな働き方に対応した法制度のあり

---

[8]　アルビン・トフラー（徳山二郎監修・鈴木健次＝桜井元雄ほか訳）『第三の波』（日本放送出版協会、1980年）。
[9]　資本の歴史については、ウルリケ・ヘルマン（猪股和夫訳）『資本の世界史』（太田出版、2015年）。

方について検討を開始した状況にある[10]。こうした状況において、従来型の従属的な労働関係を対象とする画一的な労働法規制は、多様化する就業実態と乖離しつつある。

　個人事業主であっても特定の企業と専属的に委託契約や請負契約を締結して就業する者や、労働者と個人事業主との間の中間的な形態で就業する者が増えている[11]。このことは、個人が多様な働き方ができ、自律的に活動できる社会に大きく変わり、独立して活動する個人も増加することを示唆している。

　2016年に公表された厚生労働省懇談会報告書「働き方の未来2035」は、少子高齢化による生産労働者の減少を指摘するとともに、人工知能（AI）などの飛躍的発展と技術革新により、働き方が変容するという未来を指摘している[12]。現実にも、雇用をフリーランス等の業務委託契約に切り替える流れがあらゆる業種で定着し、加速している。

　企業は、柔軟性と効率性を高めるために、労働力をプロジェクトごと、あるいは時間帯ごとで調達するようになる。たとえば、広報はパートタイム労働者にまかせ、ソーシャルメディア業務をフリーランスに、コピーライティングを請負として企業に外注する、といったことが可能になっている。必要な時だけ発注し、発注した分だけ報酬を支払うという企業もある。1つの会社に所属しないフリーランスといった働き方が急速に増加し、柔軟な働き方を選択したいという労使の期待が増大し、それに伴う利益も飛躍的に増大しつつある。

　フリーランスやシェアリング・エコノミーのなかで働くメリットとしては、

---

[10] 経済産業省「『雇用関係によらない働き方』に関する研究会報告書」（2017年3月）、厚生労働省「『雇用類似の働き方に関する検討会』報告書」（2018年3月）、厚生労働省「労働政策審議会労働政策基本部会報告書～進化する時代の中で、進化する働き方のために～」（2018年9月）。また、労働法と不正競争防止法の交錯領域については、公正取引委員会「『人材と競争政策に関する検討会』報告書」（2018年2月）参照。

[11] 個人請負型就業者の実態調査としては、厚生労働省政策統括官「個人請負型就業者に関する研究会報告書」（2010年）。個人請負型就業者は高度な専門性や能力を要する職種以外にも広がりを見せている。個人請負を選択する企業の動機については、周燕飛「企業別データを用いた個人請負の活用動機の分析」労研547号（2006年）42頁。

[12] 厚生労働省懇談会報告書「働き方の未来2035：一人ひとりが輝くために」（2016年8月）。

働く時間と量を自分自身で管理できる点にある。アメリカやアジア諸国を中心に、働く時間と量を自分自身で調整できるという利点もあって、オンデマンド労働に従事する者が飛躍的に増加している。高いスキルがない労働者も、シェアリング・エコノミーに参加すれば収入を得ることができるというのが諸外国の実態であり、シェアリング・エコノミーが拡大している要因でもある。技術革新により、1つの企業に雇用されなくても、自分の好きな時間にオンデマンドで働くことが可能な時代が到来しようとしている。

　今後、スキルを買いたい企業と働き手をつなぐテクノロジーは、よりグローバル化するとともに、より安価で洗練されることが予想される[13]。個人間の「つながり」や「信頼関係」がテクノロジーで担保されれば、シェアリング・エコノミーに代表される仕事と私生活の境界線が曖昧な働き方が広がっていくのは必然といえよう。

　しかし、製造業からサービス業への大きな時代の流れと、それに伴う働き方の細分化により、サービス業の低賃金・低待遇の問題から社会格差が拡大している。オンデマンドの労働は、対価が低くなることも多く、生活の基盤を支える社会保障法制も見直しが必要な状況も生じている。

3　雇用と自営の不均衡

　自営的に働くフリーランスが増えることは、本人の望むまま就労することができるという意味において必ずしも悪いことではなく、むしろ望ましいことでもある。しかし、現状では、雇用と自営では法的扱いにおいて大きな不均衡が生じている。それは、企業間競争においても大きな影響を及ぼす。

　企業が経済活動を大きくするうえで、事業規模を大きくするためには労働力を得ることが不可欠である。会社等の組織を形成して経済活動を行ううえで、労働力を調達する手段は大きく分けて3つある。

　第1の選択肢は、雇用である。労働者として雇用して組織の中に取り込んでしまう方法である。労働契約を締結して働く労働者は、労働基準法や最低賃金法などの法律の対象となる労働者に該当するため、労働条件等の法的保

---

[13] リンダ・グラットン・アンドリュー・スコット『LIFE SHIFT』（東洋経済新報社、2016年）87頁以下。

障がなされ、労働契約法や労災保険の適用といった基本的な保障がなされる。

　第2の選択は、いわゆる業務委託契約である。雇用せずにその都度契約を交わして仕事を担当させるという方法である。純粋に業務委託契約ということであれば、現行法制の考えのもとでは個人事業主となり、労働者とは認められないことから労働法の適用はなく、民法等の一般法のみが適用される者として把握される。基本的にそこでは働く者の権利を保障するという発想はない。

　第3の選択肢は、別会社で労働契約を締結している者を受け入れ、働かせるというものである。いわば、第1と第2の中間として、他社の社員を送り込んでもらって活用するという方法である。いわゆる労働者派遣がその代表であり、労働者派遣の場合には労働者派遣法の適用を受ける。派遣元企業は労働者派遣法の規制に適合しなければならないとともに、派遣労働者を受け入れる派遣先企業も一定の事項については、労働法上の責任を負うことになる。

　わが国では、戦後、日本型雇用システムと判例法理による独特の正社員保護の仕組みを形成してきた。その特徴は、企業に職務内容の決定権が広範に委ねられ、必要な職業訓練も企業が実施するシステムであり、従事する職務に関係なく賃金は年功的に上昇し、貢献度は必ずしも加味されないことで、日本の高度経済成長期と重なって適合的な雇用システムとして確立した。

　わが国の雇用システムの前提となっていたのが働き方を雇用と自営に二分する考え方である。雇用にするメリットとしては、雇用であれば仕事をさせるときに契約をその都度結ぶ手間を省くことができ、契約に基づいて指揮命令を行うだけで労働力の提供を受けることができる。また、雇用の場合には、継続的な契約関係が前提となっているので、長期的な関係を結ぶことにより雇用保障を付与することにより、労働者の忠誠心を得ることもできる。

　他方で、雇用のデメリットは、雇用に付随するコストである。社員に長期的な雇用を与え賃金を継続的に支払うことが前提となっており、会社の業績が不振のときには弾力的な対応が難しくなる。また、労災保険や雇用保険の保険料、厚生年金や健康保険の保険料の負担もある。業務委託契約を締結する場合には、現在の解釈では、労働法の適用は一切なされず、雇用に付随す

る労働保険料や社会保険料を支払う必要もない。コストだけを見れば、業務委託契約を締結することは企業組織にとって魅力的な選択肢となりうる。

　雇用と自営で二元的に把握する労働市場においては、フルタイムで働く雇用を選択すると企業の金銭的・税制的な負担が最も重くなり、福利厚生や各種保険も充実させなければならず、他方で個人事業主の形態をとることで金銭的な負担を極端に軽減できる構造になっている[14]。現状では、雇用と自営では法的扱いにおいて大きな不均衡が生じている。その結果、使用者の意図的な「非雇用化」も横行している。

　こうした状況下において、「労働者」に該当するかどうかが、労働法上の法的保護の有無を決する。労働者に該当すれば、労働法上の保護を与えられ、労働者に該当しないということになれば、労働法上の保護は一切与えられないという結果になる。

　このように、労働法は、従属労働を前提とする雇用のみに手厚い法的保護を与え、個人事業主に対しては一切保護を与えないというオール・オア・ナッシングの現在の法的処理の枠組みが適切かどうかが問われることになる。

　検討が必要なのは、こうしたオール・オア・ナッシングの法的処理により、どのような問題が生じ、何が起こっているのかを明らかにすることである。そのうえで、業務委託契約に基づく就業者は、労働者性が否定されれば、何ら法的保護も受けられないのか、それとも、いわゆる契約就業者に対しても何らかの法的保護を付与することが適切なのかを考察していく必要がある。この問題は、労働法の適用範囲を問うものであるとともに、労働法上の法的保護のあり方を問う論点といえる。

第2款　本書の問題意識

　使用者と労働者の間で締結される労働契約が労働法の中核的概念であり、労働契約に付随して発展した概念が「労働者」である。これは各国において

---

[14] アメリカでの試算であるが、請負で人員をまかなう場合との対比では、人件費が3割から4割も高くなるという。Harris, S.D., Deputy Secretary. U.S. Department of Labor. Before the Committee on Health, Education, Labor, and Pensions. U.S. Senate. June 17, 2010（https://www.help.senate.gov/imo/media/doc/Harris4.pdf）。

も共通理解となっている[15]。

わが国では、労働法の適用対象をめぐる研究は、主として「労働者」という概念をどのようにとらえるかという問題として把握されてきた。そこでは、労使の対等決定や交渉力格差の是正に労働法の役割を求め、雇用と請負等の法形式の異同や、「使用従属関係」をどのように判断すべきかといった論点を中心に、議論の蓄積がなされてきた。

最大の問題は、労働法上の保護が必要な人々と、労働法上の保護範囲が一致しないという現象が生じていることである。伝統的な従属的な労働関係を対象とする画一的な労働法規制は、多様化する就業形態の実態と乖離しており、実態を直視すれば、「使用従属関係」に基づいて労働法の適用範囲を画定するこれまでの手法は、判断基準として十分に機能していない。労働契約とそれ以外の二分法では解決できない紛争が生じている[16]。また、請負や業務委託契約といった労働契約以外の者についても、実際には取引上弱い立場にある場合には集団的に労働条件を決定するというニーズも存在しており、その点をどのように考えるかも重要な課題となる。

労働法の適用対象を考えるうえで労働契約がどのような役割を担うのか、労働市場を規律する法的装置として「労働契約」をどのように位置づけるのかについては、わが国においては必ずしも十分な検討はなされてこなかった。労働者概念の基盤を構成する「労働契約」概念を現代化する試みについても、十分な検討がなされているとはいいがたい状況にある。

こうした労働法の適用対象をめぐる論点は、世界各国で共通の課題となっており、その適用範囲を拡大するアプローチが活発に行われている[17]。

20世紀型の雇用モデルは、労働組合の集団的交渉を背景に、使用者の指揮命令でなされる垂直型の典型的雇用を想定して労働法制を構築していた。21

---

15 Anderson, G., and Brodie, D., and Riley, J., The Common Law Employment Relationship: A Comparative Study (Edward Elgar Publishing Ltd, 2017).
16 道幸哲也「個別労働紛争は個別的か——分断に対する集団性の端緒」法時89巻9号（2017年）32頁。
17 Davidov, G., and Langille, B., Boundaries and Frontiers of Labour Law (Cambridge University Press, 2006), Supiot, A., Beyond Employment: Changes in Work and the Future of Labour Law in Europe (Oxford University Press, 2001).

世紀には、こうした垂直型の典型的雇用から、外注化および水平型の働き方へと少しずつ移行していくことが想定される。今後は雇用と個人事業主の境界線を設定することが難しくなり、実質では従来の雇用的な働き方だが、個人事業主とされるケースが拡大することも予想される。

諸外国では、労働法自体の捉え直しの議論もなされているところであり[18]、わが国の労働契約や労働者概念は、労働法が対象とすべき「働き方」を捉えきれているのか、また、既存の労働法体系にとって、今後の労働市場の展開に対応するうえで何が必要なのかを検証することは重要な知見になると思われる。

なお、わが国における先行研究との関係で本書の位置づけについて付言すると、イギリスやアメリカの雇用契約論と労働者概念に関する比較法研究は一部にとどまっており、いまだに本格的な検討はなされていない[19]。アメリカ法については、被用者概念の基本構造についても十分に明らかにされていない状況にある。多様化する雇用形態への対応という観点から、英米の雇用契約や制定法上の概念について、歴史的・比較法的な検討作業はこれまでは行われてこなかったといってよい。本書は、これまでの従来の研究を補い、また、多様化する就労形態の増加を想定したうえで、労働契約の基本的構造と労働市場の法的規制のあり方を構想していく1つの試みである。

第3節　方法と構成

第1款　検討の対象

以上のような認識を背景として、本書では、労働契約概念について、次の

18　Davidov, G., and Langille, B., The Idea of Labour Law（Cambridge University Press, 2011）.
19　イギリスの雇用契約について論じる邦語文献として、森1988、林和彦「労働契約の概念」秋田成就編『労働契約の法理論――イギリスと日本』（総合労働研究所、1993年）77頁、石田1994、同「イギリスにおける雇用関係の『契約化』と雇用契約の起源」根本到ほか編『労働法と現代法の理論　西谷敏先生古希記念論集　下』（日本評論社、2013年）259頁、小宮文人『現代イギリス雇用法』（信山社、2006年）、新屋敷恵美子『労働契約成立の法構造』（信山社、2016年）。

3つのレベルでの検討を試みる。

　第1は、各国において労働契約がどのように理解され、労働法の適用対象が画定されているのか、総論的な検討を行う。そこでは、労働契約概念を労働市場や雇用システムとの関係においてどのように理解しているのか、各国の歴史的経緯や理論状況を把握することに努める。

　第2は、労働者の概念が労働契約とどのように連動・関連しているかという点の検討である。わが国では伝統的に、「労働者」という概念を設定することにより労働法の適用範囲を画定してきた。そのため、労働法の適用関係の問題についてもっぱら労働者性について論じられる傾向にあり、労働契約概念と労働者概念の関係性については、必ずしも十分に意識されてこなかった。わが国における労働契約の機能・役割を検討するうえでは避けて通れない問題であると思われる。本書では、労働契約の概念と意義、そしてその限界を明らかにすることを試みる。

　第3は、労働法の適用関係がオール・オア・ナッシングで処理されている問題点をめぐる議論の検討である。現代では、使用者と労働者の関係にとどまらず、シェアリング・エコノミーを展開するプラットフォーム企業やフランチャイズ展開を行う企業など、その就労形態は多様化している。わが国の労働法は、指揮命令下の労働関係であれば労働法の適用を認めて手厚い保護を与え、それ以外の場合については一切の保護を与えないという構造をその基本としてきた。本書では、こうした法的処理の問題点を解消する法解釈論・立法論上の複数の解決策を検討することになる。

　関連して、労働法の立法論も大きな課題となる。労働法の適用関係を区分する法的処理の方法が議論の対象となる。労働法は他分野にまたがっており、それぞれによって法目的が異なる。問題の全体像を知るためには、伝統的な労働契約概念を超えた視点からの検討も必要である。

第2款　検討の方法

　以上の問題意識をふまえて本書では、比較法研究を行う。比較法の対象国としては、イングランド（以下、「イギリス」として記述する。）およびアメリカ合衆国（以下、「アメリカ」として記述する。）の労働法の適用対象をめぐる

議論を取り上げる。この2つの国をとりあげた理由は以下による。

イギリスについては、14世紀からはじまるイギリスの問題状況から21世紀の現代に至るまで法律の歴史的変遷を辿ることが可能な貴重な国である。また、産業革命発祥の国であり、変化の時期にどのように法律を修正・変更したかという点において、膨大な議論が蓄積されており、わが国の法制度を相対化するうえで重要な比較対象国となる。

また、現代のイギリスでは、労働法の適用対象の画定という問題への対処が重要な政策課題として明確に位置づけられている。このような問題意識が形成される背景には、雇用契約に基づいて二分法的に労働法の適用範囲を画定するという従来の手法が機能不全に陥っているという共通認識がある。1980年代以降の労働法の規制緩和、労働市場の柔軟化により、パートタイム労働者や臨時的労働者といった雇用形態で働く者が増加しており、他方で、雇用に類似した要素を含む労務供給契約に基づいて就業する、いわゆる契約就業者も社会問題化している。労働法の適用から排除される者が多数存在し、なお増加傾向を見せていることも大きな問題である。また、イギリスの雇用契約論の考察は世界的にみても議論の蓄積があり、雇用契約のあり方の検討にもつながる。

また、アメリカの動向にも目を向けたい。アメリカを取り上げるのは、シェアリング・エコノミーに代表されるように、世界的企業によるプラットフォームビジネスの発祥国において、多様な働き方が選択できるようになっていることである。わが国では論じられはじめたばかりのようなシェアリング・エコノミーをめぐる問題についてもすでに議論の蓄積がなされており、その議論状況を検討することはわが国にとっても示唆に富む。

アメリカでは、インフレ調整後の賃金が伸び悩むとともに、事業主や資産家とは相対的に、労働者に配分される所得の割合が減少している[20]。労働者の間でも格差が大きくなり、高額所得者に配分される所得の割合が激増している。また、成人男性の雇用状況もアメリカでは深刻である。求職活動中の成人男性の割合がこの30年ほどで右肩上がりになっている。アメリカではす

---

[20] Karabarbounis, L., and Neiman, B., 'The Global Decline of the Labor Share', (2013) 129 Quarterly Journal of Economics 61.

べての男性の労働参加率が1990年の約76％から、2015年には69％に減少したという。

アメリカには州法レベルで多様な制定法が存在するので、立法の経緯や法適用の状況を検討することによって、その法的課題を知ることも可能である。さらに、アメリカでは「独立労働者」という概念に着目する学説が展開されており、これは労働法の適用対象を考察する上で重要な示唆を与えるものである。

本書は、このような問題を抱えるイギリスおよびアメリカにおいて、どのようにして労働法の適用対象を画定しているのかを検討するものである。イギリスの制定法は、立法目的に応じて柔軟に適用対象を画定する手法を採用しており、歴史的な知見もある。また、シェアリング・エコノミーで先行するアメリカでも、オンデマンド労働に対応した法的保護のあり方について検討がなされている。こうした英米両国の取り組みを検討することは、わが国の労働法制のあり方を考える上で有意義であると思われる。

検討にあたって次の2つの視点を維持することに留意した。

第1は、歴史的な時間軸をもつ視点である。わが国における労働契約概念をめぐる問題が、歴史的にどのように推移してきたかについても、必ずしも多くの人の共通理解となっていない状況にある。他国の現代的な法制度や裁判例を適切に理解するためには、各国の社会規範・制度や歴史的背景を踏まえることが不可欠である。そこで、本書では、いずれの国の法律を分析する場合にも、両国の雇用契約と被用者概念の歴史の理解に努めた。もちろん、過去と労働実態と、21世紀の労働実態とはまったく違うことは否定できないし、過去の問題状況に関しては現代的視点ではなく、その当時の問題状況に沿って理解していくよう努力する必要がある。

第2は、両国を相対化する視点である。日本のあり方を検討するためには、自国を相対化する視座を得ることが重要である。各国の比較にあたり、相対的かつ客観的に把握できる部分については、そのように記述するように努めた。また、イギリスとアメリカ以外の国についても、客観的に把握が可能な部分については、参考になる視座を得るために記述することを試みている。日本の法制度とその機能を検討するに際しては、海外の法理論・法思想の特

殊性に留意しながら、比較法的検討を行いたい。

　なお、本書での用語についてここで整理しておく。わが国の現代の記述については「労働者」と「労働契約」で統一する[21]。イギリス法およびアメリカ法における概念については、伝統的な訳語に従って、「contract of employment」を「雇用契約」、「contract of service」は「雇傭契約」、「contract for service」は「労務供給契約」とする。「employee」を「被用者」、「worker」を「労働者」、「independent contractor」を「独立契約者」、「self-employed」を「自営業者」とする。アメリカ法についても「employee」を「被用者」と訳す[22]。

第3款　本書の構成

　以上のように、労働契約の法構造について比較法的考察を行うのが本書の構成であるが、叙述の順序については以下のとおりである。

　第1章では、わが国における学説・裁判例を振り返り、わが国の議論がどのような段階にあるのかを確認する。ここでは、わが国において労働契約概念がどのように成立、発展してきたのかを明らかにし、労働契約をめぐる歴史的沿革とこれまでの裁判例の展開を検討する。学説における議論状況と現状の法的課題を明らかにし、考察の基本的視座を抽出する。

　第2章では、イギリスにおける雇用契約の概念を検討する。これにより、産業革命によって世界を牽引してきたイギリスの雇用契約の歴史的展開を明らかにすることを試みるとともに、雇用契約の概念の意義と限界、制定法レベルにおける労働法の規律のあり方について考察する。

　第3章では、アメリカにおける被用者概念に関する議論について検討する。ここでは、アメリカにおける被用者性の判断基準の多様性、立法目的と適用範囲の設定、法的規制の問題点等を分析する。これは法目的ごとに適用対象を変化させるアプローチのあり方を提示することにもなる。

---

[21]　わが国では、民法と労働法の歴史的沿革から、日常でも労働契約と雇用契約が混在して使用される状況にあるが、労働契約法の成立をふまえ、法律用語としては「労働契約」で統一的に記述する。

[22]　この結果、日本の記述と比較対象国の記述で概念が異なる記述になるが、その内実も相当程度相違があることから、国によって用語を使い分けて記述する。

第4章では、新たな働き方であるライドシェアに代表されるシェアリング・エコノミーをめぐる訴訟を検討の素材にして、イギリスおよびアメリカにおける自営的就労をめぐる法的課題について検討する。第四次産業革命ははじまったばかりであるが、その端緒を検討することにより、労働法の適用対象の法構造を考察するうえでの示唆を得たい。

　最後に、第5章において、以上の検討・考察を前提にして日本における労働契約論をめぐる法状況を明らかにするとともに、問題の全体像の中で従来の議論がどのような意味を持つのかを考察した上で、今後の労働契約論と労働法の適用範囲に関する枠組みについて提示する。具体的な諸問題を念頭におきながら、若干の解釈論的および立法論的提言を行うことで、解決の方向性を探ることとしたい。

第1章　わが国における労働契約と労働者概念

　わが国で労働契約を論じる方法としては、大きく2つの流れがある。それは、労働者概念との関連からの検討と労働契約の法的性質をめぐる検討である。本章では、就業形態の「多様化」と「非雇用化」という課題を念頭におきながら、労働契約をめぐる歴史的沿革とこれまでの裁判例の展開を検討する。

　以下では、わが国における労働契約と労働者概念の沿革的考察を行う（第1節）。そこでは、わが国において労働契約論と労働者概念がどのように関連づけて検討されてきたのかを確認したい。その後、これまでの労働者性判断の裁判例の状況を概観し（第2節）、現在の問題状況と法的課題を明らかにしたい（第3節）。

第1節　労働契約と労働者概念

第1款　労働契約と労働者概念の沿革的考察

1　戦前における民法と雇傭契約

　わが国において労働契約という法的関係がどの時期から成立したのかは、史実の上でも議論があり、明確ではない。

　江戸時代には、家族以外の組織に雇用されること自体が少なく、また雇用される場合でも住み込みという擬似家族形態が多かった。雇う者と雇われる

者との主体的意思を媒介とした契約関係としては、主人と奉公人間の奉公関係において初めて成立したといわれる[23]。奉公人は生活全体を主人に依存し、また制約されるのが普通であった。江戸時代においては、人に雇われることを「奉公する」とし、雇い入れることを「抱える」と称した[24]。

　商家や職人として年季奉公が広く行われていたが、年季奉公人の請状が当時の契約と位置づけられよう。その特徴としては、①契約当事者は、奉公人自身ではなく身元保証人たる請け人や親が一方当事者であり、雇い主に対して奉公人を「差し入れる」ものであること、②主人に対する絶対服従義務を明確化していること、③奉公人からはみだりに解約の申し入れができないが、主人は任意に契約を解除しうること、④身元保証を立てて主人の損害を防止するとともに、その損害賠償義務を明確化したこと、⑤主人の反対給付義務が極めて不明確であること、が指摘されている[25]。当事者の義務は定量的なものではなく、奉公人は家風に従い絶対服従の義務を負って無限定の労働を行い、反対給付については極めて不明確であった[26]。江戸時代から続く当時の雇用は、封建的な身分関係をともなっており、労働は日本独特のイエの理念と結びつけられ、「家業」として観念されていた[27]。

　民法典が起草される前の明治初期の時代においては、働き方の分類としては、医師・弁護士・学芸教師などの「高級労務供給契約」、通常の雇傭契約を締結して働く「普通労務供給契約」、芸妓、娼妓、飯盛、茶立等の「年季奉公契約」の3種類に分かれていた[28]。労働者の名称については、明治前期において「奉公人」という用語が使用されていたが、「新律要領」頒布以後

---

[23]　秋田成就「日本における労働契約の法的関係」秋田成就編著『労働契約の法理論』（総合労働研究所、1993年）4頁。

[24]　外尾健一「労働契約書より見たわが国の労働関係の特質」労働法2号（1947年）61頁。また、わが国の労働関係の原初的性質については、磯田進「日本の労働関係の特質——法社会学的研究」東洋文化1巻1号（1947年）78頁。

[25]　外尾・前掲注24）論文64頁。

[26]　外尾・前掲注24）論文66頁。

[27]　日本の「タテ」組織、「家」制度と企業の関係については、中根千枝『タテ社会の人間関係』（講談社現代新書、1967年）。

[28]　服藤弘司「明治前期の雇傭法」金沢大学法文学部論集法経篇8巻（1960年）2頁、鎌田耕一「労働者概念の生成」労研624号（2012年）10頁。近世から明治前期の雇傭については、石尾芳久『日本近世法の研究』（木鐸社、1975年）417頁。

には「雇人」の名称に移行した[29]。使用者の名称についても、明治初期において「主人」「家長」「雇主」と三度にわたって変化したといわれる[30]。後見的法規によって規律されており、そこでは契約自由の原則は基本的に認められていなかった[31]。この当時は、契約の利用や賠償金取り立ての訴えが認められた例も極めて少ないとされる。

1890（明治23）年に旧民法典が制定された。旧民法典の「財産取得編」第12章では、「雇傭及ヒ仕事請負ノ契約」として、雇傭契約について「使用人、番頭、手代、職工其他ノ雇傭人」が「年、月マタハ日ヲ以テ定メタル給料マタハ賃銀ヲ受ケテ労務ニ服スル」契約として定義していた（旧民法典260条）。旧民法典では、「雇傭人」の名称が使用されていた。

旧民法典の原案として作成されたボワソナード草案においては、「自己の労務を賃貸する契約であるとする」とされ、雇傭契約が「賃貸借」の一種とされていた。これはフランス法の影響を受けたものであり、賃貸借と構成するのはローマ法の流れを汲んだものである[32]。

しかし、法律取調委員会の雇傭契約に関する第1回目の審議において、雇傭契約を「労務の賃貸借」として構成することに異論がだされることになり、法案の内容としては、雇傭契約は労働者が給与を得て「労務ニ服スル事」とされた[33]。具体的には、ボワソナード草案では、「医師、弁護士、および科学・文学・芸術・自由学芸の教師」のような高尚な労務を提供している職業については、一般の雇傭契約の対象とはならず、特別規定を設けることとさ

---

29 服藤・前掲注28）論文15頁。
30 服藤・前掲注28）論文11頁。
31 服藤・前掲注28）論文6頁。
32 ローマ法では、locatio conductio に三種類の契約が統合されていた。すなわち locatio conductio rei としての賃貸借契約、locatio conductio operarum としての雇傭契約、さらに locatio conductio operis としての請負契約である。lacatio conductio operarum は、報酬との交換をともなって、期間を定めて第三者に労務提供することを約する契約である32。これに対し、lacatio conductio operis は労務を提供することを約するものではなく、労働の結果を約する契約として把握された。ローマ法上の雇傭は、「奴隷の雇傭」として始まった。雇主は「奴隷」を「物」として「賃借」し、その「物」の果実として奴隷の労務を利用することになる。Sohm, R., The Institutes of Roman Law, (1892), p311.
33 野原香織「ボワソナードの雇傭契約論――労働者保護に注目して（上）」法学研究論集（明治大学）39巻（2013年）274頁。

れた（草案財産取得編第962条、旧民法財産取得編第266条）。また、「俳優、音楽家、舞踏家、格闘家または手品師と演劇その他大衆娯楽の興行者との間に結ばれる契約」（草案財産取得編第961条第1項、旧民法財産取得編第265条）や、「剣術・武芸・手芸・工芸の指導者または教師、および獣医」（草案財産取得編第961条第2項、旧民法は削除）は雇傭契約の対象とされた。このように、雇傭契約の対象となる職業を条文中に列挙することにより、雇傭契約における「労務」の内容が明らかになる構成が採用されていた。

　もっとも、いわゆる「民法典論争」により、その施行を延期する民法及商法施行延期法律が成立し、結果としてボアソナード草案を元にした旧民法典は施行されることはなかった。

　その後、穂積陳重、富井政章、梅謙次郎の3人が中心となり、1898（明治31）年に民法典が起草された。民法典には、雇傭契約について、「労務」の内容には制限がなく、医師・弁護士・教師のような自由業として営まれる労務も含まれること、「報酬」の種類も制限はなく、金銭に限らず扶養のように無形であっても許されること、労務の期間の定め方も、年、月、日に限らないこととされた。また、雇傭を賃貸借の一種と構成しないこととされた（623条）。

　民法典の雇傭概念については、ボアソナード草案の違いを意識したとき、次のような特徴が認められる。

　第1に、労務の内容についてはボワソナード草案の旧民法が医師・弁護士・教師といった高等な労務を雇用の対象から除外していたのに対し、民法典はすべての労務を雇傭の対象とした。これにより、基本的に雇傭の概念において、「高級労務供給契約」や「普通労務供給契約」という区分は廃止されることとなった。

　第2に、労務の結果に重きをおく請負と区別するため、労務そのものが契約の目的であることが明らかにされた。これにより、雇傭契約と請負契約の差異が意識された。

　第3に、この時点における雇傭は、使用者の指揮命令に服することは雇傭契約の本質的要素とは必ずしも把握されていなかったというのが近年の研究の到達点である[34]。この点、梅謙次郎は、医師・弁護士・教師といった労務

は指揮命令の有無が明確ではないが、これは雇傭の概念にかかわる問題ではなく、労務の態様に関する事実問題であると指摘している[35]。「労務ニ服スル」という文言は、立法当時、単純に労働に従事するということを意味し、使用者の指揮命令に服することは、雇傭の本質的要素とは必ずしも考えられていなかったようである。

こうして、旧民法典にあった高級労務と普通労務の区分を廃し、高級労務を雇傭に受け入れた。雇傭と委任との区別については、当初、委任の目的を法律行為の委託に限定したが、その後、事務処理を行う場合について準委任を設けることにより、準委任を同じ規定の下においた現行民法の枠組みが確立した。現行民法典は、雇傭関係を単に労務提供と報酬の交換関係ととらえており、現代からすると、労働者保護の視点を欠いたものであった。

2　工場法の制定

わが国の労働保護法としては、太政官布告（明治5年）、鉱業法（明治38年）が制定されたが、現代の労働基準法の原型となるのが、1911（明治44）年制定、1930（大正5）年施行の工場法である。

工場法の適用関係については、工場法17条が「職工ノ雇入、解雇、周旋ノ取締ニ関スル事項ハ勅令ヲ以テ之ヲ定ム」と規定していた。工場法の特徴としては、次の点を指摘できる。

第1は、工場法は「職工」を適用対象者としているが、工場法の対象になるか否かは、業務が工場の目的とする作業の本体もしくは助成する業務に該当するかどうかであり、工業主と職工間の雇傭関係の存在は、工場法の適用

---

34 広中俊雄編『民法修正案（前三編）の理由書』（有斐閣、1987年）534頁。この点を指摘するものとして、鎌田耕一「雇傭・請負・委任と労働契約」横井芳弘・篠原敏雄・辻村昌昭編『市民社会の変容と労働法』（信山社、2005年）159頁、水町勇一郎「民法623条」土田道夫編『債権法改正と労働法』（商事法務、2012年）3頁。当時の民法学説においては、使用者の指揮命令権の有無によって雇用と請負を区分することは適切ではないという指摘もなされていた。鳩山秀夫『日本債権法各論下巻』（岩波書店、1924年）525頁。
35 梅謙次郎『民法要義 巻ノ三 債権編〔復刻版〕』（有斐閣、1984年）684頁。鳩山秀夫も、雇傭の特質を指揮命令に求めていなかった。鳩山は「雇傭ニ於テ労働者ハ使用者ノ指揮ヲ受ケ、請負ニ於テ請負人ハ注文者ノ指揮ヲ受ケザルコト多シ。然レドモ之唯状態タルニ止マリ之ヲ以テ両者区別ノ標準トスルハ誤レリ」としている。鳩山・前掲注34）書525頁。

関係を判断する必要条件ではなかった。すなわち、解釈例規では、「職工とは主として工場内に在りて工場の目的とする作業の本体たる業務に付労役に従事する者及直接に其の業務を助成する為労役に従事するものを謂ふ」（大正5・10・16商局第1182号）と定義しており、この定義からも契約関係の存在を重視していないことが明らかとなる。

第2は、工場主と請負契約を締結している者であっても、職工として取り扱われていた。行政解釈においても、「工場の業務に従事する者にして其の操業か性質上職工の業務たる以上は雇傭関係か直接工業主と職工との間に存すると或は職工供給請負者、事業請負者等の介在する場合とを問はす一切其の工業主の使用する職工として取扱ふものとす」（大正5・11・7商局第1274号）とされており、雇傭契約か請負契約かという契約の形式についても重要視されていない。

第3に、労務供給請負人により供給された職工であっても「事実上特定」された場合は、工場法の規定の適用があるとされた。たとえば、工場法施行規則27条の2は、雇傭契約の解除について14日前の予告ないし予告手当を要求していたが、同条の「雇傭契約なる語は形式上の誓約書等に関することなく事実上の使用関係を謂ひ雇傭契約の解除とは工業主の一方的意思に依り雇傭関係を終了したものを謂ふ」と述べ、さらに、「請負人の供給するものと雖も事実上特定せられかつ相当継続して使用せらるる場合には事実上期間の定めのなき雇傭関係成立したるものとみるべくその雇入れの停止は事実上契約解除とみることを要する」（昭和8・11・1発労第110号）とした。

このように、工場法では、職工であるかどうかで法律の適用関係を判断しており、直接の雇傭関係がない場合でも、請負契約を含めて適用の対象に含めていた。工場法の適用においては、雇傭関係があるかどうかという点を重視せず、その適用を契約関係によっても判断していなかったところに特徴がある。

3　戦前における雇傭契約論

ここで戦前の学説の状況に目を向けてみると、わが国においては、1900年代初期に労働契約の法的性質について諸外国の動向をふまえて本格的に論じ

る論考が登場している[36]。それが、岡村司[37]、末川博[38]、平野義太郎[39]の各国の法制を比較する論文である。戦前の段階では、民法の雇傭と労働契約の関係に議論の焦点があった[40]。

　岡村司は、労働契約について3つのモデルを提示して本格的に論じている。第1案としてフランスの賃貸借を労働契約に適用する方法、第2案としてベルギー労働契約法を参考にする方法、第3案にフランス労働契約法を参考にする方法が提案され、第1案では契約の範囲が広すぎ第2案ではせますぎるとして、第3案のフランス労働契約法を参考にする方法を提案している[41]。

　末川博は、ローマ法上の「雇傭」は、賃貸借と同様に債権関係として把握するものであり、「勞務を單に物的にのみ觀察して居つた」と評価する。その対比において、オットー・フォン・ギールケ（Otto von Gierke）は、雇傭の起源を「忠勤契約」（Treudienstvertrag）に求めた。そして、労働契約を単なる労務提供・報酬の交換関係にとどまらず、なによりも、忠実・配慮の原則に支配される人的共同体を創設するものと把握した[42]。

　平野義太郎は、「労働契約は産業革命後の発生した労働組織の特異な形態

36　労働契約に関する戦前の論考として、岡村司「労働契約(1)～(5)」京都法学会雑誌3巻6号（1908年）92頁、7号49頁、9号106頁、11号85頁、12号45頁、末川博「雇用契約発展の史的考察——ギールケ『雇傭契約の起源』に就て」法学論叢5巻5号（1920年）72頁〔同『民法に於ける特殊問題の研究　第2巻』（弘文堂、1939年）462頁所収〕、平野義太郎「労働契約概論(1)」法学協会雑誌40巻11号（1922年）37頁、末弘厳太郎『民法講話下巻』（岩波書店、1927年）152頁以下、山口正太郎『労働法原理』（日本評論社、1928年）43頁以下、児玉兼道『労働法要論〔第2版〕』（中西書房、1930年）93頁、孫田秀春『改訂労働法論』（有斐閣、1931年）、津曲蔵之丞『労働法原理』（改造社、1932年）、石田文次郎「債権契約の二大類型」『東北帝国大学法文学部十周年記念法学論集』（岩波書店、1934年）、末弘厳太郎「労働契約」『法律学辞典』第4巻（岩波書店、1936年）2777頁、菊池勇夫「労働契約の本質」『九州帝国大学法学部十周年記念法学論集』（岩波書店、1937年）〔菊池勇夫『労働法の主要問題』（有斐閣、1943年）97頁所収〕、浅井清信「請負契約の本質について——その危険負担論の序説として」法と経済7巻4号（1937年）。
37　岡村・前掲注36）論文。
38　末川・前掲注36）論文。
39　平野・前掲注36）論文。同「労働契約論序説」大宅壮一編『社会問題講座』（新潮社、1924年）5巻1頁、7巻29頁。
40　雇傭や労働契約の歴史についての先行研究として、石田信平「労働契約論」季労246号（2014年）212頁、石井保雄「戦前わが国における労働関係の法的把握——雇傭契約と労働契約をめぐる学説の展開」山田省三ほか編『労働法理論変革への模索　毛塚勝利先生古稀記念』（信山社、2015年）。
41　岡村・前掲注36）論文。

である」という認識の下、これまでのギルド的な働き方と異なり、工場における労働は、無味乾燥な機械的仕事に従事しなければならず、労働者が支配的権力組織に統制させられ、構成員として取り込まれる身分法的関係に労働契約の特徴を見出した。平野の議論は、ドイツのジンツハイマー（Hugo Sinzheimer）の諸説に依拠するものであった。その後、ドイツ法の流れは、孫田秀春、津曲蔵之丞によって展開されていく[43]。

こうして、民法上の雇傭については、賃貸借の一種と把握されており、対等独立の関係において、一方が財としての労働を提供するのに対して、財たる報酬を提供することを目的とする財交換の契約であるという理解が支配的になる。こうした発想から、民法の雇傭とは別の労働契約概念が必要であるという認識につながっていく。

末弘厳太郎は、1927（昭和2）年の書籍において当時の議論状況を次のようにまとめている[44]。財交換の契約と理解する民法上の雇傭と異なり、労働の実態は、「雇主との契約によつて或程度の部分的隷属関係に立ち雇主の手足となりその一部となつて労働を供給する」ものであり、「労働供給に必要なる限り部分的に雇主の隷属者となって労務に従事するのであって、それが為め労働者が一定の身上拘束を蒙ることは多数労働関係の要素である」とする。そして、「近時の学者は単純なる雇傭契約の外別に『労働契約』の新概念を確立するの必要ありとし、労働契約の効果として獨り財務債務的効果を認むるの外別に人的身上的の効果をも認めねばならないと主張するに至って居る」とする。

その後、戦前の段階でも、労働契約の法的性質について学説上の展開がある。末弘厳太郎は、労働契約を身分設定行為であるととらえた。すなわち、「労働契約は一定企業における労働者の地位の取得を目的として事業主と労働者の間に締結される契約である。労働者はこの地位を取得する結果其の地位に伴ふ各種の権利義務を取得するけれども、それは地位を取得したことか

---

[42] また、末川は、このような関係はイギリス雇傭契約法上の master と servant との関係にも見られ、それは同時に婚姻・親子・後見などと共に rights in private relations の範疇に属するものとして「債務法の範囲外に於て取扱はれて居た」と述べている。

[43] 孫田・前掲注36) 書、津曲・前掲注36) 書。

[44] 末弘厳太郎『民法講話下巻』（岩波書店、1927年）152頁以下。

ら生ずる間接的効果にすぎずして、契約の直接の効果ではない」として、労働契約を身分設定行為としてとらえた[45]。その後の末弘は、労働基準法の解説においても、「個々の労働者が使用者に使われて従属的労働関係に入る契約」であり、身分的な地位設定契約として労働契約を把握していた[46]。

そして、資本主義システムと従属労働について焦点をあてたのが菊池勇夫である[47]。近代的労働関係における従属労働の特殊性は、資本と労働との結合関係として企業内部に有機的組織が構成されるところにあるとし、資本主義システムから従属性が生まれることを指摘した。そのうえで、「労働契約は、当事者の一方が相手方の企業に従属して労務に服することを約し、他方がこれに生活の必要を弁ずるに足る報酬を支払うことを約する契約であって、その締結および履行に関し社会立法による統制の行われるものである」と定義づけた。

こうして、すでに戦前の段階において、単なる交換関係と把握されていた民法上の雇傭では不十分であり、身分的な要素を取り入れるために、「労働契約」という新たな概念が必要であるという理解がなされていた。また、資本主義システムから従属性が認識される点も指摘されていたことは重要であろう。戦前は、民法上の雇傭とは異なる新たな労働契約概念の確立が意識されるようになった時代であった。

4 「労働者」概念の形成

わが国において「労働者」概念が初めて導入されたのが、いつ、誰によってなのかは、必ずしも明らかではない。ただ、戦後の労働組合法と労働基準法の形成が大きく関与していることは間違いないであろう。

昭和20（1945）年に成立し翌年に施行された労働組合法（旧労働組合法）3条は、「本法ニ於テ労働者トハ職業ノ種類ヲ問ハズ賃金、給料其ノ他之ニ準ズル収入ニ依リ生活スル者ヲ謂フ」と規定した。これにより、労働組合法

---

45 末弘厳太郎「労働契約」『法律学辞典』第4巻（岩波書店、1936年）2777頁。
46 末弘厳太郎「労働基準法解説(1)」法時20巻3号（1948年）15頁。
47 菊池勇夫「労働契約の本質」『九州帝国大学法学部十周年記念法学論集』（岩波書店、1937年）〔菊池勇夫『労働法の主要問題』（有斐閣、1943年）97頁所収〕。

上の労働者概念が明文で定義されることになった。

　労働組合法の制定過程では、適用される労働者としては肉体労働者が想定されたようである。立法過程における審議において、誰が労働組合法上の労働者たりうるのかという質問に対し、内務大臣の若槻禮次郎は「此組合法ニ依テ労働者ト称シマスノハ、雇傭契約ノ下ニ在ル筋肉労働者ヲ云ウ」と答弁している[48]。これに対し、末弘厳太郎は、工業労働者に限るべきではなく、使用人、私企業、官公営を問わないこと、失業者を含めることを主張していた[49]。

　戦前の労働組合法案が労働者を肉体労働者に限定していたのに対して、労働組合法は俸給生活者までをその範囲を加えた。小作人は、戦前と同じく労働者の範囲から除外されたが、請負業者、家内労働者は労働者の範囲から除外されなかった[50]。

　続いて、昭和22（1947）年に労働基準法が制定された。労働基準法は、9条において労働者を「職業の種類を問はず、前条の事業または事務所（以下「事業」という。）に使用される者で、賃金を支拂われる者をいう」と定義した。

　労働基準法案に関与した政府委員の寺本廣作は、衆議院特別委員会（昭和22（1947）年3月15日）において、内職従事者の労働者性に関して「内職といいましても、それが、純然たる請負の恰好でやつておりますが、それとも雇ひ主との關係で使用従属關係、雇傭關係があるかどうかというような、個々の問題を調べて見ませんと、一概に内職がこの法律の適用からはずれるとも申しかねるのであります」と述べている。この発言からは、立法の段階で労働基準法の労働者概念を使用従属関係の判断基準として想定し、契約の形式は判断の決め手にならないという考え方が共有されていることがわかる。

　労働基準法は第2章に「労働契約」と題する独立の章を設けた。ところが、同法は、「労働者」や「使用者」について定義規定を設けたが、「労働契約」に関する定義規定をおかなかったため、労働基準法が措定する労働契約が何

48　鎌田・前掲注28）論文12頁。官報号外・大正15年2月19日衆議院議事速記録17号442-443頁。
49　末弘厳太郎『労働法研究』（改造社、1926年）168頁以下。
50　労働組合法の立法過程については、「シンポジウム 労働組合法立法史の意義と課題」学会誌125号（2015年）所収論文参照。

を意味するのか、また、日本における雇傭・請負・委任などの規定とどのような関係にあるのかは必ずしも明確にはならなかった[51]。もっとも、労働基準法は、労働契約規制に関しては、①労働契約に対する最低基準の設定（13条）、②契約の締結（14条、15条）および解雇予告制度（20条）などの契約の終了に関する規制に限定されており、その意味では、契約自治への介入という発想は希薄であったといえる[52]。

労働組合法3条は、労働組合法上の「労働者」を職業の種類を問わずという文言で規定し、労働基準法のそれとは異なる文言で規定した。労働組合法と労働基準法の制定により、また、労働者概念が労働法規の適用対象を判断する概念として機能していくことになる。また、労働組合法と労働基準法において、適用対象の範囲を決定する「労働者」の条文が設定されたことにより、適用範囲の決定は「労働者」概念をいかに把握すべきかという点に比重がおかれるようになった。

5　労働契約をめぐる学説の展開

戦後の労働法体制の確立により、労働組合法と労働基準法が整備された。労働基準法は、賃金、労働時間等の全国的統一的な労働条件の最低基準を定め、これを下回る労働条件については法律の基準まで引き上げる機能を有した。労働基準法の特徴は、罰則をもって使用者の義務の履行を担保し、行政指導を行ってきたところにある。また、労働組合法においては、労働者が労働組合を組織し団結することを擁護し、これにより労使間の格差の是正を図ってきた。

こうした状況の下で、戦後の学説においては従属労働の本質について議論が展開された。戦前の段階においても指摘されていた労働の従属性であるが、当時の学説は、ドイツの労働契約理論の影響を強く受けたものであった。

その要諦は、第1に、民法の雇傭には「労働の従属性」の概念が欠落していることから、労働法独自の概念である労働契約概念が設定されなければならないこと、第2に、従属性の内容は、指揮命令に服して労働を行っている

---

[51] 石田眞「歴史のなかの労働契約法制」労旬1615号（2006年）21頁。
[52] 土田道夫「労働基準法とは何だったのか？」学会誌95号（2000年）159頁。

かどうかという「人的従属性」、もしくは、労働者階級に属し附合契約を締結しなければならないという「経済的従属性」あるいはその両者を複合したものであること、第3に、労働法上の制度・理論は「人的従属性」を基準とすることで「労働者」かどうかの判断を下すことで解決されるというものであった[53]。人的従属性が中心に構成されるべきという考え方を指摘する論考が主流となった。議論はさまざまなされているが、人的従属性が基本となり、経済的従属性や組織的従属性については補完的に考慮するというのが一般的な理解とされている[54]。

労働契約の役割についても、学説上において変化が生まれた。1950年代には、労働条件は、法令、就業規則、労働協約等によって決定されるもので労働契約の機能が縮小されたこと、労働者と使用者の労働契約の虚偽性が認識されるべきであることを指摘するものが現れる[55]。また、労働契約が有効に成立していることは労働法が適用されるための前提の要件とはなっておらず、労働契約から切り離して「労働関係」という法的枠組みを設定することが主張された[56]。戦前からあった雇傭契約と労働契約を別個にとらえるべきかどうかは、戦後も中心的な論点であった。

労働契約は「指揮命令下の労働」を意味すると解されているが、前述したように、これは民法典の立法当初からの解釈ではない。この流れに大きな影響をあたえたのが我妻栄である。我妻によって、労働者の使用従属性を雇用に読み込んで理解する見解が主張され、これがその後の支配的な学説を形成する[57]。すなわち、使用者の指揮命令権が生ずる点に雇傭の特色があり、そ

---

[53] この時代の学説は多様であるが、下井隆史『労働契約法の理論』（有斐閣、1985年）31頁以下の理解に依拠して記述した。

[54] 蓼沼謙一「労働法の対象――従属労働論の検討」日本労働法学会編『現代労働法講座第1巻 労働法の基礎理論』（総合労働研究所、1981年）76頁以下。

[55] 労働契約の性質をめぐり、契約説と組織説と分類されることもあるが、労働契約の役割が限定的であるのを論じているのはいわゆる組織説とされる立場の論考である。高島良一『労働契約と団体交渉』（坂井書店、1954年）96頁、外尾健一「労働契約」野村平爾編『講座労働問題と労働法第5巻』（弘文堂、1956年）252頁、津曲蔵之丞『労働法総論』（有信堂、1954年）。

[56] 外尾・前掲注55)論文。

[57] 民法（債権法）改正検討委員会編『詳解 債権法改正の基本方針Ⅴ 各種の契約(2)』（商事法務、2010年）5頁。

の点で労働法によって規律される労働契約と雇傭は同一であるとした[58]。そして、雇傭はすべて労働法原理によって規律されるべきものである、とした[59]。

さらに、雇用、請負、委任の契約類型について、「雇傭は、労務ないし労働それ自体を利用することを目的とする。…特定の仕事を完成することが契約の内容とされるのではなく（請負との差）、またその仕事が統一した事務として契約の内容とされるのでもない（委任との差）。その結果、労務者の労働を適宜に配置・按排し一定の目的を達成させることは、その労働を利用するもの（使用者）の権限とされ、そこに使用者の指揮命令の権限を生ずる。そしてこの点が雇傭の重要な特色となる」という位置づけを与えている[60]。

そして、当事者間には「ある程度の人格的な結合関係が生ずる」としたうえで、民法上の規定と労働法の関係については、「民法が雇傭とするものはすべて新たな労働法原理によって規律されるべきものであって、その意味では、すべてこれを労働契約と考えてよいものと思う」とした[61]。これにより、民法上の雇傭と労働契約は同一であるという考え方がとられるようになった[62]。労働基準法などの実定法の整備により、「労働契約という契約類型が誕生し、雇傭契約は原則として労働契約となった」と評されるようになった[63]。

6　小括

このように、わが国では、フランスのボアソナード草案と、ドイツの学説の影響を受けて「雇傭契約」の概念が形成されてきたが、戦後の労働法の学

58　我妻栄『債権各論・中巻二〔民法講義V₃〕』（岩波書店、1962年）531頁以下。
59　我妻・前掲注58）書532頁、540頁、544頁。
60　我妻・前掲注58）書539-540頁。
61　我妻・前掲注58）書539-540頁。
62　民法の研究者がいわゆる従属労働と峻別論に消極的である理由の1つは、民法上の雇傭と委任の規定における日本とドイツの相違にある。すなわち、ドイツ民法では、有償委任は雇傭とされるため、労働法原理の適用を受けるべき雇傭を労働契約概念で峻別する必要があるという事情があることに留意する必要がある。
63　有泉亨「労働契約の法的性質」日本労働法学会編『現代労働法講座　第10巻　労働契約・就業規則』（総合労働研究所、1982年）8頁。

説において「労働契約」が雇用関係を形成する概念として取り上げられ、労働基準法や労働組合法などの立法では「労働者」の概念が使用されるようになった。

　労働条件決定に際しては、就業規則、労働協約、労働基準法等の法令が重要な役割を担うようになり、労働組合を中心とした集団的労働関係が、戦後の労働法の中心的役割を果たしてきた。労働条件は労働協約や就業規則によって統一的、画一的に規律される場合が多く、個別の労働契約書において具体的な労働条件が定められることは稀であった。労働者自身も、年功的な賃金の下において、個別の合意による権利義務関係の設定を求めてこなかった。戦後の雇用関係においては、労働契約は労働条件の決定において中心的役割を果たしてこなかったといえる。

　そのため、これまでは正面から「労働契約」と「労働者」の関係がどのような関係にたつのか、という点は必ずしも自覚的に議論されていない。後述するように、2007年の労働契約法の制定を機に、「労働契約」概念と労働者概念の関連性が論点として浮かび上がってくることになった。また、就業形態が多様化するなかで、その労働者性が否定される事案も多数発生しており、こうした事態に対応する理論構成も要請されている。

第2款　わが国における近時の学説の展開

　資本主義におけるわが国の働き方は、伝統的な製造業のみならず、サービス業などへ多様化している。こうしたなかで、請負・委任など労働契約以外の雇用類似の従属的就業者を筆頭に、幅広く多様な働き方を対象として再定義し、幅広い働き方に対応した労働法制に再構成することが必要であるという問題意識が、学説においても形成されつつある。こうした問題意識は学会でも共有されつつあり、労働者であるか否かを二分法的に考える法的認識を改めて見直す研究が進んでいる。

　もっとも、論者それぞれでのアプローチや見解についてかなりの違いがあり、議論状況としてもやや混乱が生じていることも否めない。そこで、労働者性をめぐる適用関係をめぐる学説の議論状況につき、若干の整理および分析を試みることにする[64]。各説は近接する部分もあるが、大別して4つのア

プローチが存在している。

1　労働者概念を拡張するアプローチ

　第1は、労働者概念を解釈論的に拡張することにより、保護範囲を拡大するアプローチである。これは、労働者の非雇用化という現象を克服するための方策として、労働者性の判断基準を修正して、労働者概念を拡大することにより、労働法の拡張適用を図るという立場として位置づけられる。

　そのなかでも代表的な見解は、経済的従属性の判断基準にシフトするアプローチである。学説では、指揮命令関係を中心とした判断基準から、経済的従属性や組織的従属性を重視する方向にシフトする考え方が従来から主張されてきた。

　たとえば、西谷敏は、解雇権濫用法理は経済的従属性に着目した法理であることから、「『労働者』ではないと判断された者でも、その者と相手方との間に経済的従属性が認められる限り、少なくとも解雇制限については『労働者』と同様に取り扱われるべきである」と展開している[65]。

　また、「事業組織的従属性」から判断基準を確立する試みもなされている。その労働力が事業運営上、不可欠である場合に認められる従属性を「事業組織的従属性」と把握し、人的従属性または事業組織的従属性に経済的従属性を加えて総合的に判断されるべきであるという見解である[66]。統一的な概念を維持しつつ、労基法上の労働者概念の解釈が厳しすぎることから、労組法上の労働者概念を参考にして、緩やかに解すべきであるという見解もある[67]。「労働者」概念の統一性を指向しつつ従属性の要素を不要とする見解もあ

---

[64] 学説の状況について整理したものとして、池添弘邦「労働保護法の労働者概念をめぐる解釈論と立法論――労働法学に突きつけられている重い課題」労研566号（2007年）48頁。また、各説のアプローチを分類する視点については、唐津博「『業務委託契約』就業者の法的保護――『労務供給契約』アプローチとは何か」労判1164号（2017年）90頁参照。

[65] 西谷敏「労基法上の労働者と使用者」沼田稲次郎ほか編『シンポジューム労働者保護法』（青林書院、1984年）10頁。この他に、片岡昇「映画俳優は『労働者』か」季労57号（1965年）156頁、國武輝久「特殊雇用形態と労働者概念」学会誌42巻（1973年）99頁。

[66] 吉田美喜夫「雇用・就業形態の多様化と労働者概念」学会誌68号（1986年）30頁。

[67] 橋本陽子「『労働者』の概念形成――法解釈論における類型概念論を手がかりとして」荒木尚志ほか編『労働法学の展望　菅野和夫先生古稀記念論集』（有斐閣、2013年）47頁以下。

る[68]。

　こうした学説は労働者概念を拡張する試みであり、非常に有益な議論である。しかし、経済的従属性のアプローチについては、論者によって方向性が異なっており、また経済的従属性のアプローチについては異論もある[69]。また、経済的従属性や労働契約の法的性質といった要素の位置づけは、必ずしも明らかではなく、新たな判断基準としてはいまだ確立しているとはいえない状況にある。

2　労働者概念の相対性論からのアプローチ

　第2は、労働者概念を労働立法の趣旨・目的に即して相対的に把握して、労働立法の趣旨・目的から法解釈・適用を考え、要保護性を有する者に対して法的保護を与えようとするアプローチである。

　初期の段階において、労働者概念の相対性の重要性を強調したのが有泉亨である[70]。

　その後、下井隆史は、労働者性の判断方法について、指揮監督下の労働という基準を用いて一律に判断する方法を批判し、適用の可否が問題となる制度・理論の目的・趣旨と関連させて相対的に「労働者」性を判断すべきことを説いた[71]。また、下井は、労働組合法3条の労働者の定義には「使用される」という文言はないが、労働基準法と労働組合法の労働者概念が根本的に違うということはありえず、両者の相違はただ、特定使用者との雇用関係にない者も労組法の適用を受けるという点である、と指摘する[72]。

---

[68]　川口美貴『労働者概念の再構成』（関西大学出版部、2012年）23頁以下。
[69]　経済的従属性を実定法上の判断基準に取り込むことについては、その困難性を指摘するものも多い。下井隆史『労働契約法の理論』（有斐閣、1985年）57頁、蓼沼謙一「労働法の対象」日本労働法学会編『現代労働法講座　第1巻　労働法の基礎理論』（総合労働研究所、1981年）94頁、土田道夫『労務指揮権の現代的展開――労働契約における一方的決定と合意決定との相克』（信山社、1999年）292頁。
[70]　有泉亨「労働者概念の相対性」中央労働時報186号（1969年）2頁。
[71]　学説では、従来から、ルールの趣旨、目的に応じて、相対的に労働者性を判断すべきと主張されている。下井隆史『労働契約法の理論』（有斐閣、1998年）47頁以下、西谷敏「労働基準法上の労働者と使用者」沼田稲次郎＝本多淳亮＝片岡昇編『シンポジウム労働者保護法』（青林書院、1984年）8頁。
[72]　下井隆史『労働基準法〔第4版〕』（有斐閣、2007年）32頁。

また、西谷敏は、労働者概念の統一性にこだわる弊害を指摘し、各条項の目的に沿った弾力的で合理的な判断が阻害されることは、労働者ではないとされた者が保護の領域から全面的に排除される結果となると指摘する。そして、労働者概念はもともと合目的的な概念であることを直視して、労働者の相対性を正面から認めるか、もしくは、統一的な労働者概念を維持しようとするのであれば、労働者には該当しないが同様の保護を必要とする「準労働者」等として位置づけてその法解釈上もしくは立法上の保護が必要であると指摘する[73]。

また、西谷は、罰則が適用されない純私法的な概念である労働契約法上の労働者を労働基準法上の労働者と同一視する必然性はなく、労働基準法上の労働者ではない者であっても、労働契約法の各規定が適用される可能性も指摘している[74]。この見解は、労働契約以外の役務供給契約に対して、労働契約法理を適用することを可能とするものであり、注目すべき見解といえる。

さらには、労働契約に関するルールについて適用拡大の可能性を指摘する学説もある。労働契約以外の契約類型に労働法を適用する見解を提唱する形で展開したのが、島田陽一である[75]。島田は、労働契約以外の契約の中に、被用者的要素がある場合には、その程度に応じて労働契約において形成された法理を適用すべきであるとし、解雇の場面において、契約関係継続の期待利益がある場合には、人的従属性、組織的従属性または経済的従属性などにおいて、労働契約的な要素が大きければ大きいほど労働契約になぞらえた法理を適用するのが社会的に妥当な解決となると主張する[76]。この見解は、契約関係継続の期待利益という要素において、労働契約と労働契約以外の役務供給契約との共通性があること、民法における継続的売買に関する議論において、労働契約法理の適用を可能とする理論的枠組みが提供されていることがその理論的基盤となっている[77]。

大内伸哉は、労働契約の規制を主たる目的とするルール（労基法2章の規定、

---

[73] 西谷2013・44-47頁。
[74] 西谷2013・44-47頁。
[75] 島田陽一「雇用類似の労務供給契約と労働法に関する覚書」西村健一郎ほか編『新時代の労働契約法理論　下井隆史先生古稀記念』（信山社、2003年）32頁以下。
[76] 島田・前掲注75）論文58頁以下。

最低賃金法、解雇規制等）は、労働契約関係における経済的従属性に着目したものであり、同種の状況にある労務提供契約（請負なども含む）にも拡大されるべきであると主張する[78]。また、労働契約法上の労働者については、事業組織の組み入れを重視して適用範囲を広げる解釈論を展開する見解もある[79]。

この労働者概念の相対性のアプローチの特徴は、紛争内容に即して、労働法の目的的な解釈・適用を行うという点において、労働法上の法的保護の実質的妥当性を図るものとして位置づけることができる。労働法の適用を一義的に決する従来の硬直的なアプローチを解消する見解といえる。

もっとも、わが国における労働者概念の通説的立場は、後述のように労働者の概念を統一的に理解するというものであり、こうした見解は、労働者概念を統一的に把握してきた通説的立場と明確に対立することになる。

3　第3のカテゴリを設定するアプローチ

第3は、労働者と自営業者の間に、中間のカテゴリを設定することにより、妥当な法適用を試みようとするアプローチである。

鎌田耕一は、経済的従属性を、「自己の計算と危険負担の下に業務を行わないこと」という「非事業者性」ととらえ[80]、第3のカテゴリを導入して経済的従属関係にある就業者を保護すべきであると主張する[81]。

また、解釈論と立法論も視野に入れた議論も展開されている。たとえば、道幸哲也は、指揮命令の有無と共に経済的従属性をも重視し、労働法の適用対象を二分して取り扱うことを提案する。すなわち、「労基法等が全面的に

---

[77] 継続的売買の解消の基本理解については、中田裕康『継続的売買の解消』（有斐閣、1994年）参照。継続的契約に関する学説については、同『継続的取引の研究』（有斐閣、2000年）10頁以下。
[78] 大内伸哉「従属労働者と自営業者の均衡を求めて——労働保護法の再構成のための一つの試み」『中嶋士元也先生還暦記念論集 労働関係法の現代的展開』47頁（信山社、2004年）59頁。
[79] 川田知子「個人請負・委託就業者の契約上の地位」学会誌118号（2011年）8頁。
[80] 鎌田耕一編著『契約労働の研究——アウトソーシングの労働問題』（多賀出版、2001年）117頁。また、学会誌102号「契約労働をめぐる法的諸問題」に掲載の各論文参照。
[81] 鎌田耕一「契約労働の概念」学会誌102号（2003年）132頁、同「個人的就業関係と労働法の再編——Mark Freedland & Nicola Kountouris, "The Legal Construction of Personal Work Relations"を読んで」季労239号（2012年）250頁、同「個人請負・業務委託型就業者をめぐる法政策」季労241号（2013年）57頁、同「非雇用就業者と法的保護」月刊労委労協728号（2017年）23頁。

適用される真性の労働者と雇用保障等の側面についてのルールが適用される準もしくはグレーゾーンの労働者」に二分したうえで、「後者については使用者から指揮命令をそれほど受けていないので、労働時間等については規制をする必要がないが、雇用（生活）保障的な、解雇・賃金の規制、労災補償を中心に保護すべきものと思われる」と述べ、「個別の解釈論では基準として不明確なので、一定の立法的措置が必要であり、基準の明確化と準労働者とみなされた場合に適用されるルールの具体化が要請されよう」と述べる[82]。

さらには、労働基準法と労働契約法を同一の概念ととらえる立場が通説的見解であるが、その場合でも労働契約法の類推適用を認め、一定の場合に非労働者に対しても適用する見解も主張されている[83]。

こうした立場は、オール・オア・ナッシングの結論の妥当性を欠くアプローチでは、判別が困難なグレーゾーンの事案について対応ができないこと、また、労働者が享受する法的保護について、その要保護性に応じて第3の法的カテゴリを設定することで問題を解消しようとするアプローチである。

第3のカテゴリを設定する見解は、オール・オア・ナッシングの現在のアプローチの不都合性を解消しようとする立場であるが、どのように要保護性に基づいて適用範囲を区別するのか、また、労働者と第3のカテゴリについて、どのように判断基準を峻別して区分していくかなど、課題は数多く残されている。

4　役務提供契約からのアプローチ

第4のアプローチは、役務提供契約アプローチというべきものである。

これは、業務委託契約等で就労する者で労働者性が仮に否定される場合であっても、役務提供契約の一方当事者としての法的権利・利益を享受するという考えの下で、民法上の典型契約としての雇用に請負委任を含む役務提供

---

[82] 道幸哲也『雇用社会と法』（放送大学教育振興会、2017年）45頁以下。
[83] 労働契約法の類推適用を認めるアプローチは、解釈論によって一定の場合に非労働者に法的保護を与えるアプローチと位置づけうる。和田肇「労働契約法の適用対象の範囲」季労212号（2006年）28頁、荒木尚志＝菅野和夫＝山川隆一『労働契約法〔第2版〕』（弘文堂、2014年）81頁、荒木尚志『労働法〔第3版〕』（有斐閣、2017年）60頁、西谷敏『労働法の基礎構造』（法律文化社、2016年）215頁、土田道夫『労働契約法〔第2版〕』（有斐閣、2016年）57頁。

契約一般を共通に適用されるルールを抽出し、整理することによって、労働者と認められない者の法的保護を論じるアプローチである[84]。これまでの労働法における学説の考え方は、労働者ないしは労働者類似のものであることを前提として、労働法上のルールを適用すること模索するアプローチであったが、役務提供契約アプローチは、労働者性が否定された場合であっても、民法上のルールを適用しようとする考え方として位置づけられる。

　法務省の審議会において民法・債権法改正が検討された際には、民法（債権法）改正検討委員会による「債権法改正の基本方針」が、労務の提供を目的とする契約類型に関し、現在の雇用、請負、委任、寄託の4種類に加え、それらの上位概念として「役務提供契約」を導入しようとしており、大きな注目を集めた[85]。

　ここでの問題意識は、役務の提供を目的とする様々な契約が現れており、既存の典型契約の規定によっては、新しい役務・サービス契約に十分に対応できていないというものである。そこでは、役務提供契約のうち、雇用、請負、準委任を含む委任または寄託以外のものを対象として、報酬に関する規定、契約の終了に関する規定等を設けるという考え方も検討された。役務提供契約の規定を設けることにより、専属的な個人請負就業者について雇用契約に準ずる扱いがなされうる可能性もあったが、結論としては具体的な立法化は見送られることとなった[86]。

　また、継続的契約に関する法理を適用するという判断手法も考えられる。債権法改正において「継続的契約」が注目されたこともあり、労働法分野においても継続的契約法理の可能性が検討されるにいたっている[87]。

　契約の継続的性格は、雇用類似の役務提供契約に対して、労働契約法理等

---

[84] 契約解消を視点に労働法学と民法学の接点について考察する論考として、中田裕康「契約解消としての解雇」新堂幸司＝内田貴編『継続的契約と商事法務』（商事法務、2006年）215頁。

[85] 民法（債権法）改正検討委員会『債権法改正の基本方針』（商事法務、2009年）。労働契約と役務提供契約については、鎌田耕一「雇用、労働契約と役務提供契約」法時82巻11号（2010年）12頁。役務提供契約について検討したものとして、坂本武憲「役務提供契約」法時81巻10号（2009年）62頁。

[86] 役務提供契約が立法化された場合の見通しについては、山川隆一「民法と労働法」日本労働法学会編『講座労働法の再生　第1巻　労働法の基礎理論』（日本評論社、2017年）66頁以下参照。

を適用することが可能であるかどうかという議論において検討されている要素であり、解雇権濫用法理を正当化する1つの論拠として理解されている[88]。これまでの裁判例では、労働契約性が否定されると、それ以上救済を求めることが難しい状況であった。しかし、労働契約以外の契約類型であっても、継続的契約としての性質が認められる場合には、継続的契約を根拠に救済を求めることが可能になる[89]。

このように、債権法改正をめぐって役務提供契約のうち、雇用、請負、準委任を含む委任または寄託以外のものを対象として、報酬に関する規定、契約の終了に関する規定等を設けるという考え方も検討された。労働関係は労働法独自の法分野として発展したことにより、労使の利害を調整しつつ、契約的な規制を及ぼす法分野として発展してきたが、民法の問題として考えられてきた契約法理との理論的整理・接合は、今後も重要な課題となる。役務提供契約という契約類型に基づいて、一定の契約類型に包括的に法的ルールを適用させるアプローチをとる場合には、労働法上の保護とどのように整合性を持たせるか、また、どのように他の契約類型と整合的な形で規定するかなどが課題になる。

第3款　労働者概念の構造

次に、労働者概念の定義、類似概念との関係について整理することにより、問題点を明らかにしたい。

---

[87] 債権法改正における継続的契約との関係については、拙稿「就業形態の多様化・非雇用化と労働契約の性質決定」小宮文人ほか編著『社会法の再構築』（旬報社、2011年）99頁。使用従属性に関係なく、契約の打ち切りには正当理由が必要であるとする継続的契約の法理を検討する必要があると指摘するものとして、大内伸哉「NHKの地域スタッフの労働者性」ジュリ1478号（2015年）2頁。

[88] 土田道夫「解雇権濫用法理の法的正当性」労研491号（2001年）4頁。労働契約の特質を論ずるものとして、中窪裕也「労働契約の意義と構造」日本労働法学会編『講座21世紀の労働法第4巻 労働契約』（有斐閣、2000年）2頁、和田肇「思想としての民法と労働法」法時82巻11号（2010年）4頁等。

[89] 同様の指摘として、土田道夫＝島田陽一「ディアローグ労働判例この1年の争点」労研580号（2008年）27頁（島田発言）。

1　労働者の定義

(1)　労働基準法上の労働者

労働基準法、労働契約法において、労働者は以下のように定義される。

労働基準法は、「この法律で『労働者』とは、職業の種類を問わず、事業又は事務所（以下『事業』という）に使用される者で、賃金を支払われる者をいう」と定義している（9条）。この定義は、労働条件の最低労働基準を罰則によって担保している同法の対象を確定するための概念である。この労働基準法上の労働者概念は、最低賃金法（2条1号）、労働安全衛生法（2条2号）、労災保険法（1条）などの関連法規の適用対象を確定するための概念として使用されている[90]。労働基準法9条によれば「労働者」の要件は、(ア)「事業」に、(イ)使用される者であって、(ウ)賃金を支払われる者であることである。

以上のうち、(ア)「事業」については、行政解釈によれば、「工場、鉱山、事務所、店舗等の如く一定の場所において相関連する組織のもとに業として継続的に行われる作業の一体をいう」と定義されており[91]、現実には多くの企業がこれに該当するので要件としては大きな重要性を持たないと理解されている。そこで重要性を持つのが、(イ)使用される者であって、(ウ)賃金を支払われる者という要件である。同居の親族のみを使用する事業や家事使用人については、労働基準法の適用から除外されている。

労働基準法と労働契約の関係については、特定の事業場の従業員でない者であっても労働基準法の適用があるとする見解や[92]、民事上の契約がない間

---

[90]　たとえば、労災保険法上の労働者概念については、適用対象となる「労働者」の定義をとくに設けていないが、同法が労働基準法第8章「災害補償」に定める使用者の労災補償義務を補填する制度として発展してきた沿革等から、労災保険法上の労働者は、労働基準法上の労働者（同法9条）と同一であると理解されている。厚生労働省労働基準局労災補償部労災管理課編『新訂版労働者災害補償保険法〔6訂新版〕』（労務行政、2005年）77頁。

[91]　昭和22・9・13発基17号等。

[92]　有泉亨は、「労働基準法は、賃金をして労働する関係そのものを規律し労働する者を保護するものであるから、現にその関係に入っている者をすべて労働者として保護の対象に取り入れたのである。これを被用者とか従業員とか言わないのは、…特定の事業場の直接の被用者また従業員でない者についても適用事業場において労働する限り基準法の保護を受けることがある」とする。有泉亨『労働基準法』（有斐閣、1963年）45頁以下。

でも労働基準法の適用があるとする見解もある[93]。

(2) 労働契約法上の労働者

他方、労働契約法は、「この法律で『労働者』とは、使用者に使用されて労働し、賃金を支払われる者をいう」と定義している（2条1項）。この定義では、労働基準法9条とは異なり、「事業」という要件を課されていないが、「使用され」および「賃金を支払われる者」という要件は労働基準法上のそれと同様である[94]。この定義は、労働契約の当事者として、同法が定める労働契約に関する民事的なルールを適用される対象を確定するための概念である。なお、労働契約法は「労働契約」を定義する規定をおいておらず、労働契約の成立に関する6条においても、「労働者が使用者に使用されて労働し、使用者がこれに対して賃金を支払うこと」について、労働者と使用者が合意することによって成立すると定める（労働契約法6条）。

行政解釈は、労働契約法上の労働者を「労働基準法9条の『労働者』の判断と同様の考え方」であり、「民法623条の『請負』、643条の『委任』または非典型契約で労務を提供する者であっても、契約形式にとらわれず実態として使用従属関係が認められる場合」には、労務を提供する者は労働者に該当し、当該契約は労働契約に該当するとしている[95]。

学説では、労働基準法の定義と労働契約法の定義は、条文の文言がほぼ合致していることから、労働基準法と労働契約法の労働者の定義は特に異なるものではないというのが通説的立場である[96]。

これに対し、こうした通説的立場と異なり、労働契約法上の労働者概念を

---

[93] 「労基法の労働契約の当事者としての労働者とは使用従属関係が要件となるので、両者の合意という意味の民事上の契約を結んでいない当事者の間でも、労働関係が発生することがある」としており、合意を不要とする見解をとる。安西愈『トップ・ミドルのための採用から退職までの法律知識〈十四訂〉』（中央経済社、2013年）2頁以下。

[94] なお、労働契約法では、「使用され」の他に「労働し」という文言が加わっているが、特に要件を加重したものとは解されていない。

[95] 平20・1・23基発第0123004号。

[96] 菅野和夫『労働法〔第11版補正板〕』（弘文堂、2017年）166頁以下、荒木尚志・菅野和夫・山川隆一『詳説労働契約法〔第2版〕』（弘文堂、2014年）79頁、山川隆一『雇用関係法〔第4版〕』（新世社、2008年）23頁、土田道夫『労働契約法〔第2版〕』（有斐閣、2016年）53頁。

広く認める見解もある。罰則が適用されない純私法的な概念である労働契約法上の労働者を労働基準法上の労働者と同一視する必然性はなく、労働基準法上の労働者ではない者であっても、労働契約法の各規定が適用される可能性も指摘されている[97]。労働基準法と労働契約法の労働者概念の異同が、1つの重要な論点となっている。

　この点、労働契約法制の検討段階で公表された厚生労働省「今後の労働契約法制の在り方に関する研究会」報告書（2005年9月15日）が、経済的に従属している者に対して、いかにして適用対象を拡大していくかという問題について一定の方向性を示しており、重要な視点を含んでいる。

　ここで注目すべきは、専属的な契約関係であって、主な収入源をその相手方に依存しているケースを想定していることであろう。同報告書は、問題意識として次のように述べる[98]。

「近年、就業形態の多様化に伴い、SOHO、テレワーク、在宅就業、インディペンデント・コントラクターなどといった雇用と自営の中間的な働き方の増加が指摘されており、その中には1つの相手方と専属的な契約関係にあって、主な収入源をその相手方に依存している場合も多いと考えられる。

　このような者についても、値引きの強要や一方的な仕事の打切りなど、当事者間の交渉力の格差等から生ずると考えられるトラブルが存在する。

　労働基準法上の労働者について労働契約法制の対象とすることは当然であるが、上記のような働き方の多様化によって生ずる様々な問題に対応するためには、労働基準法上の労働者以外の者についても労働契約法制の対象とすることを検討する必要がある。

　その際、労働基準法上の労働者として必要とされる使用従属性まではなくとも、請負契約、委任契約等に基づき役務を提供してその対償として報酬を得ており、特定の者に経済的に従属している者については、相手方との間に情報の質および量の格差や交渉力の格差が存在することから、労働契約法制の対象とし、一定の保護を図ることが考えられる。」

---

[97]　西谷2013・44-47頁。
[98]　厚生労働省「今後の労働契約法制の在り方に関する研究会」報告書（2005年9月15日）15頁。

そして、同報告書において、就業形態の多様化によって生ずる様々な問題に対応するためには、労働基準法の労働者以外の者についても労働契約法制の対象とすることを検討する必要があるとしている点は注目される[99]。すなわち、労働基準法の労働者として必要とされる使用従属性まではなくとも、請負契約、委任契約等に基づき役務を提供してその対償として報酬を得ており、特定の者に経済的に従属している者については、相手方との間に情報の質および量の格差や交渉力の格差が存在することから、労働契約法制の対象とし、一定の保護を図ることが考えられる、というのが問題意識として示された点は重要である。

その具体的な要件としては、①個人であること、②請負契約、委任契約その他これらに類する契約に基づき役務を提供すること、③当該役務の提供を、本人以外の者が行うことを予定しないこと、④その対償として金銭上の利益を受けること、⑤収入の大部分を特定の者との継続的な契約から得、それにより生活する者であること、という５つの要件を満たす者が考えられるとしている。これらの要件を満たす場合には、かなりの部分で指揮命令関係が認められると考えられるが、従来の判断基準との違いは、⑤の要件が経済的従属性に着目している点にある[100]。

同報告書では、労働契約法で検討している項目のうち、就業規則、出向、転籍、懲戒等については、労働基準法上の労働者ではない者に適用することは適当でないとされ、解雇権濫用法理、兼業禁止・退職後の競業避止義務・退職後の秘密保持義務、個人情報保護義務等について、労働基準法の労働者以外の者に対して適用することが提案されていた。

こうした考え方は、2007年の労働契約法の立法時には結実しなかった。しかし、同報告書が、特定の者に経済的に従属している者を労働契約法制の適用対象者として、検討の俎上に載せたことの意義は大きい[101]。労働契約法制定時のこうした議論は、特定の者に経済的に従属する者については、相手

---

[99] 厚生労働省・前掲注98) 報告書15頁。
[100] 第24回「今後の労働契約法制の在り方に関する研究会」議事録参照。
[101] 労働契約法制における議論の詳細については、島田陽一「労働契約法制の適用対象者の範囲と労働者概念」労旬1615号（2006年）28頁参照。

方との間に情報の質および量の格差や交渉力の格差が存在することから、これを是正する必要があること、各規定の趣旨、目的を考慮しながら、労働契約性の判断基準を考える必要があることを示している。

ここで問題となるのは、労働者概念が統一的であるべきかどうかという点であろう。通説的立場は、労基法上の労働者概念は最低賃金法や労働安全衛生法のみならず労働契約法などにおいても統一的に理解される必要があるとする見解である。労働基準法の定義と労働契約法の定義は、条文の文言がほぼ合致しており、学説においても、労働基準法上の労働者と労働契約法上の労働者を同義と解する立場が有力である。労働契約法制定時にも一連の議論がなされたものの、労働基準法と労働契約法において労働者概念は統一的に理解されるべきであると整理された。

その結果、同法制定以降において、労働契約以外の契約類型に適用するアプローチとして、労働契約法の類推適用の可能性についても議論されるにいたっている。学説では、「刑罰法規である労働基準法は、類推適用が不可能であるため、このようなものの保護については立法により対応する他ないが、民事法規である労働契約法は、類推適用が可能である。したがって、事案によっては、同法の適切な規定を類推適用すべき事例が生じる可能性はありえよう」とも指摘されている[102]。しかし、後述するように、類推適用のアプローチは、裁判例において十分に機能していない実態が生じている。

(3) 労働組合法上の労働者

労働組合法は、労働者について、「職業の種類を問わず、賃金、給料その他これに準じる収入によって生活する者」と定義している（3条）。労働組合法上の労働者の定義は、労働基準法上の労働者の定義と異なる。これは、立法趣旨を異にするからである。労働組合法上の労働者は、団体交渉を中心とした労働組合法上の保護を及ぼす必要のある人の範囲を画定するための概念であり、その趣旨から、労働基準法上の労働者より広い概念として理解されている。たとえば、労働基準法上の労働者にはあたらないとされているプ

---

[102] 荒木・菅野・山川・前掲注96）書81頁。

ロ野球選手や家内労働者、失業者などは、労働組合法上の労働者に含まれる。

最高裁は、劇場と出演契約を締結して公演に出演していたオペラ合唱団員の事例や、親会社製品の修理補修を業とする会社と業務委託契約を締結して修理補修業務を行なっていた機器修理技術者の事例等において、最高裁は、労働組合法上の労働者性を判断するにあたって、①事業組織への組み入れ、②契約内容の一方的決定、③報酬の労務対価性、④諾否の自由の欠如、⑤指揮監督関係の有無を考慮して、労働組合法上の労働者性を肯定している（新国立劇場運営財団事件・最三小判平23・4・12労判1026号6頁、INAXメンテナンス事件・最三小判平23・4・12労判1026号27頁、ビクターエンジニアリング事件・最三小判平24・2・21労判1043号5頁）。

このように、労働基準法と労働契約法の労働者概念を統一的に理解しつつ、労働組合法上の労働者については、別の判断基準を措定することにより労働者概念の拡大を図っている。なお、こうした労働組合法上の労働者概念を労基法・労働契約法上の労働者概念として把握することについては、学説上、問題点を指摘するものもある[103]。

2 労災保険の特別加入制度

ここで、労災保険の特別加入制度についても整理しておきたい。

労災保険法上の労働者概念については、適用対象となる「労働者」の定義をとくに設けていないが、同法が労働基準法第8章「災害補償」に定める使用者の労災補償義務を補填する制度として発展してきた沿革等から、労災保険法上の労働者は、労働基準法上の労働者（同法9条）と同一であると理解されてきた[104]。このことは、過去の最高裁判決も前提としているようであり、判例において確立した見解となっている（横浜南労基署長（旭紙業）事件・最一小判平8・11・28労判714号14頁参照）。

---

[103] 契約内容の一方的決定の要素は、労基法・労契法上の労働者はもとより、自営業者においても見られる事象であり、この要素で労基法・労契法上の労働者の概念を画することは、「労働者」の外延を著しく不明確にするという指摘もある。土田道夫『『労働者』性判断基準の今後――労基法・労働契約法上の『労働者』性を中心に』ジュリ1426号（2011年）57頁。

[104] 厚生労働省労働基準局労災補償部労災管理課編『新訂版労働者災害補償保険法〔6訂新版〕』（労務行政、2005年）77頁。

他方、労災保険法は、中小事業主、一人親方、特定作業従事者、海外派遣者について特別加入制度を設置し、労働基準法上の労働者以外の者にもその適用範囲を拡大している（同法33条以下）。1965年の法改正で設置された特別加入制度の趣旨は、「その実態は一般労働者と同様自ら労務に従事するものであるから、業務上災害を被る危険に曝されている[105]」のであり、「その業務の実情、災害の発生状況等に照らし実質的に労働基準法の適用対象者に準じて保護するにふさわしい者に対し労災保険を適用しようとするもの[106]」である。

　ただし、裁判例はこの特別加入制度について、「労働者でないものにつき任意的な加入を認める等のものであって、労災保険法が当然に適用となる労働者の概念を変えて、適用対象の範囲を広げたものではない」と解している（横浜南労基署長（旭紙業）事件・東京高判平6・11・24労判714号16頁）。

　それゆえ、特別加入制度は、労働基準法上の労働者概念を維持したまま、便宜的・例外的に設けられた制度として理解することができる。理論的には、こうした判例法理それ自体の妥当性には議論があるところであるが[107]、現在の通説的立場に基づけば、実務的には労働基準法上の労働者性をどのように判断していくべきかが重要になる。

　これまでの裁判例としては、大工間の労働力の貸し借りの関係にあった一人親方の労災保険法上の労働者性が争われた事例において、指揮監督下にあったとは認められず、労働契約が予定する対価としての報酬ではないとして、その労働者性が否定されている（相模原労基署長（一人親方）事件・横浜地判平7・7・20労判698号72頁）。また、いわゆる「手間請け」の形態で働く一人親方の労災保険法上の労働者性が争われた事例では、指示は通常注文主が行う程度のものであり、坪単価方式で決定される報酬は労務の代償であるということはできない等を理由に、その労働者性が否定されている（川口労働基準監督署長事件・浦和地判平10・3・30訟月45巻3号503頁）。他方、日給制で働

---

[105] 昭22・11・12基発285号。

[106] 昭50・11・14基発671号。

[107] たとえば、労災保険法の労働者は、労働基準法上の労働者より広く、「職業の種類を問わず、事業又は事務所の業務に従事する者で、賃金を支払われる者」と解すべきという見解がある。岡村親宜『労災補償・賠償の理論と実務』（エイデル研究所、1992年）60頁。

く大工の契約関係が労働契約であり、解雇予告手当の支払いを認めた裁判例もある（丸善住研事件・東京地判平6・2・25労判656号84頁）。最高裁においても、一人親方の労災保険の適用の可否が争われていた事例において、労働者性が否定されている（藤沢労基署長（大工負傷）事件・最一小判平19・6・28労判940号11頁）。労災保険の事案において、労働者性と特別加入制度の制度設計のあり方も問題になっている。一人親方の労働者性をめぐる裁判例では、特別加入していた労働者の労災事案において遺族が労働者性を求めて提訴し、その労働者性が否定されている（国・川越労基署長（C工務店）事件・大阪地判平成28・11・21労判1157号50頁）。

他方、労災保険の特別加入制度については、制度理解が必ずしも浸透していないといわれている[108]。また、事業者団体がないと利用できない構造をとっており、その利便性は高くない。さらに、特別加入制度は、労働基準法上の労働者に該当しないことを前提とした制度設計であることから、制度未加入者の労働者性が争われた場合には、かえって労働者性を否定する方向で解釈されかねない。

こうした状況をふまえると、現行の労災保険法の制度設計が妥当かどうか、労災補償の本質との関わりにおいてそのあり方が検討されるべき段階にきているといえよう[109]。

第2節　労働者概念に関するわが国の裁判例

次に、近年の主要な裁判例を素材にして、どのような判断基準、事実要素に着目して労働契約の性質決定を行っているかを検討する。裁判例には、労働者性という判断枠組みではなく、労働契約性の有無を判断するものも散見される。また、判断基準についても従来と異なる見解を示す裁判例もあり、

---

[108] 特別加入制度の実態については、山口浩一郎『労災補償の諸問題』（有斐閣、2002年）64頁以下参照。
[109] 労災保険法上の労働者性に関する立法論を展開するものとして、柳屋2005・339頁以下、古川景一「労働者概念を巡る日本法の沿革と立法課題」季労219号（2007年）153頁。

こうした裁判例の動向を改めて検討することにも意義があると思われる。

第1款　労働者性判断の基本枠組み

1　労働者性判断の傾向

　労働基準法上の労働者性の判断基準については、1985年の労働基準法研究会報告「労働基準法の『労働者』の判断基準について」が公表され[110]、実務ではこの報告書の判断基準が基本的に採用されるようになった。

　この報告書は、労働者性の判断基準を、①「使用従属性」に関する判断基準と、②労働者性の判断を補強する基準とに分ける。そして、①の「使用従属性」に関する基準については、（ア）指揮監督下の労働（仕事の依頼、業務指示等に対する諾否の自由の有無、業務遂行上の指揮監督の有無、勤務場所および勤務時間の拘束性の程度、労務提供の代替性の有無）と、（イ）報酬の労務対償性をあげる。そして、②労働者性を補強する要素として、（ア）事業者性の有無（機械・器具の負担関係、報酬の額等）、（イ）専属性の程度、（ウ）その他（委託等の選考過程、源泉徴収の有無、労働保険への加入の有無等）などを考慮し、これら多様な判断要素から総合的に判断する傾向にある。

　労働者性を判断した最高裁判例も、ある程度蓄積されている状況にある[111]。一般論を述べた最高裁判決はないが、その共通の傾向としては、「指揮監督の下」で労務の提供をしていたと評価できるかが労働者性の判断に結びついており、「使用従属性」の用語が用いられなくなる傾向があるものの、労基法9条にいう「使用される」というのは、「指揮監督の下」での労務の

---

[110] 労働省労働基準局編『労働基準法の問題点と対策と方向――労働基準法研究会報告書』（日本労働協会、1986年）52頁以下。

[111] 労働者性が争われた平成以降の最高裁判決としては、日田労基署長事件・最三小判平元・10・17労判556号88頁〔山林作業の山仙頭・否定〕、大阪中央郵便局事件・最三小判平5・10・19労判648号33頁〔郵便外務職員に対する職場ヘルパー・否定〕、横浜南労基署長（旭紙業）事件・最一小判平8・11・28労判714号14頁〔傭車運転手・否定〕、興栄社事件・最一小判平7・2・9労判681号19頁〔専務取締役・肯定〕、安田病院事件・最三小判平10・9・8労判745号7頁〔付添婦・肯定〕、関西医科大学研修医（未払賃金）事件・最二小判平17・6・3民集59巻5号938頁〔研修医・肯定〕、藤沢労基署長（大工負傷）事件・最一小判平19・6・28労判940号11頁〔大工・否定〕等がある。もっとも、最高裁のレベルで一般的な判断枠組みは示されたことはなく、「使用従属性」といった用語も最高裁は使用していない。

提供と解し、関連する諸事情を総合的に考慮するという労基研報告と同様の立場をとっているものと位置づけることができる[112]。

すなわち、請負・委任においては、労務提供者自身が自己の計算と危険負担によって労働を遂行し、労働の内容・時間・場所・種類・態様といった基本的要素を自ら決定することができるのに対し、労働契約は、労働それ自体の提供を目的とする契約であるため、労働義務の基本的要素を決定する権限は使用者に帰属し、労働者は、自己の計算と危険負担において労働力を自由に利用する地位を失うことになる（労働の他人決定性）。労働契約は、労働者が労務指揮権によって労働力利用の自由を喪失することを基本的特質とする契約であり、これが使用従属性の意味にほかならないと解されている[113]。

労働基準法上の労働者性をめぐる判例分析は、数多くの論考において検討されているほか、総合的に裁判例の動向を検討するいくつかの先行研究がある[114]。そこで、先行研究でフォローされていない平成15年以降から平成28年の個別的労働関係の労働者性に関する裁判例について確認したところ、主要裁判例の一覧は次頁以下の表のとおりである。

労働者概念の全体の傾向を整理すれば、次のようにまとめることができよう。

第1に、労働基準法や労働契約法などの法律や労働契約をめぐる法理が適用されるかどうかは、労働基準法や労働契約法上の労働者にあたるかどうかで決まること、第2に、使用従属関係があれば「労働者」と認められ、「労働者」に該当すればその当事者間の役務提供契約は労働契約と解されること、

---

[112] 皆川宏之「労働法上の労働者」日本労働法学会編『講座労働法の再生　第1巻　労働法の基礎理論』（日本評論社、2017年）83頁。

[113] 土田道夫「『労働者』性判断基準の今後――労基法・労働契約法上の『労働者』性を中心に」ジュリ1426号（2011年）56頁。

[114] 裁判例の全体的な動向を検討した論考として、東京大学労働法研究会編『注釈労働基準法上巻』（有斐閣、2003年）137頁以下〔橋本陽子執筆〕、池添弘邦「社会法における「労働者」の概念――法律・裁判例・学説と、法政策構想への試論」JILPT Discussion Paper 04-007（2004年）、柳屋2005、労働政策研究・研修機構編『「労働者」の法的概念に関する比較法研究〔労働政策研究報告書67号〕』（労働政策研究・研修機構、2006年）47頁以下、皆川宏之「労働者性をめぐる裁判例の動向と検討課題」季労215号（2006年）35頁、脇田滋「『偽装雇用』克服と『労働者性』判断」労旬1634号（2006年）4頁等。

【表】2003（平成15）年～2016（平成28）年　個別労働関係の労働者性主要裁判例

事件名	裁判所・判決日	出典	判定	職種
ジャパンネットワークサービス事件	東京地判平成 14.11.11	労判 843-27	○	代表取締役
関西医科大学研修医〔損害賠償〕事件	大阪高判平成 14.5.10	労判 836-127	○	研修医
ヤマイチテクノス事件	大阪地判平成 15.1.31	労判 847-87	○	設計業務
岡山大学〔嘱託員契約解除〕事件	広島高岡山支判平成 15.2.2	労判 855-82	○	嘱託員
加部建材・三井道路事件	東京地判平成 15.6.9	労判 859-32	×	傭車運転手
NHK 西東京営業センター（受信料集金等受託者）事件	東京高判平成 15.8.27	労判 868-75	×	NHK 集金人
呉港運輸・倉本組事件	大阪地判平成 15.8.29	労判 857-93	○	傭車運転手
シンコー事件	大阪地判平成 15.11.7	労経速 1854-20	○	従業員兼取締役
NHK 盛岡放送局	仙台高判平成 16.9.29	労判 881-15	×	NHK 集金人
ケービーアール事件	大阪地判平成 17.7.21	労経速 1915-27	×	従業員兼取締役
クラブ「イシカワ」〔入店契約〕事件	大阪地判平成 17.8.26	労判 903-83	○	ホステス
日本電気〔歯科医師〕事件	東京地判平成 17.12.27	労判 906-94	×	歯科医師
NHK 千葉放送局事件	東京高判平成 18.6.27	労判 926-64	×	NHK 集金人
アンダーソンテクノロジー事件	東京地判平成 18.8.30	労判 925-80	○	取締役
ブレックス・ブレッディ事件	大阪地判平成 18.8.31	労判 925-66	×	店舗店長
アサヒ急配〔運送委託契約解除〕事件	大阪地判平成 18.10.12	労判 928-24	○	運転手
新国立劇場運営財団事件	東京高判平成 19.5.16	労判 944-52	×	オペラ歌手
同	東京地判平成 18.3.30	労判 918-55	×	オペラ歌手
藤沢労基署長〔大工負傷〕事件	最一小判平 19.6.28	労判 940-11	×	一人親方
泰進交通事件	東京地判平成 19.11.16	労判 952-24	○	タクシー運転手
朝日新聞社〔国際編集部記者〕事件	東京高判平成 19.11.29	労判 951-31	○	新聞記者
同	東京地判平成 19.3.19	労判 951-40	×	新聞記者
アルフィー事件	東京地判平成 21.9.15	労判 993-90	×	パチンコ交換業
府中おともだち幼稚園事件	東京地判平成 21.11.24	労判 1001-30	○	幼稚園理事長
B 社〔法律専門職〕事件	東京地判平成 21.12.24	労判 1007-67	○	法律専門職
第三相互事件	東京地判平成 22.3.9	労判 1010-65	○	ホステス
妙應寺事件	東京地判平成 22.3.29	労判 1008-22	○	僧侶
医療法人社団大成会事件	東京地判平成 22.4.14	労判 1012-92	○	病院院長
河合塾（非常勤講師・出講契約）事件	最三小半平 22.4.27	労経速 2075-3	破	塾講師
同	福岡高判平成 21.5.19	労判 989-39	○	塾講師
同	福岡地判平成 20.5.15	労判 989-50	○	塾講師
ソクハイ事件	東京地判平成 22.4.28	労判 1010-25	×	バイク便
日本相撲協会〔力士登録抹消等〕事件	東京地決平成 23.2.25	労判 1029-86	×	力士
萬世閣〔顧問契約解除〕事件	東京地判平成 23.4.25	労判 1032-52	○	執行役員
公認会計士 A 事務所事件	東京高判平成 24.9.14	労判 1070-160	×	税理士
同	東京地判平成 23.3.30	労判 1027-5	○	税理士

末棟工務店事件	大阪地判平成 24.9.28	労判 1063-5	×	IT 事業者
ミレジム事件	東京地判平成 24.12.14	労判 1067-5	○	取締役
福生ふれあいの友事件	東京地立川支判平成 25.2.13	労判 1074-62	○	介護ヘルパー
J 社ほか 1 社事件	東京地判平成 25.3.8	労判 1075-77	○	モデル
日本相撲協会〔故意による無気力相撲・解雇〕事件	東京地判平成 25.3.25	労判 1079-152	×	力士
NHK 前橋局事件	前橋地判平成 25.4.24	未登載	×	NHK 集金人
コモンズ事件	東京地判平成 25.7.2	労判 1088-86	○	執行役
東陽ガス事件	東京地判平成 25.10.24	労判 1084-5	○	ボンベ配送員
株式会社 MID 事件	大阪地判平成 25.10.25	労判 1087-44	○	保険業務員
ソクハイ〔契約更新拒絶〕事件	最三小平成 27.7.21	労判 1123-83	不	バイク便
同	東京高判平成 26.5.21	労判 1123-83	×	バイク便
同	東京地判平成 25.9.26	労判 1123-91	×	バイク便
NHK 神戸放送局〔地域スタッフ〕事件	大阪高判平成 27.9.11	労判 1130-22	×	NHK 集金人
同	神戸地判平成 26.6.5	労判 1098-5	×	NHK 集金人
社会福祉法人東京都知的障害者育成会事件	東京地判平成 26.9.19	労判 1108-82	×	世話人業務
リバース東京事件	東京地判平成 27.1.16	労経速 2237-11	×	セラピスト
医療法人一心会事件	大阪地判平成 27.1.29	労判 1116-5	○	看護師
M コーポレーション事件	東京地判平成 27.11.5	労判 1134-76	×	クラブのママ
NHK〔フランス語担当者〕事件	東京地判平成 27.11.16	労判 1134-57	×	NHK 語学担当
元アイドルほか事件	東京地判平成 28.1.18	労判 1139-82	×	アイドル
住吉神社ほか事件	東京地判平成 27.11.11	労判 1152-69	○	神社
元アイドルほか〔グループ B〕事件	東京地判平成 28.7.7	労判 1148-69	○	アイドル
NHK 堺営業センター〔地域スタッフ〕事件	最三小決平成 29.1.17	未登載	不	NHK 集金人
同	大阪高判平成 28.7.29	労判 1154-67	×	NHK 集金人
同	大阪地判平 27.11.30	労判 1137-61	○	NHK 集金人
美容院 A 事件	東京地判平成 28.10.6	労判 1154-37	○	美容師

※ ○は労働者性を肯定、×は労働者性を否定、破は破棄、不は不受理を示す。

　第 3 に、契約形式は請負または委任であっても、使用従属関係の実態から判断されること、第 4 に、使用従属関係とは、基本的には、使用者の「指揮監督下の労働」および「報酬の労務対償性」によって決せられる、というものである。裁判所において重視すべき判断要素は、これまでの議論の蓄積により明確になっている[115]。

もっとも、最近の裁判例を子細にみていくと、全体の傾向として次の点を指摘できる。

第1に、労働者性を否定する事案が相当数存在する。全体の傾向としては訴訟で争われたうち、半分程度の裁判例でその労働者性が否定されている。

第2に、業務委託契約で締結した者の労働者性が争われている。NHK集金人やバイク便、セラピスト、NHK語学担当などの事案は労働契約以外での契約類型で締結された事案であり、いずれも労働者性が否定されている。

第3に、契約形式を重視する裁判例が散見される。労働者性の判断は、当事者の主観や形式的な事情ではなく、客観的な事実および実質的な事情に基づいて行うべきであるという点である[116]。当事者の意思や当事者が容易に操作しうる形式的な事情を重視すると、法の潜脱・形骸化がもたらされることになりかねないからである。就業規則の適用、社会保険等の適用、源泉徴収の有無などの要素に重要な位置を与えることは、意図的な「非雇用化」を許すものであり、適当ではない[117]。

2　限界事例における各判断要素

労働者性の判断は、諸般の事情を総合的に考慮してなされるが、限界的な事案では判断が容易ではなく、とりわけ事例の集積が少ない職種では、その判断が微妙かつ困難なものとなる。そうした裁判例をみるかぎりでは、規範の理解について相当程度の揺らぎがあり、また、実際にも、具体的な事案において労働者に該当するかどうかの判断は必ずしも容易ではない。

労働者性の判断基準に関する裁判例の基本的特徴は、以下のとおりである。

第1に、各判断要素の位置づけや相互関係について、統一的な議論は展開されていないと思われる。たとえば、前掲・横浜南労基署長（旭紙業）事件最高裁判決は、労基研報告の考え方を基本にして、指揮監督下の労務提供、報酬の支払方法、公租公課の負担関係等を重視し、その他を補強する要素と

---

[115] 取締役や執行役員の労働者性が争われる事案においては、一般従業員であったときと比べて業務実態に変化があったかどうかを考慮して、指揮監督下の労働であるかどうかを判断している。拙稿「会社執行役員と労災保険法上の労働者」ジュリ1440号（2012年）240頁。
[116] 水町勇一郎『労働法〔第7版〕』（有斐閣、2018年）68頁。
[117] 西谷2013・45頁、東京大学労働法研究会編・前掲注114）書146頁〔橋本陽子執筆〕。

して位置づけている。そして、同最高裁は、傭車運転手の労働者性判断に際して、自己の危険と計算の下で従事していたという事情も考慮し、一般の従業員の就業実態と対比から、時間的・場所的な拘束の程度も緩やかであると判断して、労働者性を否定している。

　他方、下級審の裁判例には、労基研報告は、「使用従属関係の有無は、個別具体的な事案に応じ、その事実関係を踏まえて判断すべきものであるから、これらの報告の判断基準を絶対視すべきではない」として、各判断要素を並列的に総合考慮するものがある（新宿労基署長（映画撮影技師）事件・東京地判平13・1・25労判802号10頁）。もっとも、同事件における判断要素は、他の裁判例の判断要素と相当程度重複しており、どのような区別がなされているのかははっきりしない。この点、最近の裁判例には、判断要素のウェイトを意識した判示もなされている。具体的には、使用者の使用従属下において労務を提供する関係にあり、報酬の支払いが労務の対償であること、という2要件を満たす必要があるとするもの（国・甲府労基署長（甲野左官工業）事件・甲府地判平22・1・12労判1001号19頁）、「特に使用従属性の有無が重視されるべきであり、報酬の労働対償性については、労働者性の総合判断に際して付随的に考慮する」とするもの（国・甲府労基署長（甲野左官工業）事件・甲府地判平22・1・12労判1001号19頁）などもある。

　第2に、委任や請負における注文者の「指示」と労働者性の判断要素である「業務遂行上の指揮監督」をどのように区別するかという論点が提起されている。たとえば、前掲・横浜南労基署長（旭紙業）事件最高裁判決は、傭車運転手に対する荷物の運送物品、運送先および納入時刻の指示は、「業務の性質上当然に必要とされる」ものであるとして、指揮監督関係を肯定する事情に含めていない。

　また、レースライダーの労災保険法上の労働者性が争われた国・磐田労基署長（レースライダー）事件（東京高判平19・11・7労判955号32頁）では、場所的拘束性などがあるとはいえ、それは業務の性格からくるのであって、指揮監督の徴表ではないとして、労働者性が否定されている。さらに、バイシクルメッセンジャーの契約解除の是非が争われたソクハイ事件（東京地判平22・4・28労判1010号25頁）においても、業務の方法、研修、指示等は、「請負また

は業務委託である場合にも必要であるということができ、労働関係にある使用者の労働者の指揮命令に係る特有のものではない」と判断されている[118]。

　これに対して、映画撮影技師の労災保険法上の労働者性が争われた事案では、映画制作における最終的な決定権限を監督が負っていたことを重視し、撮影技師が監督の指揮監督を離れて技術や裁量を発揮する権限までを有しているとはいえないとして、映画監督との間の指揮命令関係が肯定されている（新宿労基署長（映画撮影技師）事件・東京高判平14・7・11労判832号13頁）。

　なお、従来の裁判例には、雇傭と請負を相対的にとらえ、従属性の度合いに応じて保護の程度を勘案するものもみられた点は留意しておくべきであろう。たとえば、東京12チャンネル事件（東京地判昭和43・10・25労民集19巻5号1335頁）は、「労働法は従属労働提供者を実質的に保護するために市民法に対する修正的意味を持つものであるから、その対象となるものは、単に典型契約としての雇傭契約のみならず、従属労働の性格を持つ限り、たとえそれが本来なら請負に分類されるべきものであったとしても、なおその労働の従属性という側面において労働法上の保護を受けうるものというべきである。ただ、それが請負としての性格をも有する限りにおいて、換言すれば、労働の従属性が雇傭におけるそれよりは希薄であるという点において、その従属性の度合いに応じて保護の程度も減少することは当然のことである。」と判示している。

　第3に、報酬の労務対償性の判断要素をどのように位置づけるかも問題となる。たとえば、受信料集金等受託者の労働者性が争われたNHK西東京営業センター（受信料集金等受託者）事件（東京高判平15・8・27労判868号75頁）では、「受託業務の対価とみるのが相当であって、一定時間の労務提供の対価である賃金とは質的に異な」ると判示している。また、前掲・新宿労基署長（映画撮影技師）事件高裁判決は、日当と予定撮影日数を基礎として算定した額等から報酬が決められたものであり、賃金の性格の強いものであったと判断した。これに対して、前掲・同事件地裁判決は、撮影日数に変動があっても報酬の変更はないものとされていたことから、その報酬は一定の時間

---

118 いわゆるバイク便の配達者については、労働基準法上の労働者性を認める通達が出されている（平19・9・27基発0927004号）。

の労務提供に対する対価というよりは、仕事の請負に対する報酬であると結論づけている。

第4に、契約上の形式的要件を重視するものも現れている。この点、学説では、就業規則の適用、労働・社会保険の適用、源泉徴収の有無などは、労働者性の判断基準のなかに当事者が容易に操作しうる形式的な事情であることから、当事者による法形式の操作によって就業形態の「非雇用化」を許すものであり、判断基準として必ずしも適切とはいえない[119]。

このように、総合的に考慮する方式は、柔軟な判断を可能とするメリットがある一方で、各要素のウェイトは必ずしもはっきりしておらず、予測可能性を欠く状況にある。また、指揮命令関係は相対化しており、使用従属関係が希薄な事案においては労働者性が否定される傾向にある。

第2款　下級審裁判例の新たな展開

2007年に労働契約法が成立したこともあり、従来の傾向と異なる判断基準を採用する裁判例も登場している。そこで、最近の裁判例の新たな傾向について概観しておくことにしたい。以下の下級審裁判例は違う立場にたって独自の見解を述べる。大きく3つの流れを指摘することができる。

1　経済的従属性に着目する裁判例

第1は、労働者性の判断において経済的従属性に着目するものである。

代表的な事案としては、河合塾（非常勤講師・出講契約）事件（福岡高判平21・5・19労判989号39頁）がある。同事件は、大学受験予備校Yに25年間、1年毎に有期労働契約を反復更新してきた非常勤講師であるXが、1週間あたりの担当授業コマ数を減少する旨の通告をめぐって争いになり、次期の出講契約が締結できなかったというケースである。本件は、不法行為に基づく慰謝料請求について最高裁まで争われたが、以下では、出講契約に基づく非常勤講師の労働者性の判断部分のみに対象を限定して、簡単に確認しておきたい[120]。

119　東京大学労働法研究会編・前掲注114）書146頁〔橋本陽子執筆〕、西谷2013・56頁、水町・前掲注116）書68頁。

一審（福岡地判平20・5・15労判989号50頁）は、労働者性の一般的判断基準に則し、諸般の事情を総合的に考慮して使用従属関係の有無を判断し、専属性のあてはめにおいて、「Xは経済的にYに依存しており、XのYへの専属性の程度は高かった」と認定するとともに、傍論において、「Xについては、本件出講契約の継続した期間の大部分を、Yでの仕事のみで生計を立てており、その事情はYも認識していた」のであり、「XとYとの経済的結びつきは相当に強かった」として、出講契約は労働契約であると判断している。

　これに対し、控訴審（福岡高判平21・5・19労判989号39頁）は、まず、単年度毎の出講契約については、出講契約の法的性格を判断するにあたって、非常勤講師制度についての当事者の意向も無視することはできず、一律に労働契約であると認めることはできないと判断する。しかしながら、「本件出講契約が継続的に繰り返し締結されることにより、…契約関係が、長期間にわたって継続して形成されているかのような観を呈しているのであって、そのこと（長期間に積み重ねられた総体としての本件出講契約に基づくXとYとの間の法律関係）をどう評価すべきかということになると、さらに慎重な検討が必要である」とし、Xは、Yからの収入で生計を維持しており、専任講師の場合と殆ど変らない外観を呈していたこと、Yの講師陣の主体は非常勤講師であり、長期間継続して業務を果たしている者について、一律に労働法上の保護が与えられないことは相当なことではないことを認定する。そして、「出講契約は、請負あるいは準委任の法形式を採るものではあるが、Yとその非常勤講師としてのXとの法律関係は、Yと専任講師とのそれと著しく近似する実情にあるものというべく、Xが受ける報酬もXの役務の提供に対する対価と見て何ら矛盾しないものである」として、両者間の法律関係は労働契約に基づくものであると判断している。最高裁（最三小判平22・4・27労経速2075号3頁）は、出講契約の労働契約性の有無に触れないまま、慰謝料請求を認めた原判決を破棄している。

120　本件高裁判決の評釈として、山下昇・法セ666号（2010年）125頁、三井正信・速報判例解説（法セ増刊）7号（2010年）225頁、本件最高裁の評釈として、小宮文人・法時83巻2号（2011年）126頁。

以上のように、一審は、従来の労働者性の判断枠組みを維持しながら、専属性のあてはめにおいて、経済的従属性を重視した判断を行っている点に特色を有する。これに対し、控訴審は、当事者の意向を重視する一方で、契約が継続的に繰り返し締結されている事実（契約の継続性）に着目し、就労実態から事案の特性に則して労働契約性の判断を行っている。

最近の裁判例でも、専属芸術家契約を労働契約であると判断した事案において、経済的従属性に着目した判断もなされている（J社ほか1社事件・東京地判平25・3・8労判1075号77頁）。他方、裁判例には、「経済的従属性を重視する考え方は直ちに採用できない」としたものもある（NHK盛岡放送局（受信料集金等受託者）事件・仙台高判平16・9・29労判881号15頁）。

もう1つの特徴は、労働契約の性質に言及する裁判例が散見されることである。労働契約の性質に関して、「労働契約にみられるような広範な労務提供義務とは全く異質である」（前掲・NHK西東京営業センター（受信料集金等受託者）事件控訴審判決）、「労働力の一般的な処分を使用者に委ねるという雇用契約特有の性質を認めることはでき」ない（アルフィー事件・東京地判平21・9・15労判993号90頁）といった判示もなされている。NHKの集金等業務受託者の契約は、準委任と請負の混合契約として解されており（前掲・NHK西東京営業センター事件控訴審判決）、雇用と自営の中間的な働き方が増加するなかで、こうした契約の法的性質をどのように判断していくべきかが大きな課題となっている。

2　労働契約法を類推適用する裁判例

第2は、労働契約法の類推適用という解釈である。

これまでの裁判例にも、解雇権濫用法理のもとでも、請負契約と雇用契約の性格が混合した役務提供契約について、雇用的性格の程度に応じて労働法上の保護を与えうるとしたものがある（東京12チャンネル事件・東京地判昭43・10・25労民集19巻5号1335頁）。

また、労働契約法17条の類推適用を認めたおそらく初めての裁判例としてNHK堺営業センター（地域スタッフ）事件（大阪地判平27・11・30労判1137号61頁）が注目される。NHKの受信料の集金等の業務を行う地域スタッフの

業務委託契約の中途解約の有効性等が問題となった事案であるが、本判決の最大の特徴は、労働契約法上の労働者性を否定する一方で、「労働契約法上の労働者に準じる程度に従属して労務を提供していたと評価することができる」として、労働契約法17条1項を類推適用するのが相当であるとした点にある。労働契約法の類推適用という新たな解釈のあり方を示した裁判例として注目すべき事案である。

具体的には、労働契約法の類推適用を認める根拠として、7つの要素を考慮しつつ、次の3つの点を類推適用の根拠としている。すなわち、その1は、労働契約法上の労働者に準じる程度に従属して労務を提供していたと評価することができること、その2として、契約の継続および終了においてXを保護すべき必要性は、労働契約法上の労働者とさほど異なるところはないこと、その3として、純然たる民事法である労働契約法は、刑事法の性質を有する労働基準法と異なり、これを類推適用することは可能であることをその根拠としている。第1審は、労働者性を否定する一方で、労働契約法の類推適用という新たな解釈のあり方を示した裁判例として注目されたが、控訴審（大阪高判平28・7・29労判1154号67頁）においては労働者性を否定するとともに、労働契約法の類推適用についても否定された[121]。同事件は、最高裁において上告棄却・不受理となっている（最三小決平成29・1・17判例集未登載）。なお、同事案の不当労働行為事件については、労働組合法上の労働者性が肯定されている（東京高判平成30・1・25、東京地判平成29・4・13、中労委平成27・11・4、大阪府労委平成25・7・30）。

NHK神戸放送局（地域スタッフ）事件（神戸地判平26・6・5労判1098号5頁）は、その労働者性を肯定したが、控訴審は原審の判断を覆して労働者性を否定されている（大阪高判平27・9・11労判1130号22頁）。

その他の裁判例として、季節労働者の雇止めと労働契約法19条2号の類推適用を認めたものがある（A農協事件・長野地松本支判平26・12・26労判1132号51頁）。ただし、同事件は控訴審（東京高判平成27・6・24労判1132号51頁）において取り消されている。

---

[121] 同事件については、拙稿「NHK地域スタッフの労働契約法上の労働者性と労働契約の類推適用の可否」季労261号（2018年）181頁。

3　民法により救済を試みる裁判例

　第3は、民法の法理により救済を試みる裁判例である。

　裁判例においては、労働者性を否定しつつ、任意解約権の行使（民法651条1項）には、継続は困難と認められる「特段の事情」が必要とするもの（日本相撲協会（力士登録抹消等）事件・東京地判平23・2・25労判1029号86頁）、雇用契約や準委任契約ではなく、私法上の無名契約であるとして労働者性を否定するもの（日本相撲協会〔故意による無気力相撲・解雇〕事件・東京地判平成25・3・25労判1079号152頁）、労働契約性を否定しつつ、業務委託契約の解除につき損害賠償を認容するもの（日本放送協会事件・東京地判平成27・11・16労経速2274号3頁）、雇用契約類似の契約であるとして、民法628条を適用するもの（元アイドルほか〔グループB〕事件・東京地判平成28・7・7労判1148号69頁）などがある。

　また、NHK（フランス語担当者）事件（東京地判平27・11・16労判1134号57頁）は、フランス語担当する就業者の労働者性を否定しつつ、「本件契約は労働契約とは認められず、準委任契約の一態様である業務委託契約というべきであるから、労働契約法19条のような規律がそのまま及ぶものではない」とし、「本件契約には民法651条の適用がありうる契約であるから、…損害賠償責任を負う余地はあるとしても、当該更新拒絶等が無効となり、次年度の契約が成立するものと認めるはできない」とした。そして、契約内容を説明するなどして契約の申し込みをしていながら、当該契約を解除した事実関係を認定し、「本件解除は理由を欠くものであるところ、本件解除がなければ、Yはこれとともに上記申し込みの撤回をすることもなく、XY間で平成23年度の契約が締結に至ったことが高度の蓋然性をもって見込まれるというべきであるから、本件解除および上記申し込みの撤回は、Xが同契約を締結・更新する機会、その合理的な期待を一方的に奪うものであって、Xの権利を違法に侵害する不法行為にあたる」とし、当該年度の得べかりし利益として約468万円の損害賠償を認めている。

　雇用と自営の中間的な働き方が増加し、使用者による意図的な就業形態の「非雇用化」という実態もあるなかで、裁判所も解釈に基づいて法的処理を試みている。こうした裁判例は、従来型の労働者性の判断では労働法性が否

定されるケースにおいて、柔軟な解釈基準を採用することにより、オール・オア・ナッシングになる現状の問題点を克服する解釈と評価することもできる[122]。労働基準法および労働契約法上の労働者性が否定されたとしても、契約上の救済を図る裁判例の1つとして位置づけることができよう。

こうした傾向が生まれているのは、2007年に成立した労働契約法の影響が少なからずあるように思われる。争点が労働基準法に関係するものではなく、契約上の解約や違反である場合には、労働契約であるか否かが中心的争点となることから、労働基準法上の労働者性とは異なる判断もありうる、という裁判官の価値判断が反映されたものといえよう。

しかしその一方で、NHK堺営業センター（地域スタッフ）事件にみられるように、第1審（大阪地判平27・11・30労判1137号61頁）と控訴審（大阪高判平28・7・29労判1154号67頁）が対照的な判断になるなど、実務上、判断視角の共有は必ずしもなされていない。

第3款　労働契約の性質決定と当事者の契約意思

従来、労働保護法は、強行法規であり、当事者の意思によりこれを下回る労働条件についての定めをおくことはできないとの価値判断のもと、使用者による意図的な就業形態の「非雇用化」を防止する意味でも、当事者の契約意思や契約の形式を重視してこなかったといえる。

しかし、近年、企業において労務供給を「非雇用化」させる動きが顕著である。これにより、企業は、雇用にともなう社会保険料や福利厚生などの負担を回避できるだけでなく、業務実績の悪化によるリスクも他者に転嫁することが可能となる。また、裁判例においても、当事者の契約意思や契約の形式を重視して労働者性を判断するものが顕在化しつつある。当事者の合意によって労働契約以外の契約を選択した場合に、当事者の契約意思をどのように評価すべきかが改めて問われている。

122　土田・前掲注96）書57頁以下参照。

1　代表的な裁判例

　労働者性の判断にあたって当事者の契約意思を考慮した代表的な裁判例が、横浜南労基署長（旭紙業）事件東京高裁判決（平成6・11・24労判714号16頁）である。同事件では、傭車運転手の労災保険法上の労働者性が争われ、判決は、傭車運転手のような「労働者と事業主の中間形態」に属する就業については、「法令に違反したり、一方ないしは双方の当事者（殊に、働く側の者）の真意に沿うと認められない事情がある場合は格別、そうでない限り、これを無理に単純化することなく、できるだけ当事者の意図を尊重する方向で判断するのが相当である」という判断枠組みを提示した。そして、少しでも多額の報酬を得ようとしてあえて従業員でない地位にあることを望み、社会保険料等の保険料を負担せず、源泉徴収所得税を控除されることを避けることにも利益を求めており、こうした就業形態は真意に沿うものだとして、結論として労働者性を否定している。

2　裁判例の全体的傾向

　では、その他の裁判例において、労働者性の判断にあたって当事者の契約意思や契約の形式はどのように考慮されているか。当事者の契約意思や契約の形式などを考慮する裁判例としては、以下のようなものがある。

　まず、当事者の認識や意向を考慮する裁判例としては、委託契約の締結または履行について契約当事者双方の意向が互いに影響を及ぼすことはその性質上当然であると判断したもの（大阪府立高校警備員事件・大阪高判平2・7・31労判575号53頁）、労働保険料を支払っていなかったことから、自らの労働者とは認識していなかったとして労働者性を否定したもの（呉労基署長（浅野建設）事件・広島地判平4・1・21労判605号84頁）、労務供給者ら自身が雇用されているものではないことを十分認識してなされたと判断したもの（協和運輸事件・大阪地判平11・12・17労判781号65頁）、契約書の記載から、形式上は明らかに請負契約であり、原告も雇用契約ではないことを認識していたと判断したもの（アイティット事件・東京地判平13・10・29労判818号90頁）などがある。また、年金受給のためにあえて請負契約を選択したのであり、それ自体が不合理であるとか、不当に不利益を強いたものではないとして、他

の就業形態を選択するメリットを考慮した事例（大興設備開発事件・大阪高判平9・10・30労判729号61頁）もある。

　このように、これまでの裁判例は、使用従属関係の実態で判断することを基本としつつ、補足的に当事者の認識や意向を考慮する傾向にあった。しかし、最近では、当事者の契約意思や契約の締結過程、契約の形式を明確に意識した裁判例も現れている。

　たとえば、当事者の契約意思を判断基準とする裁判例として、医療法人社団大成会事件（東京地判平22・4・14労判1012号92頁）がある。同事件では、病院院長に対する解雇の有効性が争われ、「客観的事実から窺われる契約意思、原告の職務内容等の具体的事情を総合考慮して、使用従属性の有無を検討する」として、結論として労働者性を肯定している。

　また、契約の締結過程および契約の形式を重視する裁判例として、朝日新聞社（国際編集部記者）事件がある。同事件は、英字新聞の編集部において翻訳記事の作成、記事の執筆業務等に就いていた者が契約解除された事案であり、地裁判決（東京地判平19・3・19労判951号40頁）は、「入社試験を受けないで社員に登用されることはないとの説明を受けていた」ことを認定して労働者性を否定している。また、同事件高裁判決（東京高判平19・11・29労判951号31頁）は、「社会保険がないこと（雇用契約ではないこと）を説明し、その了解を得た上で採用」されていた事実を認定しており、契約の締結過程を重視した判断がなされている。

　新国立劇場運営財団事件（東京高判平19・5・16労判944号52頁）においても、契約の形式が考慮されている。同事件は、合唱団メンバーに対する契約解除の有効性が争われた事例であり、出演基本契約を締結しただけでは、公演に対する具体的な義務を負うものではなく、報酬を請求する具体的な権利も生じないとして、労働契約関係が否定されている。

　さらに、バイクメッセンジャーに対する契約解除の有効性が争われた前掲・ソクハイ事件では、「契約の形式や内容と併せて、具体的な労務提供関係の実態に照らして使用従属性を判断する」との判断枠組みに基づき、「運送請負契約書（メッセンジャー）」と題する契約からは、「本件契約の法的性質は請負契約であると解される」との判断が示されている。

3　当事者の契約意思をめぐる学説

　学説は、従来から個別的労働関係の適用対象の画定において、当事者の契約意思を考慮することには否定的であった[123]。こうした見解の根拠は、①保護必要性は現実の就業実態が何より示すということ、②労働基準法は強行法規であり、当事者間の合意に処分を委ねることは適切ではないこと、③当事者の契約意思は、力関係の差を反映し、委託者側の意思のみを反映することになりやすく、就業者側の真意に基づくものとはいえないこと、などに整理することができるであろう[124]。こうした判断方法については、当事者が契約形式を選択したときの意思が顧慮されないこと、当事者に対して意図せざる法的効果が強制されることを意味しており、二重の意味で当事者意思の無顧慮があるという指摘もある[125]。

　他方、労働者性を判断する際に当事者の契約意思をどのように考慮するかという問題について、学説では注目すべき見解が示されている[126]。

　たとえば、労働者性を否定する当事者の意思形成は、一方当事者の意思のみを反映して、他方当事者の自由意思（真意）に基づいていないと客観的に考えられる場合のみ、「契約自由の濫用」として否定されるとし、当事者が自由意思に基づいて合意したと認められる場合には、当事者の意思で労働者性を判断してよいという考え方が主張されている[127]。

　また、現行の労働保護法を類型化してアプローチする見解もある。すなわち、①完全な強行性を有する強行的規定群、②当事者の同意等による適用除外を認める半強行的規定群、③任意規定と位置づけるべき任意的規定群に区

---

[123]　東京大学労働法研究会編・前掲注114）書146頁〔橋本陽子執筆〕、西谷2013・57頁、荒木尚志『労働法〔第3版〕』（有斐閣、2016年）58頁。

[124]　柳屋2005・392頁参照。

[125]　鎌田耕一「雇傭・請負・委任と労働契約」横井芳弘ほか編『市民社会の変容と労働法』（信山社、2005年）203頁以下。

[126]　当事者の意思を考慮することの是非について言及したものとして、安西愈「『労働者概念』の多義性とその差異をめぐって」季労145号（1987年）162頁、村中孝史「労働契約概念について」京都大学法学部百周年記念論文集刊行委員会編『京都大学法学部創立百周年記念論文集　第三巻』（有斐閣、1999年）506頁以下、下井隆史『労働基準法〔第4版〕』（有斐閣、2007年）31頁等。

[127]　柳屋孝安「雇用関係法における労働者性判断と当事者意思」西村健一郎ほか編集代表『新時代の労働契約法理論　下井隆史先生古稀記念』（信山社、2003年）19頁。

分し、①の強行的規定群を完全に任意規定化することは賛成できないが、労働契約における実質的非対等性に着目したルールなどの②の半強行的規定群については、労働者の真意による同意があれば法規定からの逸脱を認めるのが妥当であり、労働者の真意に基づく逸脱可能性の判断は、裁判官の事後的な判断に委ねるのではなく、事前の手続的規制で行うことが妥当であるというものである[128]。

　それでは、労働契約性の判断において、当事者の契約意思をどのように考えるべきであろうか。労働契約法は、労働契約は合意により成立し、変更されるべきであると規定しており（1条・3条1項）、「合意の原則」が労働契約法の基底的な概念として理解されている[129]。当事者の契約意思は、労働関係を成立させる基礎であり、契約の履行過程においても当事者の契約意思をできうる限り尊重されるのが望ましい。労働契約の性質決定にあたって、当事者の契約意思を重視した判断を行う近年の裁判例の傾向は、こうした労働契約法の考え方の影響も無関係とはいえないであろう。

　しかし、問題は、契約の自由の名のもとに、社会的・経済的な強者が自分の望む不当な契約を弱者に押しつけることにある。当事者の合意が形式的なものにすぎなかった場合には、単に使用者の一方的決定を根拠づけるものとして、当事者の合意が機能する危険性も否定できない。また、労働者保護法が強行法規として契約の自由を規制しているのは、労働契約の内容が労働者の真意に基づかないことが多いという認識の現れである。この問題については、ルールの要保護性、趣旨・目的などを考慮しながら、類型化して考える必要がある。

---

[128]　大内伸哉「従属的労働者と自営労働者の均衡を求めて――労働保護法の再構成のための一つの試み」中嶋士元也先生還暦記念論集刊行委員会編『労働関係法の現代的展開』（信山社、2004年）60頁以下。

[129]　労働契約法における合意原則の意義と機能については、「《シンポジウム》労働契約法の意義と課題」学会誌115号（2010年）所収の諸論文参照。

第3節　課題の確認

第1款　就労形態の多様化と労働者概念

　これまで形成されてきた労働者性の判断については、次のような問題点も指摘されている。

　第1に、労働者的要素と自営業者的要素を併せ持つ就業者が増加しており、現実の就業実態が従来の二分法的な枠組みに妥当しないということである。労働者か否かで法的保護をすべて享受するかすべて享受しないかという極端な結論をもたらしている[130]。現状では、労働者か労働者でないかで労働法の適用が極端に異なる状況になっていることである。このような一刀両断的あるいはオール・オア・ナッシングの判断によって、はたして問題を正しく処理できるであろうか。

　指揮命令拘束性の緩い就労形態の場合には、その評価は裁判官の裁量に委ねられ、幅のあるものとなっている[131]。指揮命令関係を重視することは、経済的には労働者と同様の保護を必要とするものの、指揮命令関係が稀薄な者の労働者性を否定することになる[132]。また、就業形態が多様化するなかで、労務指揮権の意義は減少しており、労働法の適用範囲を画定する手段としての役割も後退しているという指摘もなされている[133]。役務の提供を目的とする多様な働き方が現れており、このため、新しい役務・サービスに対して、既存の典型契約の規定によってはこれらの契約に十分に対応できていない。こうした事態に対して雇用の基盤となる「労働契約」は労働関係を適切にとらえているのか、また、「労働契約以外」の契約類型をどのように位置づけるべきかが課題となる。

---

[130]　池添弘邦「労働保護法の労働者概念をめぐる解釈論と立法論——労働法学に突きつけられている重い課題」労研566号（2007年）53頁。
[131]　こうした指摘として、橋本陽子「労働法・社会保険法の適用対象者（一）——ドイツ法における労働契約と労働者概念」法學協會雜誌119巻4号（2002年）639頁。
[132]　西谷2013・56頁以下参照。
[133]　鎌田耕一「労働契約法の適用範囲とその基本的性格」学会誌107号（2006年）24頁。

第2に、労働者か否かで、両者で法的保護の著しい差異が生じているということである。就労形態が多様化した結果、労働者と非労働者との間の境界線が不鮮明となり、同じ就業実態であっても、労働者とそれ以外の者との関係が相対化している。労働者か否かという二分法的処理は、両者間の均衡上問題が生じているというべきであろう。前述したとおり、学説には、労働法の適用について二分法的解決を前提とした労働者概念の拡大という手法だけでなく、労働法の部分的な適用などの柔軟な措置の必要性が指摘されているが、立法論を含めた具体的方策は十分になされていない。

第3に、労働契約と労働者概念の関係性が必ずしも明らかではないことである。労働契約は、比較的最近に至るまで、その意義をさほど重視されてこなかった。それは、賃金や労働時間などの労働条件が、集団的・画一的に決定され変更されてきたという事情とともに、長期雇用を前提とする日本的雇用慣行のもとでは、個別的労働条件の決定・変更については、企業にゆだねるという発想が労使双方に強かったことがその背景にあるといえよう[134]。

学説のなかには、労働基準法と労働契約の関係については、これまでには、契約関係がないものであっても労働基準法の適用があるとする見解が示され[135]、労働基準法の適用には合意を不要とする見解もある[136]。労働契約に関する法理の適用が労働基準法上の「労働者」と同一であると考える論理必然性はないという指摘もある[137]。労働契約と労働者概念がどのように関係するのかは、現時点でも自明のものではない。

第4に、ほとんどの裁判例が、その適用の可否を争われている制度・理論の個別的・具体的な目的・趣旨をほとんど考慮していないことである。いわゆるグレーゾーンに属する人々について、少なくとも労災等の保護については、適用の可能性を模索してもよいといった価値判断がありうるが、現在の裁判例の状況からはそうした問題意識はうかがわれない。

就業形態が多様化するなかで、労働者性の判断手法の明確化が強く求めら

---

[134] 西谷敏「労働契約法制と労働法の未来」労旬1615号（2006年）8頁。
[135] 有泉・前掲注92）書45頁以下。
[136] 安西・前掲注93）書2頁以下。
[137] 東京大学労働法研究会編・前掲注114）書139頁〔橋本陽子執筆〕。

れている。しかし、同一の事実関係であっても裁判例で結論が分かれることもあり、結論を予測することは著しく困難である。実務の観点からも、こうした総合考慮による労働者性の判断は、柔軟な考慮が可能であるというメリットがある一方で、予測可能性を欠くという大きな問題点を内包している[138]。

第2款　問題構造の分析

　労働法は労働者を適用対象としており、労働者概念を画定することは労働法の範囲を決めることになる。しかし、ある規制を誰に及ぼすべきかは、抽象的に論じても必ずしも生産的ではなく、規制の仕組みや法律内容をふまえて具体的に検討する必要がある[139]。留意すべき点としては以下のようなものがある。

　第1に、労働者概念と個別の労働立法との関係である。たとえば、労災補償制度の適用は、特別加入制度という仕組みが用意されており、労災の解釈において「労働者」に該当しないものであっても適応を受けることが可能な仕組みとなっている。その一方で、労働基準法は管理監督者について適用除外制度を設けており、管理監督者に該当する限りにおいては、法律の適用を受けないことになる。したがって、労働法の適用範囲を確定するにあたっては、適応しようとする法律の規制内容も加味した上で、望ましい法制度を模索していく必要がある。

　第2に、労働者性の判断において、合意をどのように扱うかという論点である。わが国では、労働者概念は当事者が合意によって左右することのできない、客観的・強行的なものとして理解されてきた。しかし、労働者かどうかの判断が難しいグレーゾーンの拡大は、こうした立場が適切かどうかが論点となりうる。使用者による意図的な「非雇用化」は、社会システムとして脱法を許容することになることから、こうした問題に対処しつつ、当事者に

---

[138]　鎌田耕一・池添弘邦・島田陽一・水口洋介「座談会・労働者性の再検討――判例の新展開と立法課題」季労222号（2008年）33頁において、「実際の事案によってどういうふうに判断されるかというのは予測が著しく困難で」あり、「法律相談を受けて答えなければならない実務家としては非常に不安なところ」であると指摘されている〔水口発言〕。
[139]　荒木尚志「労働者概念を論ずるということ」労研624号（2012年）1頁参照。

とって整合的な法制度を構築する必要がある。

　第3に、労働者概念の統一性をどのように把握するかという問題がある。労働者概念が統一的であることは、一般の労働者にとって、法律上の自らの地位を明確に認識することができるというメリットがある。他方で、労働者概念が統一的であることは、法目的によって柔軟な適用をするという方策をとることが難しくなる。労働者概念が統一であることのメリット・デメリットを本格的に検討すべき時期にきているといえよう。

　第4に、海外で展開されているライドシェアといったシェアリング・エコノミーで働く者を労働法の法規制においてどのように位置づけるかという論点がある。プラットフォーム企業が介在するなかで、自らの裁量で働く者は法的にどのように位置づけられ、いかなる法的保護を及ぼすべきかも大きな課題となる。

　現行の労働法制の最大の問題点は、雇用と自営との間で保護がオール・オア・ナッシングになっていて、両者の差があまりにも大きすぎる点にある。単一の労働者概念で包括して制度設計をしている労働法体系の歪みが生じている。上記の視点を踏まえつつ、新たな働き方も視野にいれて、労働法の機能・役割を模索していく作業が求められているといえよう。労働条件の個別化とともに就業形態の多様化に直面するなかで、理論的には、サービス業を中心とするホワイトカラーの就労形態に適合的な労働契約、さらには、従属労働か独立労働かの区分を問わず、サービス提供に適合的な契約理論の法的構成が求められている。

　このように、わが国の議論状況は、なお他国に学ぶべき点を多く残している状況にある。そこで、次章から外国法の検討に入ることとする。

第2章 イギリスにおける雇用契約概念の形成と展開

　イギリスは、14世紀から現代まで続く労働関係法令を歴史的に振り返ることができる貴重な比較対象国である。イギリスにおいて歴史的に雇用契約（contract of employment）がどのように形成されたのかを検討することは、今後の労働法を考えるうえでも重要な知見となる。そこで、本章では、雇用契約がいかにして現代的な特徴を有するに至ったかを歴史的に検証する。

　イギリスの雇用契約の歴史研究については、わが国においてもこれまで多くの研究成果がある[140]。最近では、サイモン・ディーキン（Simon Deakin）とフランク・ウィルキンソン（Frank Wilkinson）により、イギリスにおいても雇用契約の歴史的展開がより克明に描かれている[141]。

　本章では、イギリスにおける雇用契約の歴史的展開を追うことにより、雇用契約の特質を明らかにするものである。以下では、主従法成立以前の雇用関係がどのようなものであったか、また主従法の成立が雇用契約の概念にどのような影響をあたえ、差異を生み出すことになったのかについて検討する（第1節）。次に、コモン・ローにおいて雇用契約の概念がどのように形成されてきたのかを検討し、その特徴を明らかにする（第2節）。そのうえで、制定法においてどのような法的対応がなされているかを検討することにより、イギリスの基本的特徴を明らかにする（第3節）。

---

[140] イギリスの雇用契約について論じる邦語文献として、前掲注19）に掲げた文献のほか、イギリス労働立法の歴史研究として、片岡1956、角山栄『イギリス絶対主義の構造』（ミネルヴァ書房、1958年）、岡田1961、田中豊治『イギリス絶対王政期の産業構造』（岩波書店、1968年）。
[141] Deakin and Wilkinson 2005.

第1節　イギリスにおける雇用契約の形成

第1款　資本主義成立以前の雇用関係

　イギリスの雇用関係を規律する立法の起源は、14世紀にまでさかのぼることができるが、その特質は現代の雇用関係とは当然のことながら異なる。そうだとすると、現代的な資本主義が成立する以前の雇用関係は、どのようなものであったのか。また、契約関係によって雇用関係が把握されていたのかを確認するところからはじめたい。

1　イギリス初期労働立法と契約関係

　イングランドの労働立法の起源を象徴する法律は、国王エドワード3世の治世において成立した1349年労働者勅令（Ordinance of Labourers of 1349）および1351年労働者条例（Statute of Labourers of 1351）である。1349年労働者勅令および1351年労働者条例は、いかなる社会的背景のもとで、どのような特徴を備えた法律だったのか、イギリスの雇用契約の形成はそこから辿ることが適切であろう。

　(1)　農奴と黒死病

　1066年のノルマンディー公ギヨム2世によるイングランド征服以前は、イギリスの人口の3分の2が奴隷の状態であり、14世紀に至っても荘園領主による奉公人（サーバント）の贈与や売買が行われていた。奴隷制に代わって行われたのが農奴（villein）である。

　農奴は、領主から貸与された土地を自身で耕作するために拘束されて移転の自由はなく、さらに賦役や貢納などの義務を負った。農奴は、土地とともに売買の対象となった。家族を持ち、住居や耕具の所有は認められるが、転居、職業選択の自由は基本的になかったとされる。もっとも、農奴は農奴として一生を終えるわけではなく、農奴から解放される者もあった[142]。また、農奴の中には、自由な労働者として浮遊農民に雇用される者も増加し、農奴

を逃れるために荘園から不法に退去する者も現れた[143]。

　ウィリアム1世がつくらせたイングランドの台帳「ドゥームズデイ・ブック（Domesday Book）」によれば、1086年ではブリテン島の約10%は金銭で売買される奴隷であり、自らの財産を所有することができなかった。労働者階級は75%を占め、小屋住み農（cottars）、ボーダー（bordars）、農奴は領主の所領に縛られ、賦役の義務を負った[144]。1381年当時、イングランドの男性の30%は農奴だったといわれる[145]。奴隷制と農奴制によって領主が村を形成していた。

　この時期は、地代が労働地代から貨幣地代、生産地代へと長期的に移行していく時期であった。いわゆる農奴の身分からの解放である。イングランドでは、12世紀頃から賦役から貨幣地代への転化がはじまり[146]、この頃の経済単位は、領主と農奴からなる荘園（manor）であった。領主は農奴に直営地を分け与え、農奴は直営地で週に2～3日で賦役に従事した。賦役とは、無償であり、労働地代とも呼ばれた。農奴は賦役に従事することを嫌がったが、領主から土地を借りるためには賦役に従事する必要があり、賦役に従事せざるをえなかった。しかし、賦役による直営地の収穫物は全て領主のものになるため、農奴は本気で働こうとしなかったという。その結果、同じ面積当たりから取れる収穫物は、農民の保有地の方が多いこともあった。

　そして、14世紀末から15世紀前半には賦役の金納化がはじまる。貨幣経済が広まると、領主は、賦役をやめ、直営地を農民に貸し与え、地代を生産物や貨幣で取るようになった。領主は非能率な賦役をやめて、賦役を金納化し、直営地を分割して農奴に貸し与えるようになった。このように地代形態は、労働地代から生産物地代・貨幣地代へと変化していった。身分的には農奴であっても、領主に対しては貨幣を支払う関係、いわばここで契約関係に至り、農奴は経済的自由を得るに至る。1337年にエドワード3世が、自身のフラン

142　テリージョーンズ・アランエレイラ（高尾菜つこ訳）『中世英国人の仕事と生活』（原書房、2017年）。
143　武井良明『イギリス封建制度の解体過程』（未来社、1965年）57-60頁。
144　テリージョーンズ・前掲注142）書13頁。
145　テリージョーンズ・前掲注142）書24頁。
146　片岡1956・318頁。

ス王位継承を巡って戦争を開始したこともあり、羊織物は国家が買い取ることにしたのだが、結果的に価値が暴落した。この結果、穀物の価格が下落し、労務費が高騰する。これに応じてすべての土地を管理することができなくなり、土地を賃貸する動きが広まることになる。

　労働立法の制定に大きく影響を与えた出来事が、1348年から1349年にわたって流行した黒死病である。黒死病の大流行によって、イギリス・フランスでは人口の3分の1が病死したといわれている。黒死病の流行により、土地を耕すという労働力人口が減少したことにより、農奴は交渉力を持つようになる。多くの報酬を得られなければ働かないという選択をもつようになったからである[147]。農村人口も激減して領主の直営地経営が困難となり、貨幣地代の普及が促進され、農奴は賦役や領主裁判権などの身分的束縛から解放されるようになった。また、労働者規制法が制定された時期は、フランスとの間の百年戦争が勃発して10余年が経過した段階であり、戦費のための課税負担が増大して農民も衰弱しつつあった。

(2) 1349年労働者勅令

　こうした時代背景において、エドワード3世によって立法的措置がなされたのが1349年労働者勅令（Ordinance of Labourers of 1349）である。それを修正し立法化したのが1351年労働者規制法（Statute of Labourers of 1351）であった。

　その前文は、黒死病の流行により多くの者が死亡したため、多数の者が使用人の不足を知りながら、過分の賃金を得るのでなければ奉公しようとせず、なかには、労働によって生計を立てるのではなく、むしろ怠けて慈悲を乞おうとすると述べる。同法の規制内容は、農業労働者に対する規制を中心としており、次のような内容を含んでいた。

　第1は、就労強制条項である。60歳以下の労働可能で、耕地その他の生業をもたざる者は、性別や身分を問わず、就労請求者のもとで就労すべき義務を有することを規定した。領主は、自己の農奴や農奴保有地の保有者に対し

---

[147] http://emoglen.law.columbia.edu/twiki/bin/view/EngLegalHist/StatuteLaborers

て、雇用優先権を保持していた[148]。この規定は、労働力確保を趣旨とするものであった。

第2は、契約の履行強制条項である。農業労働者は、雇主の許可なく雇用期間満了前に就業を放棄することを禁止されていた。期間満了前に逃亡した者は投獄されることが規定されていた。

第3は、最高賃金規制である。最高賃金規制とは、領主らが、黒死病以前の水準以上で賃金を支払うことを禁止するものである。その賃金水準は、繁忙期で一日あたりわずか1ペニーに制限するものであった[149]。これは高い賃金を得なければ働こうとしない農業労働者を抑止し、農業に従事する労働力を確保しようとするものであった。また、五体満足な乞食に施しを与えることを禁止することにより、賦役の強化を試みもなされた。

救貧法の起源と称せられる1388年の法律もこうした法律のなかに位置づけられる。「労働能力ある乞食」と「労働能力なき乞食」とを区分した法律であったが、その目的は、農民が土地を離れて国内を放浪することを防止し、農奴身分から解放されることを阻止することにあった[150]。なお、1388年法は、使用人、労働者が雇用期間を終了した場合に特許状なしに居住する村から離れることを禁止し、使用人、職人、徒弟に対して収穫時における強制労働を規定していた。

1351年法は1349年法の規制を強化したものである。1351年法の序文には、高い賃金を求めて就労を拒否する一般市民の状況を次のように記載している。「一般市民の訴えにより、上記法律を無視した上記奉公人たちが上記のエドワード治世第20年またはそれ以前において支払われた仕着せや賃金の2倍ないし3倍の額を支払わない限り、身分の高い者その他の者に対する就労を放棄し、それが身分の高い者に多大な損害を与え、一般市民を窮乏化させる、それゆえ一般市民が救済を求めていることが本国会において国王が理解するところとなった」とされる[151]。

---

[148] 岡田1961・26頁。
[149] エイザ・ブリックス（今井宏ほか訳）『イングランド社会史』（筑摩書房、2004年）134頁。
[150] 片岡1956・319頁。
[151] 小宮文人「中世イングランドにおける労働立法の一考察」専修法学論集130号（2017年）221頁。

このように、1349年労働者勅令は、黒死病流行後の労働力不足と賃金上昇に対処するために立法化されたものであった。従来、イギリス封建領主は、共同体的諸規制あるいは、私的領有権による直接的規制を通じて、農業に従事する労働力を確保していた[152]。しかし、旧来の労働力確保の方法では立ちゆかなくなったため、労働者規制法は、封建領主のために低賃金の農業労働者を確保するためのものとして成立したものであった。

　1349年法および1351年法は、黒死病以前の水準以上で賃金を支払うこと、施しを五体満足な物乞いに与えることを禁止するものであった。しかし、当初こそ厳格に執行されていたものの、半世紀もたたずに空文化した[153]。賃金を抑え込もうとしても、労働力不足のために労働者側に有利な状況が生まれており、また労働者による抵抗も功を奏していたといわれる。領主は賦役を強化しようとしたが、長続きはしなかった。

　14世紀の一連の労働者立法は、死滅しつつある農奴制度を温存しようという試みであった[154]。これらがイングランドにおける最初の労働立法であり、その基本的な仕組みは、エリザベス時代の1563年職人規制法、さらには、1800年代における主従法および団結禁止法へと引き継がれていくことになる。サイモン・ディーキンによれば、こうした賃金規制が現代の契約法につながる法的な進展の１つであると指摘している[155]。

　そこで次に、こうした制度が15世紀においてどのように変遷していったかをみていくことにしよう。

2　エリザベス職人規制法と雇用関係の契約化

　イギリスにおける雇用関係の契約化は、産業革命のはるか以前の16世紀から17世紀にかけて進行していた[156]。具体的には、16世紀末から17世紀の初頭にかけて、農村と都市における労働力のおよそ３分の２が多かれ少なかれ賃金に依拠して生計を立てていたこと、また、雇用関係を規律するエリザベ

---

[152] 岡田1961・30頁。
[153] エイザ・ブリッグス・前掲注149) 書134頁。
[154] 片岡1956・319頁。
[155] Deakin, S.F., 'The Comparative Evolution of the Employment Relationship' in G. Davidov and B. Langille (Eds.), Boundaries and Frontiers of Labour Law (Hart Publishing, 2005), p93.

ス職人規制法も契約の存在を前提としていたことを、その分析の根拠としている[157]。

イギリスにおいてこれまでの規制を拡大したものが、エリザベス1世時代の1563年職人規制法（Elizabethan statute of 1563）である。同法は、1349年労働者規制法および1351年労働者条例を起点とする先行する労働立法の流れを引き継ぐものであり、これまでの規制を拡大したものであった。この当時、独立自営農民となった者は、毛織物業などを営み、工業制手工業をすすめた。農地を牧羊地に転換させるエンクロージャー運動が活発となった。

1563年職人規制法は、インフレーションと労働者不足による労働不安が増大する状況下において、浮浪の禁止と貧民の抑圧、クラフトギルドに属さない不熟練の労働者の賃金を低くおさえることを目的として制定されたものであった。同法の主要目的は、農業に従事する労働力を確保しようというものである。賃金規制は自由な資本主義の発展を促進するものではなく、むしろ制限するものであった[158]。

(1) エリザベス職人規制法の基本内容

労働者規制法の基本内容は、強制就労規定、賃金裁定条項、雇用契約条項、徒弟条項の4点である[159]。前三者は1349年労働者勅令に由来するものであり、農業労働力の確保等に主眼があるが、徒弟条項については救貧法（Poor Law）、毛織物工業規制法（Cloth Acts）に由来する[160]。

第1は、強制就労規定である[161]。ここでの主眼は、手工業の就労強制である。3年以上特定の手工業に従事し、年40シリング以上の価値ある土地ないし10ポンド以上の動産を所有しない者で30歳以下の未婚の職人は、農業を

---

[156] Deakin and Wilkinson 2005, p44. イギリス職人規制法に関する最近の研究として、向田正巳「雇用、請負、委任の区別に関する一考察——イギリス職人規制法からの示唆」季労231号（2010年）40頁。
[157] Deakin and Wilkinson 2005, p44, 51.
[158] 岡田1961・97頁。
[159] 石田1994・27頁以下。田中・前掲注140) 書22-25頁。
[160] 岡田1961・113頁。
[161] 石田1994・27頁、岡田1961・115頁。

営まない場合、自己の従事してきた職種の手工業者の求めに応じて、就労を強制されるという規定であった（3条）。

他方で、農業労働の就労強制も行われた。12歳から60歳までの者で、一定の生計手段を持たず、合法的に就労していない者で、年40シリング以上の価値ある土地ないし10ポンド以上の動産を保有しない者は、年期で農業労働に従事することとされた（5条）。

この他にも、農繁期に治安判事は、職人および労働可能者の日雇農業労働者に強制することができること、都市または教区を離れる者は移動証明書を持参しなければならないことが規定されていた（7条、8条）。治安判事は、職人および労働可能者を日雇いの農業労働に強制することが可能であった（15条）。

このように、職人規制法の特徴の1つは、強制就労規定が存在したことにある。職人規制法は、広く就労を強制するものであり、労働者の移動制限も課せられていた点に特徴がある。所定の土地、動産を所有しない者は、自己の居住州内で農業労働に従事すべき義務を負うというものであり、農業への就労を強制にするもので農業に従事する労働力の確保が重要であったことがわかる。また、こうした就労強制は、救貧法上の浮浪者に対する処罰を連動させることで、実効性をもつことを期待されていた[162]。工業のための労働力の確保は二次的なものとして理解することもできる[163]。

第2は、賃金裁定条項である。これは1389・90年の制定法の復活であり、同法は、「食料品の欠乏に応じて」「自己の自由裁量によって」最高賃金を裁定すべきことを命じたものである[164]。賃金については、これまで治安判事が最高賃金を法定していたものであったが、同法による賃金裁定条項は、治安判事が毎年州や都市の代表らを招いて有識者とともに、労働者の賃金を裁定する方式へと変更するものであった。すなわち、豊凶いずれのときを問わず、治安判事によって毎年裁定される「賃金スライド制」が導入され

---

[162] 向田正巳「近代雇用契約における契約の自由と従属について」小野秀誠ほか編『民事法の現代的課題　松本恒雄先生還暦記念』（商事法務、2012年）788頁。
[163] 岡田1961・118頁。
[164] 岡田1961・124頁。

た[165]。職人規制法では、雇用関係の規制は治安判事の管轄下にあるとされていた[166]。

エリザベス職人規制法においては、この賃金裁定条項が中心的規制であった。賃金裁定条項というのは、労働者（workmen）とレーバラー（labourers）だけでなく[167]、奉公人、職人、農夫（hasbandmen）を対象とするものであり[168]、実際の賃金が裁定賃金を上回った場合に処罰するという方式をとるもので、賃金の上限を定めるというものであった。

その趣旨は、不合理な賃金の要求を弾圧するものであり、賃金について要求を統制することにより、農業労働力を確保することにあった[169]。職人規制法の前文は、物価騰貴のなかで、賃金法定制を定めた旧来の労働立法が不十分であったとして、「怠惰を追放し、農業を奨励し、被用者に豊凶を問わず、適正な賃金率を与えること」とした[170]。その裁定賃金を上回る賃金を支払う雇主およびその賃金を得る労働者を投獄する権限がこの法により付与されたことになる。

このように、エリザベス職人規制法の目的は、農業における雇用の安定と農業部門からの労働力の流出の動きを統制することにあった[171]。労働能力のある者は、列挙された職業以外にはつけず農業で働く義務を負い、あらゆる職人は必要な場合に収穫の援助が義務づけられた。

第3は、雇用契約条項である。雇主は治安判事の許可がない解雇を禁止された。すなわち、当事者の合意による場合、あるいは当事者の一方が3ヶ月の予告をなす場合を除いて、雇用期間内に労働者が合法的に労務を放棄し、あるいは雇主が合法的に解雇するためには、治安判事の認定が必要であると規定した（4条）。不当に労務を放棄した者に対しては、収監のうえ就労に復帰させるか、解雇にして投獄するという処罰が科された（6条）[172]。就労

---

[165] 岡田1961・124頁。
[166] 森1988・18頁。
[167] Deakin and Wilkinson 2005, p52.
[168] 小宮・前掲注151）論文239頁。
[169] 岡田1961・112頁。
[170] 石田1994・27頁。
[171] Deakin and Wilkinson 2005, p48. 石田1994・29頁。

の放棄や契約違反に対して刑罰が課されることが想定されていた[173]。1349年労働者条例では、不当就業放棄の禁止を定めるのみであったが、この段階において雇主による解雇の問題が社会問題として認知されるようになった。

第4は、徒弟条項である。雇職人（journeyman）として就業するためには、最低7年徒弟として育成されたことを要件とする。手職人の徒弟の資格は同一都市の市民の息子に限られるなど制限され、徒弟期間は7年とされ、中途の職業変更は認められず、都市で独立できるのは24歳以上であった。

そのほかにも、未婚女性の日雇就労義務、年季契約の義務、労働者の移動の禁止、都市または教区を離れるものは移動証の持参を必要とすることなどが規定されることとなった。

(2) エリザベス職人規制法と契約関係

このように、エリザベス職人規制法は、雇人の雇用期間は1年以上とし、解雇には治安判事の承認を必要とするものであった。また、農耕経営者に労働力を供給することを目的として、徒弟期間は7年とされ、治安判事らが最高賃金などを定めていた。エリザベス職人規制法は、農村における激しい変動のなかで農業労働力を確保し、また都市工業労働力の再編に対処するための労働立法であったと位置づけることができよう。

職人規制法の目的は、輸出貿易商人および毛織物産業の組織者を頂点として、農業に従事する者を底辺とした序列化された職業的身分の固定化を目指したものであった[174]。賃金規制は、労働からの離脱を抑制するために行われたものであった[175]。職人規制法は、産業規制を全国化し、工業などの営業が農村地帯への拡散を防止するための立法であり、農村住民の農村離脱を禁止し、7年にも及ぶ徒弟制度をはじめとした営業資格の厳重な制限によって転職を禁止し、ギルド団体に営業独占を保障しようとするものでもあった。「立法者が依然として財産をもたざる住民を半農奴（semi-selvile）とみなし

---

[172] 石田1994・28頁、岡田1961・123頁。
[173] Countouris 2007, p18.
[174] 田中・前掲注140）書24頁。向田・前掲注162）論文798頁。
[175] Deakin and Wilkinson 2005, p49.

ていた」状況にあった[176]。

では、エリザベス職人規制法において、契約はどのような形で存在していたのか。サイモン・ディーキンの分析によれば、エリザベス職人規制法は、賃金労働者の増加をふまえて立法化がなされており、契約の存在も前提としていたと指摘する[177]。もっとも、資本主義が成立する以前の特徴について、同法は雇用契約を法的に承認していたわけではなく、現代でいう雇用契約を見出すことはできないという。その理由としてディーキンは2点を指摘する。

第1に、農業の雇用関係については、法によって移動が制限され、雇入れが規制されていることである。そして、労働の強制は、雇用契約を締結していない者に対しても及ぶという点において、現代的な労働とは大きく違うものというべきであろう[178]。

第2は、ギルドの存在である。都市職人の雇用関係については、生産者が生産手段を所有し、ギルドが熟練の形成と再生産を統制していたからである[179]。

ディーキンによれば、現代的な視点からすれば、雇用契約として認められるためには、労働者の移動の自由、契約締結の自由、生産者からの生産手段の分離が必要であり、現代的な視点からすると、エリザベス職人規制法における契約は雇用契約とは評価しがたいものであったと指摘する。これは、雇用契約成立の条件をどのように考えるかという点も影響してくる論点といえる。この時代には、雇用と請負といった区別は未分化であったのであり、こうした観点からするとエリザベス職人規制法の時代を現代的な雇用モデルとして位置づけるのは適切ではないことになる[180]。

このように、1563年職人規制法においても、雇用関係の契約的な側面を見

---

176 岡田1961・118頁。
177 Deakin and Wilkinson 2005, p51.
178 向田・前掲注162）論文789頁。
179 Deakin and Wilkinson 2005, p51.
180 岡田与好は、イギリス初期労働立法論においては、この点を看過して、「資本とではなく、収入と交換される労働も、これまでの諸研究においては通常、「賃労働」と呼ばれ（中略）その結果、封建社会における雇傭労働の発展は、特に、貨幣「賃金」での雇傭労働の発展は直ちに資本・賃労働関係の発展と同一視され」る理論的な欠陥を有していたことを的確に指摘している。岡田1961・262頁。

ることができるが、それは現代における雇用契約とは異なるものであった。こうしたエリザベス職人規制法の規制は、労働関係の基本原理を支配し、形式的には19世紀まで残存することになる。

3　エリザベス職人規制法の衰退

17世紀末から18世紀にかけての一連の過程により、エリザベス職人規制法は衰退の過程を辿ることになる。

(1)　賃金裁定条項と適用範囲

1603年に毛織物工業に対して最低賃金を定める賃金規制が導入された。職人規制法に基づく治安判事による賃金規制は、農業労働者に限らず、毛織物工業を中心とした労働者にも拡大されることになった。また、毛織物工業に従事する織布工、紡糸工等については、裁定された賃金は、最低賃金であることが規定された[181]。

これにより、労働問題の重心が14世紀中期以来の農業労働者問題から工業労働者問題へ移行したともいえるが[182]、この最低賃金法は職人から要求されて応じたものであり、賃金保護政策としてではなく、労働政策として行われたものと評される[183]。

この時代における賃金規制において、産業労働者は契約の自由に委ねられていくことになる。エリザベス職人規制法の賃金裁定条項については、その適用範囲を年期の農業労働者に限定された[184]。1562年法は年期の農業労働者を対象とし、法律が廃止される2年前の1811年までこの体制が続いた[185]。そして法令の適用は年期の労働者に限定されていた[186]。多くの産業労働者は賃金規制の適用から除外されることになる。

181　Deakin and Wilkinson 2005, p52. 岡田1961・126-127、150頁。
182　岡田1961・153頁。
183　中村智一郎「賃金をめぐる社会政策へのプロセス——賃金規制立法について」千葉敬愛経済大学研究論集12巻（1977年）99頁。
184　Deakin and Wilkinson 2005, p52.
185　Ibid., p53.
186　R. v. Kent Justices（1811）14 East 395.

また、治安判事による賃金裁定条項についても衰退した。17世紀末には既に賃金裁定条項の適用は年期の労働者や農業奉公人に限定されていたが、職人規制法の諸規定は事実上遵守されるものではなくなっていた[187]。

徒弟条項については、同条項を法制定当時に存在した「職業（trade）」に限定すると同時に、「営業制限（restraint of trade）」の法理により、産業労働者への同条項の適用を否定した[188]。徒弟の入職規制は「取引の自由」に反するものと理解されるようになる。

イギリスでは、1799年、1800年に労働者の団結を禁止する団結禁止法が制定された。団結が禁止された理由は、団結が個人的な契約の自由を侵害するというものであり、団結禁止法は労働関係に個人的な契約の自由の規律を強制するものであった[189]。

エリザベス職人規制法は、賃金裁定と徒弟に対するギルドシステムによって成立していたが、こうした仕組みは、1757年に資本側の要求により、毛織物工業における賃金規制が廃止されたのをきっかけに崩壊していくことになる[190]。1349年以来の刑罰を伴う国家統制的な労働立法は、工業化の急速な展開により、その存在自体が有名無実化していった。

エリザベス職人規制法は、この時代における中心的労働立法であったが、18世紀に入ると実質的効力を失い、1813年と1814年の時点でエリザベス職人規制法の賃金裁定条項と徒弟条項が廃止されることとなった。

(2) 17世紀から18世紀の労働者の実態

ジョン・ルール（John Rule）によれば、自己の労働力により生活する人々は、1750年頃からみることができると分析している[191]。16世紀後半から17世紀初頭には、農村と都市の労働力のおよそ3分の2が、多かれ少なかれ賃金に依拠して生計をたてていた[192]。

---

187 岡田1961・144頁。
188 Deakin and Wilkinson 2005, pp54-58.
189 Ibid., pp58-61.
190 Ibid., p53. 岡田1961・150頁。
191 J.Rule, The Labouring Class in Early Industrial England 1750-1850（London: Longmans,1988), p18.

18世紀にみられる特徴が、雇用関係の契約化と賃金労働者の登場である。労働力の移動として特徴的なのは農業労働から工場労働への移動であった。1700年はじめ、農業が重要な産業であったが、工場労働が重要な労働力となりつつあった。1750年には、農業からの離脱が加速し、1世紀の間に農業従事者は50％超から25％以下に低下した。1811年には工場労働が30％に至り、1851年には40％超えていたといわれる。

ブラックストン（Blackstone）は、1765年の著書においてサーバント（servants）の階級を4つに分類している[193]。

第1は、家内奉公人（Domestic or menial servants）である。家内奉公人は、契約に基づいてその関係が生ずるとされるが、「12歳から60歳までの独身男性、30歳以下の既婚の男性、そして12歳から40歳までの独身女性は、明確な生計手段を有していない場合、正しい勤勉の促進のために農業もしくは特定の職務における労務につくように2人の治安判事によって強制されうる」とされた。これは、エリザベス職人規制法に基づくものである。家内奉公人は主人から食事や服、住居などが支給された[194]。独身のサーバントは、主人の家を離れて自分の家庭をもつまで1年で過ごし、その後レーバラーとしての仕事を探すのが一般的であった[195]。雇主がサーバントを保護し、サーバントが雇主に服従するのは、労務と賃金の交換を内容とする契約を通じてサーバントが雇主の家族の一員となったからである[196]。これは家族の一員として居住する者であった[197]。

第2は、徒弟（apprentices）である。徒弟は、雇主に労務を提供するが、救貧法のもとでの児童も労働義務の対象となった。1年契約が通常の扱いであった。

---

[192] Deakin and Wilkinson 2005, p44. L. Clarkson, "Wage labour 1500-1800" in K. Brown (ed.) The English Labour Movement 1700-1951 (Dublin: Gill and Macmillan, 1982) pp.1-27.
[193] 石田1994・70頁。安枝英訷「ブラックストーンにおける『マスターとサーバントの関係』について」矢崎光圀＝八木鉄男編『近代法思想の展開』（有斐閣、1981年）。
[194] Deakin and Wilkinson 2005, p45.
[195] Ibid., p45.
[196] 森1988・26頁。
[197] サーバントの起源は奴隷と密接なつながりをもつ。森1988・25頁。

第3は、レーバラー（labourers）である。レーバラーは、日々雇用もしくは週単位で雇用され、家族の一員として居住しているのではない者であり、その就労は就労強制条項と賃金裁定条項によって規律された。

　第4は、執事（stewards）や土地管理人（bailiffs）といった上級のサーバント（higher servants）である。

　特徴的なのは、家族関係の法領域においてマスターとサーバントの関係が語られているところであろう。家内奉公人は契約関係と把握されているが、第4の類型以外については、基本的にはエリザベス職人規制法を基礎としたものであった。雇主がサーバントの訴訟を幇助しうることや、サーバントの引き抜きに対する損害賠償請求権など、第三者との関係における雇主とサーバントの権利は、雇主がサーバントの労務に対してもつ財産権に基礎をおくものと理解されていた[198]。

小括

　イギリスでは18世紀頃までは、法規の適用は雇用契約によってではなく、職種によって決まっていた[199]。すなわち、賃金規制等の法律の適用は、農業労働者（agricultural labourers）といった職種によって決定されており、契約的な原則はそこには存在しておらず、従属的な雇用でもなかった。家族的な従属を基本とした身分的な関係にあったといえよう[200]。

　エリザベス職人規制法は、治安判事によって調整されるシステムを形成し[201]、19世紀以前のこの時代には、労働法（labour law）と社会保障立法（poor relief or social security）の境界も明確に意識されていなかった[202]。マスターとサーバントの関係で関係してくるのが、奴隷や農奴制である。「農奴制が徐々に衰退していったので、高い賃金でなければ働かないなどといって、全

---

[198] 森1988・80頁。
[199] Veneziani, B., 'The Evolution of the Contract of Employment', Chapter 1 of Hepple, B.A. (ed), The Making of Labour Law in Europe: A Comparative Study of Nine Countries up to 1945 (London: Mansell Publishing Limited, 1986) p33.
[200] Countouris, N., 2007, p18.
[201] 森1988・77頁参照。
[202] Deakin and Wilkinson 2005, p47.

く怠けてしまうことで己れの自由を享受しがちであった日雇やサーバントを、立法機関の介入によって規制することが必要となった」という分析もなされているように[203]、奴隷制が崩壊した後も、制定法によって労働を統制することが求められていた時代であった。

第2款 主従法時代と雇用契約概念

資本主義と産業革命の形成期である18世紀の主従法の時代が、本格的な雇傭契約（contract of service）概念の形成期となる。主従法モデルは、コモン・ローの発展とともに、賃金支払いに関する制定法の展開に深く関係している。主従法モデルの原型は、中世の農奴（villeinage）もしくは農奴制（serfdom）にあるといわれる。その具体的な制定法が、14世紀の初期労働立法とその後のエリザベス職人規制法である[204]。エリザベス職人規制法が最低賃金条項と雇用契約条項を規定していたことから、エリザベス職人規制法はその後に続く主従法のルーツとみることもできる[205]。

そうした変化は主従法によってもたらされたものであり、主従法は、1747年法からはじまり、1813年に賃金裁定、1814年に徒弟条項が廃止されたが、その他の条項はその後も存続し、1875年の「共謀罪および財産保護法」によって廃棄されるまで続くものである。

現代における雇用法の発展において主従法が大きく関係していることを強調する論説もある[206]。そこで、主従法の形成過程の要点を確認しながら、雇用契約形成の歴史を紐解くことにしたい。

---

[203] 森1988・88頁。
[204] 初期労働立法としては23 Edward Ⅲ c.1-8 and 25 Edward Ⅲ stat.1 c. 1. エリザベス労働立法 5 Elizabeth Ⅰ c. 4, 5-14.
[205] Deakin, S. F., 'The Contract of Employment: A Study in Legal Evolution', (2001) ESRC Centre for Business Research, University of Cambridge. Working Paper No. 203, p19. もっとも、主従法モデルはエリザベス職人規制法に由来するが、主従法は、エリザベス職人規制法との牽連性を過度に強調すべきではないというのがディーキンとウィルキンソンの指摘である。
[206] Fox, A., Beyond Contract: Work, Power and Trust Relations, (Faber & Faber, 1974).

1　産業革命と主従法時代からの転換

18世紀のイギリスは、産業革命の時代である。イギリスの産業革命は、間違いなく世界史上において重要な区切りの1つである[207]。

トマス・カーライルは、「我々の時代をひとつの形容詞で特徴づけるとすれば、機械の時代と呼ばねばなるまい。」と述べるように[208]、19世紀はまさに機械の時代であった。産業革命という用語の生みの親とされるアーノルド・トインビーによれば、産業革命の本質は、石炭、鉄、繊維などの諸産業が劇的に姿を変えたことや、蒸気力の利用が発達したことにあったのではなく、「富の生産と分配を調整していた中世以来の諸々の規制に、競争がとってかわった」という点にあると指摘している。リグリィ（E.A. Wrigley）の分析によれば、1600年の人口が420万人だったのが、1800年には870万人にまで増大し、第二次産業と第三次産業に従事する人口比率は、おおよそ30％から60％以上にまで上昇した[209]。

こうした資本主義体制への移行に基づき、エリザベス職人規制法にも変化が生じる。もっともエリザベス職人規制法以来の賃金と雇用に関する規制などは、中世以来の多くの規制が発動されつづけてはいたものの、規制そのものは産業革命よりもはるか以前から実効性を失っていたといわれる[210]。

18世紀のイギリスの特徴は、独立自営業者を中心に市場経済化が進行したことである[211]。この時代において工場で働くものはまだ少数派であった。内職労働者や下請労働者、移民などの季節労働者が多数存在した。18世紀イギリスにおいて民衆は政治的自由を制限されていたが、自由が認められていないわけではなかった。旅行することも、商工業を営むことも許されていた[212]。

---

[207] E.A.Wrigley, Continuity, Chance and Change: The Character of the Industrial Revolution in England,（Cambridge, Cambridge University Press, 1988）p8.
[208] Thomas Carlyle, 'Signs of the Times'（1829）(https://pdcrodas.webs.ull.es/anglo/CarlyleSignsOfTheTimes.pdf).
[209] E.A.リグリィ『エネルギーと産業革命——連続性・偶然・変化』（同文舘出版、1991年）。
[210] エイザ・ブリッグズ・前掲注149）書289頁以下。
[211] 向田・前掲注162）論文786頁。
[212] E. P Tompson（市橋秀夫ほか訳）『イングランド労働者階級の形成』（青弓社、2003年）。

職人規制法（Statute of Artificers）は、前近代的な規制内容を含む法律とも評される[213]。1747年主従法、1766年主従法、1823年主従法は、賃金規制とともに懲戒規制であった。1813年に治安判事による賃金裁定（wage clauses）が廃止され、1814年には、徒弟条項（apprenticeship clauses）が廃止された[214]。

19世紀の主従法は、サーバントとレーバラーに適用されるが、マネージャー（managers）といった高い地位の労働者には適用されなかった。主従法では、レーバラーとは下層の者を指す概念として使用されていた[215]。

1834年には救貧法（the poor law system）が制定されたが、当時の段階でも、レーバラーと自営業、マスターを区分するコンセンサスはなく、雇用を区分することは重要とは認識されていなかった。職業の種類によって区分されている時代であった[216]。こうした当時の労働立法が少しずつ影響力を弱め、契約自由の原則が取って代わり、現代の労働市場の誕生へとつながっていく。

2　主従法における契約理解

エリザベス職人規制法の賃金裁定条項については、16世紀の半ばまでに、その適用範囲は年期の農業労働者に限定され、産業労働者には適用されなかった[217]。エリザベス職人規制法は、1年の農業労働者、あらかじめ賃金の裁定を受けている労働者がその対象とされていたが、時代を経てその理解に変化がみられる。

たとえば、1702年のR v. London事件は、「その制定法は、農業労働者にのみ適用され、ジェントルマンの奉公人や使用者のもとにある職人には拡大されない」と判断している[218]。エリザベス職人規制法の目的は農業労働力を確保することであり、R. v. London判決においてもエリザベス職人規制法の規制の趣旨に言及していた。賃金支払い命令については、農業に限定する

---

[213]　Deakin and Wilkinson 2005, p214.
[214]　岡田1961・96頁。
[215]　石田1994・65頁。
[216]　Napier, p47. George, M. D., London Life in the Eighteenth Century, (London, 1925), pp159-160.
[217]　Deakin and Wilkinson 2005, p52-53. 石田1994・33頁。
[218]　R v. London (1702) 3 Salk. 261. 石田1994・31頁。森1988・128頁。ほかに、Watkins v. Gomersall (1598) Moo. KB 698.

見解とそれ以外にも認める見解とで分かれていた[219]。

そこで、農業労働者への適用に限定されていた状況を改善するため、農業労働者以外についても法の対象とすることを目的として制定されたのが1747年法である。1747年法前文にも「奉公人（servant）とその他の労働者に対する賃金の支払いに関する現行法が不十分かつ欠陥がある」と記載されているように、1747年法制定の目的は、工業労働者に適用を拡大させることにあった[220]。

1747年法の1条は適用労働者について定めており、「1年もしくはそれより長い期間で雇用される農業奉公人（servant in husbandry）、一定期間もしくはその他の態様で雇用される職人（artificers）、手工業職人（handicraftmen）、鉱夫（miners）、石炭運送人夫（keelmen）、採掘夫（pitmen）、ガラス工（glassmen）、陶器工（potters）、およびその他のレーバラー（and other labourer）」とした。

治安判事には、賃金を決定する権限、サーバントやレーバラーの非違行為に基づいて賃金を減額する権限、非違行為を理由にサーバントやレーバラーを強制施設に拘束して罰する権限が付与された。

特徴的なのは、治安判事の役割の変化である。治安判事は、賃金紛争も含めたすべての紛争について、その年に賃金の裁定がなされなかったとしても審理できる管轄権が与えられ、サーバントやレーバラーがその労務もしくは雇用において、非行、失策、態度不良を犯す場合、1ヶ月を超えない期間の懲治監での重労働、賃金の一部の減額を命じる権限が与えられた[221]。このことから、治安判事の役割は、従来は労働条件の決定者であったが、利害の調整者に変更されたといえ、契約の自由に委ねられる端緒をここにみることができる[222]。

ここで雇用契約の理解において重要な点を確認しておきたい。それは、1747年主従法から、雇用されていない者に対する就労強制条項がなくなり、また、労働者の移動を制限する条項も設けられなかった。このことから、主

---

[219] 森1988・128頁。
[220] 石田1994・33頁。
[221] Deakin and Wilkinson 2005, p63.
[222] 石田1994・37頁。

従法の発展により、契約の強制を中心としたエリザベス職人規制法から、マスターとサーバントの関係が自由な契約へと移行しつつあるということができよう。

その後の法律改正において、1758年法は、1年未満の農業労働者に適用を拡大し、1766年法では、契約期間満了前の労務放棄については、懲治監に収監できる権限が付与された。1823年法では、労働からの逃亡については3ヶ月の投獄がなされることになった。

また、当時の解釈では、主従法は列挙された産業のみに適用され、その他の毛織物マニュファクチャーなどの仕事にも適用されないと解釈されていた。その理由は、毛織物マニュファクチャーなどの労働者に拡大されるとするならば、実態に適合しない規制が多く含まれていると理解されていたからである。

そこで、問題となったのが Lowther v. Earl of Radnor 事件である[223]。この事案は、1804年に Lowther は2人のレーバラーに井戸を掘る約束をしたが、仕事を終えても、Lowther は彼らに報酬を支払うことを拒否した。そこで1747年法に基づき賃金支払命令を受けた。

1747年法は、すべての労働者を対象にすると規定していることから、井戸掘りをしたレーバラーが1747年法の適用を受けるかどうかが争点となった。ここでの争点は、井戸を掘るために雇用されたレーバラーが1747年法における「その他のレーバラー（other labourer）」に該当するかどうかという点にあった[224]。

同事案においては、「もし『その他のレーバラー』という文言がそれ以前に明示された者と異なる者を対象とするのではないとすれば、この文言を挿入した趣旨を理解することは困難になってしまう。しかし、この文言をそこにされている他の産業もしくは他の職業のレーバラーに適用するとすれば、この文言の意味を完全なものとなる」と判示した。このように解釈することにより、1747年法は、すべてのサーバントとレーバラーを適用範囲に含むと解釈されるようになった[225]。

---

[223] Lowther v. Earl of Radnor (1806) 8 East 113. Christopher Frank, Master and Servant Law: Chartists, Trade Unions, Radical Lawyers and the Magistracy in England, 1840-1865, p33.
[224] 石田1994・61、65、100、135頁。

3　主従法における法の適用関係

　主従法における「雇用契約」とは、「他方の当事者に排他的に労務を提供する契約」であると理解されている[226]。主従法の適用において、その働き方の特性や要素で適用を区分する判断基準は、どのような展開過程から形成されたのか。

　雇用契約概念の形成をコモン・ロー上の代位責任の法理における雇傭契約（contract of service）と労務供給契約（contract for service）の区別の発展とみる見解もあるが、それとともに、18世紀以降の制定法である「主従法」の歴史展開も深く関与しているという指摘もある[227]。そこで、雇用契約概念の形成過程について確認していきたい。

（1）排他的基準の形成

　1823年主従法は、契約違反に対して刑事罰を課す立法であるが、その適用において1823年主従法3条が問題となった。1747年法や1757年法と条文の文言が類似していたためである。

　ここで、裁判所は、その者が「排他的に労務（exclusive service）」を提供しているかどうかによって主従法が適用されるサーバントの適用範囲を判断する基準を形成していく。この基準形成については、代表的な3つのケースがある。

　第1は、1829年の Lancaster v. Greaves 事件である[228]。この事件は原告 Lancaster が一定の代価で道路工事を請け負う契約を締結したところ、原告は、20人の補助労働者を自ら雇用し、道路工事に着手したが、依頼人との間に紛争が生じ、依頼人は原告を訴え、治安判事 Greaves は原告を有罪とした。本件は原告による治安判事に対する不法侵害と不法監禁を理由とする訴えである。

　1823年法が適用されるためには、当事者間にマスターとサーバントの関係

---

[225]　Deakin and Wilkinson 2005, p65.
[226]　石田1994・95頁。
[227]　石田1994・101頁。
[228]　Lancaster v. Greaves (1829) 9 B&C 628. 石田 1994・94、100、105、216、220頁。Countouris 2007, p20.

が存在することが必要であり、「他方の当事者に排他的に労務（exclusive service）を提供するという契約が存在しなければならない」とされた。本件においては、一定の代価で道路を作るという契約は存在するが、排他的に労務を提供する契約は存在しないとして1823年法の適用が否定された[229]。

第2は、1829年の Hardy v. Ryle 事件である[230]。同事件では、労務供給契約によって生じたものなのか、雇用契約によるものであるかが争われたが、絹織工は仕事を請け負っているにすぎず、サーバントではないとして、1823年法の適用を受けない者であるとされた[231]。同事件では、「雇用契約と一定の代価で特定の仕事をなすことを目的とする契約との間には明確な相異がある。当事者がサーバントであるためにはその人が一人の雇主のもとに排他的にいるというものでなければならない。」とされた[232]。こうして、排他的基準によって雇用契約関係が把握されることとなった。

第3は、1840年の Ex Parte Johnson 事件である[233]。キャリコ捺染工のジョンソンは、雇主の工場内で、雇主の所有する道具を使用して、毛織物および木綿製品に捺染する契約を締結した。賃金は、数量に応じて支払われる出来高賃金であった。

1823年には、雇用契約は排他的に労務を提供することを内容とする契約であると把握され、そうした契約のみを主従法は規制対象とするようになった[234]。1823年法により、労務供給契約の類型が排除され、雇用契約が成立した[235]。

---

229 石田1994・216頁。
230 Hardy v. Ryle（1829）9 B&C 603. 石田1994・96, 100, 105, 220頁。
231 森1988・141-142頁。Bramwell v. Penneck (1827), 7 B&C 627, Kitchen v. Show (1837), 6 A&E 729, Napier p106-112, Hay, D and Craven, P., (ed), Masters, Servants, and Magistrates in Britain and the Empire, 1562-1955, (The University of North Carolina Press,2004), p402.
232 ベイリー判事は次のように述べる。"Now there is a very plain distinction between being the servant of indivisual and contracting to do specific work. The same person may contract to do work for many others, and can not, with propriety, be said to have contracted to serve each of them." Napier p111.
233 Ex Parte Johnson（1840）9 L.J.M.C.27.
234 石田1994・67-106頁、小宮5頁。
235 石田1994・99頁。

(2) 1867年法による排他的基準の確立

こうしたサーバントとレーバラーに適用対象を明確に限定する方向性は、制定法では1867年法で明確に規定されることになる。すなわち、奉公人と独立契約者（independent contractors）の区別は「排他的な労務の提供（exclusive service）」し、「制定法は雇用契約（contract to serve）の事件にのみ適用される。…」とされた。

1867年法の適用関係は、1823年法の枠組みと同様に、他方の当事者に排他的に労務を提供しているかどうかが問題とされた[236]。1747年法の適用範囲内にあるとされた契約類型の1つが、この段階で適用範囲から排除されることになった[237]。

なお、救貧法は中世後半に誕生したものであるが、従来の救貧法は労働供給の中心的役割を担っていた[238]。1750年の救貧法は疾病、高齢、失業時に救済を施したものであったが、若年者や未婚の労働者に法的保障が行われたことにより、労働力移動が促進した[239]。また、1834年以前の旧救貧法は、懲罰的な目的を有するものであり、労働移動の規制も伴うものであった。

(3) 1875年使用者・労働者法の成立

その後に成立する1875年使用者・労働者法はどのような理念に基づいて制定されたのか。

1875年には「共謀罪および財産保護法」によって主従法が廃棄され、争議行為の刑事免責が確立するとともに、1875年使用者・労働者法（Employers and Workmen Act 1875）が成立したことにより、雇用契約の民事法的規律が確立した[240]。

この1875年使用者・労働者法について、当時の首相であったベンジャミン・ディズレーリ（Benjamin Disraeli）は、「わが国の歴史においてはじめて、

---

[236] 石田1994・216頁。
[237] 石田1994・96頁。
[238] Deakin and Wilkinson 2005, p3.
[239] Ibid., p 1-3.
[240] 石田眞「イギリスにおける雇用関係の『契約化』と雇用契約の起源」根本到ほか編『労働法と現代法の理論　西谷敏先生古希記念論集　下』（日本評論社、2013年）259頁。

使用者（employer）と被用者（employed）」は、等しい法の下に置かれた。今や、契約違反を理由に誰も投獄されることはなく、契約違反には適切な民事救済が提供されることになった」と述べている。

　この法律において、使用者（employer）と労働者（workmen）という用語を使用するようになり、これは、支配者階級が労働者を市民社会の一員として認知したという意味で画期的であると指摘される[241]。もっとも、法の適用対象となる「労働者」は、「家内奉公人（domestic servant）を含まず、レーバラー（labourer）、農業奉公人（servant in husbandry）、雇職人（journeyman）、職人（artificer）、手工業職人（handicraftsman）、炭鉱夫（miner）その他肉体労働に従事する者」に限定された。

　肉体労働に従事する労働者に限定され、家内奉公人や事務員（上級労働者）は引き続き適用除外とされた。この点において、1875年以前の法律と変化はなかったといえる。

　1875年使用者・労働者法には、以下のような特徴が指摘される。

　第1に、雇用契約に関する紛争の管轄権が、治安判事（justice of the peace）から県裁判所（country court）に移行した。

　第2に、県裁判所と治安判事には、民事上の義務にかぎらず、付加的な権限が付与された。

　第3に、特定履行制度が導入された。特定履行制度とは、労働者の契約違反に対し、労働者が望む場合には、契約の履行を命じることができるとするものである（第3条3項）[242]。これにより、契約関係を前提とした当事者を想定するようになった。

　徒弟制度の衰退により、19世紀において2つの変化が出現した。ここでは、主従法における制度的転換の特徴をまとめておくことにしよう。

　第1に、救貧法における定住制度の終了により、労働者の移動が認められるようになったことである[243]。

　第2に、使用者に対する個人的従属（personal subordination）に基づいた

---

[241] 石田1994・262頁。
[242] 石田1994・270頁。
[243] Deakin, S. F., and Wilkinson, F., 2005, p61.

雇用モデルの一般化である[244]。主従法における発展過程において、使用者による制限のない服従義務に基づいた雇用モデルが一般化する。

ここでの指摘で興味深いのは、サイモン・ディーキンとフランク・ウィルキンソンによれば、こうした服従義務の法的な由来は、契約に基づいておらず、その起源は19世紀の主従法モデルに見出すことができると指摘していることである[245]。

主従法の下では、労働者の側からの契約破棄は刑事罰の対象となった。たとえば、1858年から主従法が破棄される1875年までの期間において、逃亡や労働拒否での訴追が年平均7,000件に上った。

このように、18世紀および19世紀の主従法は、エリザベス労働立法の基本枠組みを維持する一方で、従前の雇用モデルである家内雇用（household employment）の仕組みを維持することを主眼としておらず、独自に形成された法体系であると指摘する。主従法は、増加する労働者に厳しい規律を課すとともに、農業に従事する労働者を確保することを意図するものであった。

サイモン・ディーキンの分析によれば、労働者の違法解雇の事例において、義務の相互性に基づいた契約的なモデルの原初的形成が確認できるという[246]。「排他的な労務（exclusive service）」であるかどうかを決定するにあたっては、一定の期間、労務の提供と仕事の提供を相互の義務としているかどうかが証拠として使われていた[247]。1853年の R. v.Welch 事件において、使用者は、合理的な労働と対価を与えなければならず、使用者にはそうした義務があるというべきであり、相互的な合意であることが裁判においても強調されるようになる[248]。最近の研究においても、この当時の義務の相互性が考慮されていたことが強調されるようになっている[249]。

---

244 Ibid., p61.
245 Ibid., p62.
246 Ibid., p80. Deakin, S. F., 'The Evolution of the Contract of Employment, 1900 to 1950—the Influence of the Welfare State', Chapter11 of Whiteside, N., and Salais, R., (eds), Governance, Industry and Labour Markets in Britain and France—Modernising State in Mid-Twentieth Century (London: Routledge, 1998), p203.
247 Deakin and Wilkinson 2005, p65-66.
248 R. v.Welch（1853）2 E&B 356, Gordon（1856）1 Jur（NS）683, Lawrence v. Todd（1863）14 CB（NS）554, Whittle v. Frankland（1862）2 B&S 549.

カーン・フロイント（Kahn-Freund）によれば、雇用契約もしくは雇用関係は、産業革命に起因した法的変化の産物であり、イギリスでは、ギルドの崩壊と賃金規制の終焉が大きく影響していると指摘する[250]。また、この時代に法律上、雇用契約概念が使用されていなかったことが指摘されており、複数の概念が併用されていた[251]。18世紀から19世紀は、雇用関係における前近代的な法概念が崩壊していく過程であるといえよう[252]。

第3款　雇用契約概念の成立

現代的な雇用契約概念はどのような背景から誕生したのかという点は、最も興味を引きつけるところである。雇用契約概念はある一点の時期に突然誕生したわけではなく、ある一定時期の時代の変遷のなかで少しずつ形成されたものであることが明らかになる。

では、どのような社会的な動きのなかで雇用契約概念が誕生したのか。ベヴァリッジ報告の具体的内容を検証したうえで、被用者と自営業者の区別を明確にした1942年の社会保障立法の制定過程について言及し、続いて制定された国民保険法の内容を検討する。そして最後に、このような社会保障立法が雇用関係を規律する法律に影響をあたえ、被用者と自営業者の二分法による区別に至った過程を紹介することにしよう。

ここで、被用者概念が雇用契約を用いて厳密に分離可能であるとする考え方は、実は20世紀に入ってから確立したというのがサイモン・ディーキンの最近の研究の到達点である。以下では、その特徴的な点をみていくことにし

249　Deakin, S. F., and Wilkinson, F., 2005, p65. Alessandro Stanziani, Labour, Coercion, and Economic Growth in Eurasia, 17th-20th Centuries, Brill Academic Pub, 2012, p39, Countouris, N., 'The Contract of Employment as an Expression of Continuing Obligations', in M. Freedland (ed), The Contract of Employment, (Oxford: Oup, 2016), p366.
250　Kahn-Freund, O., 'Blackstone's neglected child: the contract of employment' (1978) 93 Law Quarterly Review 508.
251　Deakin, S. F., 'Timing is everything: industrialization, legal origin and the evolution of the contract of employment in Britain and continental Europe' in Bercusson, B, and Estlund, C. (etd), Regulating labour in the wake of globalisation : new challenges, new institutions (Oxford : Hart Pub, 2008) p68.
252　Countouris 2007, p15.

よう。

　これまでみてきたように、イギリスにおいては、かつては働き方や職種によって異なる規制がなされていた。奴隷（slavery）、賦役（forced labour）、使用人、農奴（feudal serfdom）といった者は、法的には異なる取り扱いで規制がなされていた[253]。

　19世紀に入りヨーロッパ各国では、賃金が支払われる労働は、契約法の1つとして取り扱われるようになった。これは、経済システムにおいて、物の取引が法的規制の対象になったように、労働も取引の対象として認識されるようになったことに由来する[254]。

　雇用契約という概念は、いつ法的に成立し、法的基盤として機能するようになったのか。従来の通説的な見解は、19世紀の産業革命の時期に雇用契約概念が形成されたというものである。代表的な見解の1つとしてカーン・フロイントの分析によれば、雇傭契約（contract of service）の出現は、産業革命と従前の賃金規制の制定法の消滅にあると述べる[255]。雇傭契約は、この概念は、1750年から1850年にかけて生じた工業化とほぼ同時期に成立したという。裁判所が雇傭契約の概念を裁判所が適用するようになったのは19世紀中頃のことであった[256]。団体交渉の制度化された20世紀の前半の時期において、19世紀的な雇用契約概念の修正が図られたというのが、これまでのいわば通説的見解である。

　アティアによれば、制定法の出現は契約の影響を弱めたという見方もあるが[257]、こうした理解は誇張であり、19世紀のコモン・ローにおける雇用は別であるという指摘もある。他方、サイモン・ディーキンによれば、雇用契約概念が従来想定されていたよりもずっと後になって形成されたことを指摘

---

[253] Collins and Ewing and McColgan 2012, p93.

[254] Ibid.

[255] Kahn-Freund, O., 'Blackstone's neglected child: the contract of employment' (1977) 93 Law Quarterly Review 508.

[256] Veneziani, B., 'The Evolution of the Contract of Employment', Chapter 1 of Hepple, B. A. (ed), The Making of Labour Law in Europe: A Comparative Study of Nine Countries up to 1945 (London: Mansell Publishing Limited, 1986) p33.

[257] Atiyah, P. S., The Rise and Fall of Freedom of Contract (Oxford: Clarendon Press, 1979).

する。20世紀前半のイギリスにおいて、現在理解されているような雇用契約のコンセプトを見出すことは困難であるという[258]。すなわち、19世紀の雇用に関する法は、従属労働（dependent employment）と自営業（self-employment）の区別は認識されておらず、"契約的"に雇用関係上を義務として理解されることもなかった。20世紀前半当初は、現在理解されているような雇用契約概念は成立していなかった。

雇用契約は、低い地位にある、マニュアル的な"サービス"を提供する雇用関係を想定し、裁判所は雇用契約を判断するために"コントロール"テストを使用した。その趣旨は、社会的保護を与えるべき労働者と社会的保護を必要としない高い地位にあるマニュアル化されていない労働者を区分するところにあった。制定法上の区分においても、サーバント（servant）、レーバラー（labourer）、労務者（workman）といったように多様な概念が使用されており、今日のようにemployeeか否かで二分法的に区分されていなかった[259]。

そして、ディーキンによれば、被用者とそれ以外の者に二分法的に分類する手法の確立には、産業革命の進展と契約の自由の考え方が現れたことが不可欠であった。もっとも、雇用関係が「契約化」するためには、団体交渉制度の発展と社会法の出現、福祉国家の誕生を待たなければならなかった。すなわち、20世紀に第二次世界大戦を経た後の段階においても雇用関係は契約関係とはいえないものであったのであり、19世紀の法的概念とは基本的に異なるものだった。現代における雇用契約概念の成立は、極めて現代的な事象であるというのがサイモン・ディーキンの見立てである[260]。

---

258 Deakin, S. F., 'The Evolution of the Contract of Employment, 1900 to 1950—the Influence of the Welfare State', Chapter11 of Whiteside, N., and Salais, R., (eds), Governance, Industry and Labour Markets in Britain and France—Modernising State in Mid-Twentieth Century (London: Routledge, 1998) p213.
259 Freedland, M,R,. "The role of the contract of employment in modern labour law", L Betten (ed.) The Employment Contract in Transforming Labour Relations (Deventer: Kluwer, 1995) 17-27, Deakin and Wilkinson 2005, p14.
260 Foster, K., 'The Legal Form of Work in the Nineteenth Century: The Myth of Contract?', Paper presented to conference on The History of Law, Labour and Crime, University of Warwick (1983).

雇用契約が一元的に把握されるようになった要因として指摘されるのは、団体交渉の発展と企業組織の大規模化である。団体交渉モデルの発展により労働者が労働組合によって集団的に代表されるようになり、19世紀に存在した工場内における間接雇用から、企業による直接雇用へと移行した。もちろん、この見解は19世紀の法原則が契約の構成をとっていたことを否定するものではない。とはいえ、1870年代に至るまで、個人のサービス提供に対する刑事罰は解除されておらず[261]、契約という形式は工業労働者や農業労働者に大きな意味をもたなかった。

雇用関係の成立には、18世紀から19世紀の「産業革命」と「自由」の理念が重要である。雇用契約は歴史的に２つの側面から発展した[262]。

工業化（industrialization）により、労働者は土地から解放され、労働力は取引の対象となった。そして、福祉国家の誕生が不可欠であった[263]。「産業革命」と「自由」の理念は、統一的な雇用契約概念の確立には不十分であったが、現代の雇用関係の基本的な部分が登場し、契約化の道筋をつけたことは疑いない。それは20世紀に入り、より一層発展することになる。

イギリスで最初に無過失責任基づく労働災害の救済制度を確立したのは、1897年労働者災害補償法（Workmen's Compensation Act 1897）である。そして、1942年のベヴァリッジ報告と1946年の国民保険法によって、被用者と自営業者の区別が確立した[264]。失業保険は世界で初めて実施されることとなった[265]。

賃金（wage）とサラリー（salary）を得ているものの区別を廃止すべきだというベヴァリッジ報告の影響を受けて、1946年になって戦後の社会保障立法は両者を区別しない立法を行った。ベヴァリッジ報告が違う労働者カテゴリを廃止したことにより、被用者（employees）と自営業者（self-employed）の二分法的区分が確立した。同様の方式は税の徴収や1960年代初頭の雇用保

261　Deakin and Wilkinson 2005, pp1-3.
262　Ibid., p18.
263　Ibid., pp41-109.
264　樫原朗『イギリス社会保障の史的研究Ⅱ』（法律文化社、1980年）664頁。
265　武川正吾＝塩野谷祐一編『先進諸国の社会保障』（東京大学出版会、1999年）131頁〔堀勝洋執筆〕。

護立法で使用された。

　定型的に働くマニュアル労働者（manual worker）とマニュアルではない高度な労働者（non-manual worker）という古い区別は、雇傭契約（contract of service）と雇用契約（contract of employment）を統合するようになり、雇傭契約下の雇用（employment under a contract of service）が使用された。その結果、雇傭契約（contract of service）と雇用契約（contract of employment）の概念が同義語化した。主従法に由来し、コモン・ローにおいて同化することになった階層性のサービスモデルでは、団体交渉と社会立法、巨大企業と官僚的組織の増大した結果、従来の区分はその影響力を失い、雇用契約が法の適用関係において大きな意味を持つようになったのである。

　このように、現代における雇用契約の概念は、従来考えられているよりも最近の現象なのである。この認識は現代の労働市場を考えるうえでも、雇用モデルを"乗り越える"うえでも重要な事項となる。

　20世紀の資本主義では、家内労働（household）ではなく、自由な労働に基づく合理的組織が法的に雇用契約として把握される雇用関係として典型的となった。

　19世紀の当時、雇用法の基本的分類は従属労働者と自律的労働者の区分によってではなく、社会的地位と身分に基づく賃金労働者と区分されることによってであった。雇用契約（contract of employment）は、高い地位の労働者に限られていた。19世紀において、工場と農場で働く人にとって、厳格な懲戒規定（disciplinary code）の義務規定は、雇用関係における契約理論の発展を妨げた[266]。19世紀においても、現代の雇用契約はないのであり、その適用は社会的経済的地位のある者に限られていた。

　主従法の時代から20世紀前半に至るまで、社会立法は雇傭契約（contract of service）という概念を使用してきた。職人などは労務供給契約（contract for services）として把握され、指揮命令から働く者は雇傭契約（contract of service）として理解された[267]。

　従来、19世紀のコモン・ローの単一性を強調する歴史的見解が多く語られ

266　Deakin and Wilkinson 2005, p78.
267　Collins and Ewing and McColgan 2012, p94.

たが、契約の発展に関してもミスリードを起こすこととなった。よりよい見解は次のようなものである。

　20世紀前半当初は、現在理解されているような雇用契約概念は成立していなかった。雇用契約は、低い地位にある、マニュアル的な"サービス"を提供する雇用関係を想定し、裁判所は雇用契約を判断するためにコントロールテストを使用した。その趣旨は、社会的保護を与えるべき被用者と社会的保護を必要としない高い地位にあるマニュアル化されていない者を区分するところにあった。20世紀の第二次世界大戦を経た後においても、労働関係は契約関係とはいえないものだったというのが、近年の歴史研究の到達点といいうる。

第4款　小括

　雇用契約概念が成立する以前には、分散して適用対象が形成されており、賃金労働者は18世紀中頃から増加していたが、賃金収入に依存していた者はごく一部であった。また、19世紀の雇傭契約は、低い地位にある、マニュアル的な"労務（service）"を提供する雇用関係を想定し、裁判所は雇傭契約を判断するためにコントロールテストを使用した。その趣旨は、社会的保護を与えるべき労働者と社会的保護を必要としない高い地位にあるマニュアル化されていない労働者を区分するところにあった。雇傭契約（contract of service）は高い地位の労働者に限られていた。

　主従法の時代から20世紀前半に至るまで、社会立法は雇傭契約（contract of service）という概念を使用してきた。20世紀前半当初は、現在理解されているような雇用契約概念は成立していなかったということがいえよう。そして、雇用関係を雇用契約（contract of employment）の概念を用いて、被用者と独立契約者に区分する法的枠組みは、第二次世界大戦を経た後の段階で確立した枠組みであった。

第2節　雇用契約と労働法の適用対象の構造

　本節では、イギリスにおける雇用契約が法の適用においてどのように理論

づけられているのかを検討する。

第1款　イギリスにおける雇用契約

1　コモン・ローと制定法

　イギリス法を検討する際には、コモン・ローと制定法がどのように相互に影響して発展してきたかを考慮する必要がある。カーン・フロイントが雇用契約を労働法の「礎石（cornerstone）」として表現したことは有名である[268]。その意味するところは、雇用システムによって創出される権利と義務が労働法の法的枠組みになるということである。

　カーン・フロイントによれば、「この契約によって、資本家は、被用者の労務に対する法律上の権利を持ち、契約違反の場合には損害賠償の訴訟提起という手段で、その権利を裁判所で強行できるのであり、また、被用者は、自分の賃金や俸給の支払いを、法律的に強行させることができる権利を取得するのである。したがって一方が契約を破った場合には、民事上の制裁が適用される」とする[269]。こうした契約違反に対する民事的な強制力がイギリスにおける雇用契約の原点である。

　また、カーン・フロイントは、1959年に「自由放任主義（collective laissez-faire）」の重要性を論じたが、そこでは同時に、ボランタリズムを可能とするものとして、雇用契約が重要な法的装置であることを位置づけたという評価もなされている[270]。イギリスでは、「自由放任主義」が戦後の基本的思想であり、集団的な自治によって形成されていた。イギリスにおいて制定法による法的介入がなされるようになったのは、1970年代以降のことである。

　制定法においては、典型雇用（standard employee）に対する保護を念頭に

---

[268]　O.Kahn Freund, 'The Legal Framework', A. Franders and H. A Clegg ed., The System of Industrial Relations in Britain（Basil Blackwell, 1954), p45.「建物でいえば基石」と表現したカーン・フロイント（松岡三郎訳）『イギリス労働法の基礎理論』（日本評論社、1957年）7頁があるが、本書では「礎石」として訳すこととする。
[269]　カーン・フロイント（松岡三郎訳）『イギリス労働法の基礎理論』（日本評論社、1957年）7頁。
[270]　Freedland, M.R., 'Otto Kahn-Freund, the Contract of Employment and the Autonomy of Labour Law', Alan Bogg, Cathryn Costello, ACL Davies, Jeremias Prassl（ed), The Autonomy of Labour Law（Hart, 2017), p35.

おいて形成されることとなった。それにより、独立契約者 (independent contractor) は法的保護から除外された。イギリスにおいては、コモン・ローによって二分法的に区分されていたが、制定法レベルでは、1963年雇用契約法 (the Contracts of Employment Act 1963) から、被用者 (employee) と自営業者 (self-employed) の二分法の枠組みが採用されることが明確となった。

2　雇用契約と約因

　イギリスにおける雇用契約の構造としての特徴は、約因 (consideration) の存在である。イギリス法においても、当事者の意思の合致に加えて、約因が必要とされている[271]。

　イギリスにおいて賃金は、約因の要素 (the element of consideration) と考えられている。約因の要素が存在しないということは、雇用契約であれ何であれ、契約が存在しないということを意味する。

　雇用契約の基本要素は労働と賃金を交換するところにあるが、この要素が中心であるにもかかわらず、この要素は十分な判断基準を提供してくれるわけではない。この要素がその他の契約類型の中心的要素にもなるからである。そのため、雇用契約と労務供給契約 (contract for services) の違いは、契約条項に起因するものではなく、また、労務と賃金の交換から発生するものでもないという批判がなされている[272]。

　雇用契約が問題となった事例において、「Aが、ある報酬に対する約因において、自己の労働をBのために供給すること合意することをいう」と言及したものもある[273]。しかし、それでも雇用契約概念は必ずしも明確にはならない。イギリスでは、労務を他者に代替させることは雇用契約の存在と両立すると考えられている[274]。また、代理を禁止する明示条項は労務供給契約の存在と両立しうる[275]。

271　約因については、樋口範雄『アメリカ契約法［第2版］』（弘文堂、2008年）82頁も参照。
272　Collins,H., 'Market Power, Bureaucratic Power and the Contract of Employment' (1986) 15 ILJ 1, p9.
273　Market Investigations v Minister of Social Security [1969] 2 QB 183.
274　Global Plant v Secretary of State for Social Services [1972] 1 QB 139, 152.
275　Herbert v Harold Shaw [1959] 2 QB 138.

制定法上の権利は、雇用契約などの契約に対して適用されるものであり、裁判所は、基本的にはコモン・ローの伝統的区分である雇用契約（contract of employment）か労務供給契約（contract for services）によって判断している。イギリス法の構造上、相互的な契約の成立を主張できなければ、最低賃金から不公正解雇といったあらゆる制定法上の権利を主張することができない[276]。これは、後述するように、O'Kelly v Trusthouse Forte 事件や Carmichael v. National Power 事件が明らかにした点である[277]。

3　制定法における「被用者」と「雇用契約」

イギリスの制定法では、「被用者」と「雇用契約」について定義規定を置いている。

まず「被用者」は、「被用者（employee）とは、雇用契約を締結し、または、雇用契約に基づいて労働する者（雇用終了後においては、雇用契約に基づいて労働した者）」と規定している（1996年雇用権法230条1項）。

対象範囲の最も狭い分類は、「雇用契約」（contract of employment）である。被用者（employee）とは、雇用契約を締結し、または、それに基づいて労働する個人のことをいう。労働法規制は原則として雇用契約の当事者に対して及ぶ。雇用契約か否かは、コモン・ロー上の基準に基づいて判断されることとなる。1996年雇用権法は次のように規定している。

「雇用契約とは、雇傭契約（contract of service）または徒弟契約（apprenticeship）を意味し、その明示・黙示を問わず、また、口頭によるか書面によるかを問わない」（1996年雇用権法230条2項）。

1996年雇用権法の制定により、雇用の継続性（continuity of employment）が制定法の適用要件として規定されたために、制定法上の権利の適用を求める者は、制定法が定める期間に雇用が継続していることを証明しなければならなくなった[278]。

---

[276] Collins, H., 'Contractual Autonomy', Bogg, A., Costello, C., Davies, A., Prassl, J., (ed)., The Autonomy of Labour Law（Hart, 2017), p59.
[277] O' Kelly v. Trusthouse Forte plc［1983］CA; Carmichael v. National Power plc［1998］IRLR 301.
[278] ERA 1996 Part XIV, Ch 1.

不定期で単発的に就労する者にとっては、雇用の継続性を立証できるかどうかがポイントとなる[279]。

ニコラ・カウントリィス（Nicola Countouris）の見解によれば、20世紀前半の雇用関係の契約化は、雇用契約の3つの特徴を備えることによって成立した。それは、①人的従属性（Personal subordination）、②継続性、フルタイムで厳格な労働時間（Continuity、Full and rigid working time）、③双方性（bilaterality）である[280]。

こうした特徴を備える雇用契約概念がコモン・ローと制定法において発展していくことになる。

第2款　被用者性判断基準の展開

雇用契約の範囲の画定という問題はイギリスにおいても古くから議論されてきた。しかし、その範囲の画定は容易ではない。この混乱の原因は、2人の当事者が同一の使用者に労働を履行するにもかかわらず、契約の法的構成が同じではないという実態に見出すことができる。すなわち、同一の組織で同一の労働に従事する2人の契約当事者が違うカテゴリに分類されるという事態が起きている[281]。

1　コントロールテスト

コントロールテストは最も伝統的な基準であり、19世紀までその由来を遡ることができる。仕事をするうえで、サーバントがマスターの指示を受けていたかが問題とされてきており、労務の遂行について労務を受領する者の指示に従うかどうかが問題とされる[282]。主従法におけるヒエラルキーのもと

---

[279]　Carmichael v. National Power plc［1998］IRLR 301.
[280]　Countouris 2007.
[281]　コモン・ローにおける被用者性判断基準の先行研究として、林和彦「労働契約の概念」秋田成就編『労働契約の法理論』（総合労働研究所、1993年）77頁、古川陽二「『自営的就業者』（self-employed）と『被用者』（employee）性判断の基準」労旬1392号（1996年）13頁、岩永昌晃「イギリスにおける労働法の適用対象者（一）（二）」法學論叢157巻5号（2005年）56頁、158巻1号（2005年）72頁。
[282]　Yewen v Noakes（1880-81）L. R. 6 Q. B. D. 530.

で形成された判断基準であると位置づけられている[283]。

　コントロールテストの特徴は、使用者が仕事の内容だけでなく、仕事の方法について指揮命令をしているかどうかに着目しているところにあった。コントロールテストは、初期の段階では、いつどのように働くかを決定する権限を保有しているかどうかが重要な基準となった[284]。

　従来、控訴院は、「彼の契約は通常の人がその言葉に与えるであろう意味での雇傭契約（contract of service）かどうか」を判断基準として使用した[285]。その判断要素は、地位、仕事の性質（nature of occupation）、使用者組織への統合の程度、使用者に対する従属性の有無などに基づく。しかし、このような判断は裁判官の心証に委ねられるために、判断理由を明確にすることや概念化は困難であると批判された。

　この問題を考える出発点としては、Ready Mixed Concrete (South East) Ltd v Minister of pensions 事件が有用である[286]。同事件において McKenna J 判事は、雇用契約と認められる要件としては、次のような3つの観点を提示した。

①労務供給者（the servant）が、賃金もしくはその他の報酬を対価として、使用者（the master）に対して労務と技術を提供することに同意（agree）しているか
②労務供給者が、明示であれ黙示であれ、その労務の提供において他者の指揮命令に服することに同意しているか
③その他の契約条項が雇用契約と矛盾しないか

　McKenna J 判事は労働契約の存在においてそれらの契約条項の存在が必要条件であると考えている。「なされるべきこと、なされる方法、用いる手段、なされる時間を誰が決定するか」といった要素が重視されることになっ

---

[283] Kahn-Freund, O,. 'Servants and Independent Contractoes' (1951) 14 MLR 504.
[284] Performing Rights Society Ltd v Mitchell &Brooker Ltd（Palais de Danse）[1924] 1 KB 762.
[285] Simmons v Health Laundry [1910] 1 KB 543, 553, Cassidy v Ministry of Health [1951] 1 All ER 574, 579. Challinor v Taylor [1972] ICR 129, 134.
[286] Ready Mixed Concrete (South East) Ltd v Minister of pensions [1968] 2 QB 497.

た[287]。

　また、Lane v Shire Roofing Co (Oxford) Ltd 事件では、屋根の修理で転落し、負傷した者の被用者性が争われた[288]。そこでは、コントロールの要素を重要であるとし、「何がなされるべきか、どのような方法でなされるべきか、どのような手段でなされるべきか、いつなされるべきかを誰が指示しているかである。誰が採用や解雇を含めたチームを提供し、使用する材料、設備や機械やツールを誰が提供しているか」が重要になるとされる。そういった要素について使用者が決定するとき、それは雇用契約であるという性質決定されることになるとし、結論として独立契約者であったと判断している。コントロールテストは、独立契約者は自己の仕事を遂行する仕方において、被用者の場合は多くの裁量を有しているとの考え方を反映したものとなっている。

　このアプローチの限界は、雇用契約と労務供給契約を区分する必要があるときに明らかになる。指揮命令する権利とは何かが明らかにならないからである。とりわけ、労働者が熟練労働者の場合にはうまく適合しない。また、使用者が労働の仕方について指揮命令できない雇用契約が存在する[289]。

　現在では、指揮命令という要素は、雇用契約の存否を決定する複数ある基準の1つにしかすぎず、この基準がうまく機能しない場合も存在すると考えられている。また、指揮命令する権利があったとしても、契約が労務供給契約であることもありうる。Market Investigations v Minister of Social Security 事件では、次のように言及がなされた[290]。

「労働がどのように行われるかという程度に指揮命令の範囲が拡大されないとしても、雇用契約は存在しうる。他方、他者に労務を提供する者が労務の提供に関するコントロールする権限を自ら保持していたとしても、契約が雇用契約ではないというケースもありうる。」

---

287 Ibid.
288 Lane v Shire Roofing Co (Oxford) Ltd ［1995］IRLR 493 (CA), per Henry LJ.
289 Stevenson v MacDonald ［1952］1 TLR 101.
290 Market Investigations v Minister of Social Security ［1969］2 QB 173, 183.

そして、コントロールテストについてはその後の裁判例において次のような問題点が指摘されるに至っている。

1つは、高い能力や専門技術を有する者が適用の対象外になることである。Hillyer事件では、使用者が指揮命令をしていないとして、病院で働く看護士の被用者性が否定された[291]。また、Whittaker事件では、高い能力や専門技術を有する者については、たとえ雇用契約に基づいて働いていたとしても、使用者が指揮命令をしない場合も当然ありうると指摘した[292]。

もう1つは、指揮命令基準では被用者と独立自営業者を区分できないという批判である。Market Investigations事件においてCook J判事が指摘しているように、労働の仕方に指揮命令ができなくても雇用契約は存在しうるし、使用者に指揮命令の権限があったとしても、契約が雇用契約ではないという場合もありうるとし、指揮命令はいつも考慮されるべきではなく、唯一の判断基準でもない[293]。また、使用者が労働の仕方について指揮命令できない雇用契約類型が存在すると指摘する裁判例もある[294]。

被用者性の判断はコモン・ローに委ねられることになる。裁判所は労務供給契約（contract for services）から雇用契約（contract of employment）を区別する基準を考案するという問題を抱え続けてきた。結局のところ、指揮命令の存在は両者のタイプに矛盾しないことから、指揮命令基準では雇用と独立自営業者を区別できない。現代では、プロフェッショナルや裁量的な働き方が可能となり、コントロールテストは被用者か否かを決定する基準としては機能しなくなっているという学説上の指摘もある[295]。

2 統合基準

1950年代に入ると、指揮命令基準では適切に雇用契約の存否を判断できないという認識が強まった。このようななか、経済的観点に着目した基準を採

---

[291] Hillyer v. Governors of St Bartholomew's Hospital [1909] 2 KB 820.
[292] Whittaker v. Minister of Pensions [1966] 3 All ER 531.
[293] Market Investigations Ltd v. Minister of Social Security [1969] 2 QB 173.
[294] Stevenson v. MacDonald [1952] 1 TLR 101.
[295] Collins, H., 'Independent Contracts and the Challenge of Vertical Disintegration to Employment Protection Laws' (1990) 10 OJLS 353, at 370.

用する裁判例が出現する。その1つが統合（integration）基準である。代位責任のもとで形成された法理であり、事業に統合されていなければ、当該個人は独立自営業者であると理解するものである。

　Stevenson Jordon & Harrison Ltd v MacDonald & Evans 事件において、Denning, L. J.判事は、「雇用契約のもとでは、人は事業の一部として雇用され、その労働は事業の統合的部分としてなされているのに対し、他の労務供給契約に基づく労働の場合には、その仕事は事業のためになされているが、事業に統合（integrated）されるのではなく、単に事業に付随（accessory）するにすぎない」として、労働が組織に統合されることを強調した[296]。

　統合基準の特徴は、高い能力や専門技術を有する者が適用の対象外となる指揮命令基準の問題点を補完し、新聞社で働くジャーナリスト、病院で働く医師や看護婦などを雇用契約上の被用者とすることを可能にするところにあった[297]。

　しかし、その後の裁判例では、統合基準は判断枠組みとして明確にされておらず[298]、「統合」の法的位置づけも明らかにならなかったことから、この基準は広く活用されなかった。現在では、判断基準としては機能しないという理解が一般的である。

3　経済的実態基準

　使用者が業務を外注化し、労働市場において雇用のリスクを回避する傾向が強まると、裁判所は経済的実態（economic reality）基準を活用するようになった。

　経済的実態基準とは、「自己の利益のために事業（business on his own account）」を行う者かどうかを被用者性の判断基準とするものである。

　Market Investigations v Minister of Social Security 事件において Cooke J 判事は、その判断要素として、自分の機材を提供しているか、他人を雇用し

296　Stevenson Jordon & Harrison Ltd v MacDonald & Evans ［1952］ 1 TLR 101.
297　Beloff v Pressdram Ltd and another ［1973］ 1 All ER 241. Deakin, S. F., and Morris, G. S., Labour Law, 5rd edn（London: Butterworths, 2009）p122.
298　Ready Mixed Concrete（South East）Ltd, supra note 286, 524.

ているか、誰が金銭的リスクを負っているか、誰が利益を得るのかなどの複数の基準から、自己の利益のために事業を行う者にあたらないとして、当該契約は雇用契約であると判断した[299]。

その一方で、複数の判断要素を考慮する裁判例も登場する。たとえば、Ready Mixed Concrete (South East) Ltd v Minister of pensions 事件においてMackenna J 判事は、①使用人（servant）が、賃金その他の報酬の対価として主人（master）の何らかの労務遂行のため、その労働と技術を提供することに同意しているか、②使用人が、明示的または黙示的に、その労務の遂行において、その相手方を使用人と呼ぶにふさわしい程度において、その相手方の指揮命令に服することに同意しているか、③その他の契約条項が雇用契約であることに矛盾しないものであるか、という基準を提示した[300]。

経済的実態基準の特徴はパートタイム労働者や在宅労働者の被用者性を肯定できるところにあった[301]。ただし、自分の機材を提供したかどうかという要素は、雇用契約を決定づける要素とは必ずしもいえないと指摘する裁判例もある[302]。

第3款　義務の相互性基準の台頭

1　義務の相互性基準の要件

1970年以降には義務の相互性（mutuality of obligation）基準が登場する[303]。義務の相互性基準とは、使用者が仕事を与え、被用者が与えられた仕事を引き受けるという義務の相互性が契約一般の成立要件であり、義務の相互性が存在しない場合には、裁判所は当該契約を労務供給契約と判断するというものである。義務の相互性基準は、イギリスの一般契約法の約因（consideration）法理に由来するものであり、約因に基づいた契約を締結するためには、両当事者は契約上の義務を負うことを約束しなければならない[304]。

---

[299] Market Investigations v Minister of Social Security ［1969］2 QB 183.
[300] Ready Mixed Concrete（South East）Ltd, supra note 286, 515.
[301] Deakin, S. F., and Morris, G. S., Labour Law, 5rd edn（London: Butterworths, 2009）, p.136.
[302] Ready Mixed Concrete（South East）Ltd, supra note 286, 516.
[303] Deakin and Wilkinson 2005, p2.
[304] Freedland 2003, p100, D. Brodie, supra note, p9-11.

「それ以上削ることができない最小限の相互の義務（irreducible minimum of mutual obligation）」が存在しない場合には、契約上の効力が発生しないと解されている[305]。

また、その後のコモン・ローによる法理形成により、雇用契約における義務の相互性基準は、契約関係を継続するという内容を含むものとして解されている[306]。つまり、契約の継続性が雇用契約の1つの要件となっているのである[307]。

では具体的に義務の相互性基準に関する裁判例を概観したい。義務の相互性基準は、在宅労働者（homeworkers）、単発的・短期的な就労を行う者の被用者性判断において主に問題となっている。

在宅労働者の被用者性が争われたAirfix事件は、原告は週5日にわたって靴のヒール部分を自宅で作る仕事に従事しており、継続的な契約関係が認められるとして、その被用者性を肯定した[308]。同様に、労働時間が決まっておらず、単発的に就労を行っている在宅労働者の被用者性が争われたNethermere事件においても、裁判所は、使用者が仕事を与え、被用者側は与えられた仕事を引き受けるという義務の相互性があり、単発的な契約を結びつける「包括的（overall）」「統括的（umbrella）」な契約があったとして被用者性を肯定した[309]。

他方、単発的な就労や短期的な就労を行う者の被用者性が争われた事件では、義務の相互性が否定される傾向にある。リーディングケースはO' Kelly事件である[310]。本件は、使用者の要請に従って出勤していたホテルのウェイターが組合活動を理由に解雇されたとして、不公正解雇を主張した事件である。裁判所は、複数の考慮要素を列挙したうえで、使用者が仕事を与え、

---

[305] Deakin, S. F., and Morris, G. S., supra note 301, p.153.
[306] Wickens v. Champion Employment Agency Ltd [1984] ICR 365, Ironmonger v. Movefield Ltd [1988] IRLR 461, Montgomery v. Johnson Underwood [2001] ICR 819.
[307] Brodie, D., supra note, p25-30, Deakin, S. F., and Morris, G. S., supra note 301, p154, Freedland, M. R., supra note, p98-105.
[308] Airfix footwear Ltd v. Cope [1978] ICR 1210.
[309] Nethermere (St Neots) Ltd v. Taverna and Gardiner [1984] IRLR 125.
[310] O' Kelly v. Trusthouse Forte plc [1983] CA.

被用者が与えられた仕事を引き受けるという義務の相互性の欠如を重視し、被用者ではないと結論づけた。

また、Clark 事件においても義務の相互性が認められないとして、その被用者性が否定されている[311]。この事件の看護師は、使用者会社に登録し、定期的な労働時間が決まっておらず、地域の病院の要請に基づいて出勤していた。その看護師である原告が人種差別を理由とする不公正解雇を主張した。裁判所は、包括的な雇用契約（global contract of employment）が存在しておらず、義務の相互性は認められないとして、その被用者性を否定した。

このように、義務の相互性基準の事例では、在宅労働者の被用者性については肯定されているものの、単発的な就労や短期的な就労を行う者の被用者性は否定される傾向にある。

Lane v Shire Roofing 事件では、手続が行われる特定の文脈（the specific context in which the proceeding are raised）が、雇用契約が存在するかどうかの決定に深く関係すると判断されている。雇用関係に関する最近の法的分析は、非典型労働者（casual workers）を考えたとき、被用者性の判断はよりいっそう困難なものとなる。

2　当事者の合意と書面性

イギリスの被用者性をめぐり、当事者の合意と書面性をめぐる判断を争う事案も現れている。ケースとしては Autoclenz Ltd v Belcher and others 事件が重要である[312]。

本件は、自動車清掃・メンテナンス事業者 Autoclenz は、書面上は労働者を独立契約者として契約していた。しかし、使用者による道具・保険の提供、労働時間の管理、サービス料金の設定、代理人による労働の禁止など、実質的には被用者の条件を満たす労働状況にあった。1999年の労働時間規則と1998年の全国最低賃金法における「労働者」に該当するとして、有給休暇の付与と最低賃金の支払いを求めて提訴した[313]。

最高裁判所において、Clarke 判事は次のように述べ、当事者の相対的な

311　Clark v. Oxfordshire Health Authority [1998] IRLR 125.
312　Autoclenz Ltd v Belcher and others [2011] UKSC 41.

交渉力の違いを考慮したうえで、あらゆる状況を勘案して契約解釈を行うアプローチをとることを述べた。

　「契約の条件が真実に合意されたものであるかどうかを判断する際には、当事者の相対的な交渉力を考慮する必要があり、真の合意があるかどうかは、事案のあらゆる状況を考慮して判断されなければならず、書面による合意はその一部にすぎない。こうしたアプローチは、問題に対する目的的アプローチとして位置づけることができる。」

　すなわち、この事案において、契約当事者の交渉力を考慮する必要があること、契約の性質を決定する際に書面による合意は総合考慮する要素の一部にすぎないとして、結論として労働者であると判断した。
　こうした考え方は、一方の当事者が、その相対的な交渉力の強さを利用して、当事者間の労働関係の実体を反映しない条項を契約内容に挿入することにより、労働法の適用を回避しようとすることを防ぐための解釈として位置づけることができよう。

第4款　小括

　裁判所は被用者性の判断において、大別して4つの基準を適用してきた。すなわち、「コントロールテスト（control）」、「統合（integration）」、「経済的実態（economic reality）」、「義務の相互性（mutuality of obligation）」基準がそれである[314]。それらの基準は、複数の要素から判断するものであって、どの要素を重視するかについては裁判所の裁量に委ねられている。アラン・シュピオによれば、イギリスのmultiple基準は、概念を拡大するというよりも、縮小するために使用されていると評価されている[315]。
　現在では、被用者性の判断基準については、「義務の相互性」基準と雇用

---

[313]　長谷川聡「書面による合意にもとづく偽装請負と労務提供者の被用者性」労旬1778号（2012年）48頁。
[314]　Burchell, B., Deakin, S., and Honey, S., The Employment Status of Individuals in Non-standard Employment, EMAR Research Series 6（Department of Trade and Industry, London, 1999), p11.
[315]　Supiot, 'Les Nouveaux visages de la subordination' p140, Countouris 2007, p61.

の継続性が中心的な争点となっている。これらのコモン・ローの基準については、以下のような3つの問題点が指摘されている。

第1は、判断基準が不明確であるという批判である[316]。いかなる基準を適用し、どの要素を重視するかについては裁判所の裁量に委ねられていることもあって、コモン・ローの判断基準は明らかにならない。また、境界線のケースに対応できないという批判もなされている。判断基準の不確定性の原因は、単一の基準を裁判所が提示できなかった結果でもあって、判断を決定づけるのは「事実と程度（fact and degree）」の問題であるという評価もなされている。

第2は、当事者が雇用契約以外の契約に基づいて労働法の適用を免れていることについて、裁判所が何ら法的規制を加えていないという批判である[317]。たとえば、使用者は契約上独立契約者として契約を締結することによって、解雇規制を免れることが可能となる。契約書面（contractual documents）や職種変更（working arrangement）等の事項について、裁判所が判断を加えるかどうかについて、まずは、標準化されている雇用の合意（standard-form employment agreements）にとらわれないこと、そして、消費者契約法と類似した判断を労働法分野に適用することなども主張されている[318]。

第3は、そもそも、被用者であるか独立契約者であるかという二者択一の考え方が誤りであるという批判である[319]。イギリス労働法においては、被用者か独立契約者かという二者択一の考え方から脱し、雇用類型の多様化に対応した雇用契約論の構築が求められている。

以上、コモン・ロー上の被用者性判断基準についてごく簡単に概観した。雇用類似の従属的就業者に対する法的保護という観点からすると、コモン・ローの対応はいまだ不十分なものといわざるをえない。

---

[316] Collins, H., 'Independent Contracts and the Challenge of Vertical Disintegration to Employment Protection Laws' (1990) 10 OJLS 353, p369.
[317] Collins and Ewing and McColgan 2012, p147.
[318] Deakin and Wilkinson 2005, p12.
[319] Freedland, M. R., The Personal Employment Contract (Oxford: Oxford University Press, 2003), p18.

このようなコモン・ローの機能不全を解決する方策として、近年注目されているのが制定法上の適用対象に関するアプローチである。制定法分野では、雇用類似の従属的就業者に対応するために、独立契約者に対する判断基準を「雇用者（employee）」から広い概念である「労働者（worker）」に変えるという試みが行われている。そこで次に、制定法上の適用対象について検討する。

第3節　準従属的労働者への法的対応

1940年代のベヴァリッジ報告以降、イギリスでは雇用契約（contract of employment）と労務供給契約（contract for service）に分類する二分法的な考え方が定着した。

しかし、その前提となっていた雇用モデルは、大きな変化に直面した。1つの変化は、雇用契約の役割と機能の変化である。もう1つの変化は、労働市場の形態と構造の変化である。こうした2つの変化は、標準労働モデルの変容と、それを超えて広く働き方の変化に起因したものである。

以下では、イギリスでは第3のカテゴリとして「労働者（worker）」概念が活用されている。従来の「被用者」に該当しない働き方に対してどのように対応しているのか。本節では、準従属的労働者への対応を概観したい。

第1款　雇用モデルの変容と雇用契約の役割変化

1　二分法による雇用モデルの確立

まず、イギリスにおける二分法的に分類する雇用モデルの特徴と、こうした雇用モデルが直面する課題について確認しておこう。

イギリスの雇用システムは、使用者に従属した雇用形態を雇用契約として把握して保護をあたえ、使用者から独立した雇用形態を労務供給契約として労働法の対象外としてきた。第2章第1節で検討したように、主従法の関係を雇用契約として再構成する試みは、19世紀のコモン・ローの影響というよりも、20世紀の社会立法によって形成された。

従来は２つのステレオタイプの雇用関係を考えてきた。１つは、雇用契約（contract of employment）という従属性の強い関係である。もう１つは、労務供給契約（contract for services）という自立性の強い関係である。雇用契約と労務供給契約の二分法的な分類（the binary divide）がイギリスにおいて成立した雇用システムである。

　雇用契約の概念の統一化は、"サラリーを得ている者（salary earners）" "賃金を得ている者（wage earners）" "スタッフ労働者（staff worker）"といった違いを少なくするという社会的変化をもたらした。1963年雇用契約法（contracts of employment Act 1963）はその最たる例といえよう。フォーディズムと「終身（permanent）雇用モデル」といった20世紀雇用モデルに対しては、雇用契約概念の統一的理解が適合的であった。

　雇用契約は、「労働法の基本的法的制度」と評されてきた。この役割は現代の雇用保護立法によって担われている。雇用保護立法は、コモン・ローのルールを制定法に置き換え、雇用契約は従来の労働法になかった重要な役割を担うようになった。

　その理由の１つとしては、雇用保護立法が重要な条項を定義づけるにあたって、契約的な概念を使用するようになったことにある。もう１つの理由としては、雇用保護立法は個人的な労働者（worker）や被用者（employee）の権利に焦点をあててきたことにある。雇用保護立法の出現は、労働法の"個人化"における１つのプロセスである。労働法においては、個別的雇用関係がますます重要になり、今後はその法的形式である雇用契約が重要になる。

2　雇用契約の役割変化

　しかし、雇用契約は再構成の課題に直面している。マーク・フリードランドの分析によれば、雇用契約の再構成が必要であるという理解の前提には、次の２つの変化の理解が不可欠であるという[320]。雇用契約が再構成を余儀なくさせているのかを明らかにしてみよう。

　これまでは、二分法的な雇用契約モデルのもとで主に、２つの規制的機能

---

[320] Ibid.

を持っていた。

　1つは、雇用契約の法的エンフォースメントと雇用契約の紛争解決の装置を形成する機能である。こちらは直接的な規制として、雇用契約を措定することにより、労働法の紛争解決の装置としての機能を担っていた。

　もう1つは、間接的に、労働法システムを構成する立法政策などが機能するために必要な法的理論を提供するという機能である。

　しかし、少なくともこの2つの機能については、雇用契約法は次の2つの意味において大きく衰退した。というのも、使用者も被用者も雇用契約を労使紛争の法的なエンフォースメントとして利用しなくなったということである。また、雇用契約は雇用関係を規律するアプローチとして時代遅れであり、雇用関係と相対する法的プロセスとしての役割を規律するアプローチとしても時代遅れと考えられているということである。

　従来の二分法的な雇用モデルは、雇用の実態を反映しておらず、雇用契約そのものの効果（effectiveness）のみならず、雇用契約に基づいて形成されている労働法規制を害しているという主張もなされるようになる[321]。

　労働法は20世紀初頭に完成し、その構造は政治的に形成された社会制度の変容に大きく影響を受けた。近年では、労働法は労働市場を構成する幅広い現象に対処できなくなったと認識されるようになっている。その結果、労働法ルールの再構成の必要性が意識されるようになった。

　他方で、1980年代前半から労働市場の再検討が主張されるようになっている。その背景には、団体交渉の重要性の減少、ヨーロッパユニオンの影響、積極的雇用政策が深く関係しており、"規制緩和"という政治的目標をふまえた法的ルールを主張する政党の勝利の結果でもある。

　実際には多くのタイプの関係が存在するのであって、その判断は容易ではない。そして、従属性という概念は単純なものではない。雇用契約を統一的に理解することは、違うカテゴリである独立契約者との裂け目を隠すことと等しい。その傾向は1980年代以降に顕著になる。労働関係の"柔軟性"、"経済的合理性"を重視する雇用モデルは、権力、責任、経済リスクなど異なる

---

[321] Gahan, P., 'Work, status and contract: another challenge for labour law' (2003) 16 Australian Journal of Labour Law 249-258.

性質をもつ者を増加させ、労働契約の統一的理解が適合しなくなりつつある。とりわけ、雇用契約法理は二分法的な分類に適合しない断続的雇用関係、三者間の雇用関係が現代の労働市場で増加している。

第2款　制定法における「労働者」概念

イギリスでは、1990年代から積極的に第3のカテゴリである「労働者（worker）」概念が制定法において使用されるようになった。以下では、イギリスの「労働者」概念がどのように活用されるようになったのか、その形成過程について概観していく[322]。

1　「労働者」概念が導入された背景

では、二分法的枠組みが伝統的であったイギリスにおいて、なぜ第3のカテゴリである「労働者」概念が採用されたのか。イギリスにおいて、「労働者」概念が制定法において使用されるようになった背景としては、大きく次の2点が指摘できる。

第1は、これまで雇用とされていなかった働き方への対応である。雇用（employment）と自営業（self-employment）を区分する法的枠組みは、それらの区分に関する社会的実態と一致しておらず、雇用法は、社会的および経済的レベルにおいては、機能不全に陥っているというのがそこでの問題認識である。労働者概念を追加することにより、雇用とされていない働き方に適用を拡大することを意図している[323]。「労働者」概念を設定した趣旨は、「従属的な事業主（dependent entrepreneurs）」をその法適用の範囲に含めようとするものとして理解されている[324]。

もう1つは、ブレア改革の1998年の白書「職場における公正（Fairness at

---

[322] イギリスの「労働者（worker）」概念を検討したものとして、拙稿「イギリスにおける労働法の適用対象とその規制手法」学会誌108号（2006年）184頁、石田信平「イギリス労働法のWorker概念(1)(2)」季労262号（2018年）178頁、同263号（2018年）116頁。

[323] Albin, E., and Prassl, J., "Fragmenting Work, Fragmented Regulation" Mark Freedland ed, The Contract of Employment（Oxford: Oup, 2016), p224.

[324] Davidov, G., 'Who is Worker?' (2005) 34 Industrial Law Journal 57, Collins and Ewing and McColgan 2012, p203.

Work)」の影響である。政府はこの白書において、個人の雇用に関する権利が競争力並びに労働市場に関する政策において重要であることを指摘し、多くの者に雇用に関する権利を付与するという方針を示した。このようにブレア改革は、制定法において労働者概念を採用することにより、適用対象を拡大する選択をした。

イギリス特有の背景としては、コモン・ロー上のテストである義務の相互性基準によって適用除外される者を保護する必要性がある[325]。単発的な就労や短期的な就労を行ういわゆるゼロ時間契約（Zero-hours contracts）の拡大がある。このゼロ時間契約は、使用者側にとってはフレキシビリティを提供し、逆に労働者側にとっては短期的な収入を得たいというニーズに合致するとして、労使双方にメリットがあると評価するものもある[326]。しかし、ゼロ時間契約が濫用されるおそれもあることから、労働者概念を採用することにより、雇用か自営かが判断が困難な限界的な事例において雇用に関する権利が付与されることが期待されている。

2 「労働者」概念の定義

イギリスにおいて特徴的なのが、「労働者（worker）」概念である。労働者とは、「(a)雇用契約、または、(b)明示または黙示を問わず、また（明示であれば）口頭または書面を問わず、その者がその専門家または事業的仕事の顧客ではない契約の相手方当事者に個人として何らかの労働またはサービスを行い、または果たすことを約するその他の契約」をいう（1996年雇用権法230条3項）。

この労働者概念は、大きく2つの点で被用者概念と異なっている。

第1は、雇用契約以外の契約類型を含んでいることである。これは定義規定から明らかになる。すなわち、労働者とは、(a)雇用契約を含んだうえで、(b)のその他の契約も対象となる。(b)の契約については、通称として「limb

---

[325] Deakin and Wilkinson 2005, p.312.
[326] ゼロ時間契約とは、就業時間が雇用契約に明記されておらず、使用者の呼び出しに基づいて就業する雇用形態をいう。呼び出し労働（On-call work）と呼ぶ場合もある。Collins and Ewing and McColgan 2012, p.81.

(b)」と称されることも多いが、この契約に該当するかどうかが労働者概念を設定した重要な意義になる。事業を営む者については対象とならない。

　第2は、労働者概念の要件として個人による労務提供がなされていることが必要とされている。基本的には、1つの使用者に対してサービスを提供していることが想定されている[327]。複数の顧客を持っている個人事業主や、第三者のサービスを提供する他の手段を持っている者については、この労働者概念から除外されることになる。

　この考え方は、James v Redcats (Brands) Ltd 事件[328]において明らかになる。同事件は宅配業を営む者が全国最低賃金法の54(3)条および35条の home worker に該当するかが争われた。この事件において、「労働者」概念には、第1に、仕事やサービスに関する契約（a contract to perform work or services）が存在すること、第2に、個人としてその業務を実行する義務（an obligation to perform that work personally）があること、第3に、サービスの提供が事業として実施されるものではないことと解されている。そして、最後の2つは、相互に関連する概念であると指摘されている。

　このように、イギリスの労働者概念の特色は、従来の「被用者」を含み、さらに雇用契約以外で就労する従属的な自営業者（dependent-self-employed）を含む概念になっていることである。労働者の概念は、フリーランサー、独立販売人、在宅労働者、臨時労働者等の被用者資格の要件を満たさない者を含むものと理解されている。

　このように、イギリスの労働者概念は、顧客関係にあって独立して経営する真の自営業者を除き、労働またはサービスを提供する者を包含する広い概念を構築して、そうした者に対して一定程度の労働法上の保護を適用することを意図している。

　労働者概念は、1986年賃金法（the Wage Act 1886）において使用された後、1996年雇用権法、1998年全国最低賃金法（the National Minimum Wage Act 1998）、1998年労働時間規則（the Working Time Regulations 1998）、2000年パートタイム労働者（不利益取扱防止）規則（Part-time Workers (Prevention of Less

---

327　Collins and Ewing and McColgan 2012, p203.
328　James v Redcats (Brands) Ltd ［2007］ IRLR 296.

Favourable Treatment) Regulation 2000) などにおいて使用されている。なお、1998年全国最低賃金法では、立証責任の転換が図られており、使用者側が、労務提供者が労働者ではなく、自営業者であることを立証しなければならない（28条）。

「被用者（employee）」、「自営業者（self-employed）」、「従属的自営業者（dependent-self-employed）」という３つの法的概念は、次のように図示できる（図参照）[329]。

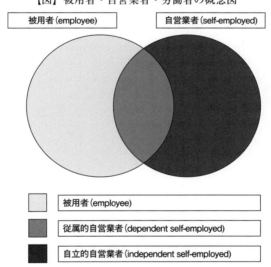

【図】被用者・自営業者・労働者の概念図

3　法的地位に伴う権利保護

労働者概念によって付与される権利は、下記の一覧の通りとなる[330]。被用者、労働者、独立契約者によって、イギリスでは雇用をめぐる権利について異なる内容が付与されており、労働者については、年次有給休暇、全国最

---

[329] Burchell, B., Deakin, S., and Honey, S., supra note 311, p19.
[330] 滝原啓允「イギリスにおけるクラウドワークの進展と労働法の課題——Uber 型を念頭とした『労働者（worker）』概念に関する立法論とその焦点」季労260号（2018年）115頁。

低賃金、違法な賃金控除からの保護、内部告発に関する権利、労働時間に関する権利、パートタイム労働に関する権利について付与される。他方、独立契約者については、内部告発に関する権利が及ぶ可能性はあるが、それ以外については制定法上の権利は付与されない。

【表】法的地位に基づく権利・保護の一覧

	被用者	労働者	独立契約者
年次有給休暇	○	○	×
全国最低賃金	○	○	×
違法な賃金控除からの保護	○	○	×
内部告発に関する権利	○	○	△
労働時間に関する権利	○	○	×
パートタイム労働に関する権利	○	○	×
雇用条件記載書	○	×	×
母性・父性・養子休暇	○	×	×
不公正解雇に関する権利	○	×	×
整理解雇に関する権利	○	×	×
フレキシブルな働き方を求める権利	○	×	×
解雇予告期間	○	×	×
事業譲渡による解雇からの保護	○	×	×
無給育児休業	○	×	×
有期被用者の権利	○	×	×

4　「労働者」概念のリーディングケース

労働者概念に関するリーディングケースは、Byrne Brothers (Formwork) Ltd v. Baird 事件である[331]。この事件では、建設現場で働く原告らは下請契約に署名することを要求され、その契約には、下請契約者には休暇手当などを受ける権利がないこと、仕事を拒否する権利があること、下請契約者は代替労働者を雇う自由を有し、自らが就労できない場合には代替労働者を就労させることができることなどの記載があった。原告らは、1998年労働時間規

---

[331] Byrne Brothers（Formwork）Ltd v. Baird [2002] IRLR 96.

則（the Working Time Regulations 1998）に基づいて、休暇手当の支払い等を求めて提訴した。

　雇用審判所は、労働時間規則が労働者概念を採用した趣旨は、被用者には該当しないけれども、中間クラスの労働者に拡張するところにあるとした。そして、実質的に経済的に同様の立場にいる労働者に適用範囲を拡大すべきであるとして、法律の立法趣旨を考慮する目的アプローチを採用した。

　その判断基準については、①個人による労働か、②契約関係があるか（義務の相互性があるか）、③事業の引き受けがないかであり、雇用契約と労務供給契約の考慮要素が共通する場合は、推定される労働者の有利な方向に境界線が動かされるという基準を採用した。結論として、労働時間規則上の労働者性を肯定した。

　この事件の特色は義務の相互性基準を労働者性の要件としていることである。同事件では、一般契約法で義務の相互性が必要であることから、労働者概念においても義務の相互性は必要であると指摘している。

　すなわち、被用者概念で採用された義務の相互性という裁判所の考慮要素は、制定法上の労働者概念においても引き続き問題となっている[332]。義務の相互性が労働者概念においても必要なのは、「継続的な関係（on-going relations）」であることを確認するためであるという位置づけもなされている[333]。

　イギリスの「労働者」概念は、その後のケースにおいて、①義務の相互性があること、②個人的（personal）であることが重要な構成要素として位置づけられている[334]。その後の労働者概念に関する裁判例も義務の相互性基準を要件としており、この傾向は定着しつつある[335]。また、目的アプローチを採用して労働者性を肯定した点も注目される。

---

332 Albin, E., and Prassl, J., 'Fragmenting Work, Fragmented Regulation', Mark Freedland ed, The Contract of Employment, (Oxford: Oup, 2016),p225, Vettori, S., The Employment Contract and the Changed World of Work, (Routledge, 2016) at168.
333 Brodie, D., 'Employees, Workers and the Self-employed' (2005) 34 ILJ 253, at 254.
334 James v. Radcats (Brands) Ltd [2007] IRLR 296. M. Freedland and N. Countouris, The Legal Construction of Personal Work Relations (Oxford: Oxford University Press, 2011), p281.
335 Stephenson v. Delphi Systems Ltd [2003] ICR 471, Mingeley v. Pennock [2003] UKEAT 1170, Firthglow v. Descombes [2004] UKEAT 916.

5 「労働者」概念の課題

1つの解決策としては、近年の立法で採用されているものであるが、従属労働者に対する定義を「被用者 (employee)」から「労働者 (worker)」に変えるというものである。しかし、制定法上の適用対象についても、次のような批判が展開されている。

第1は、適用範囲に関する制定法の対応が必ずしも統一されていないという批判である。最近の制定法であっても、「労働者」カテゴリを採用せず、「被用者」カテゴリを採用しているものがある[336]。また、1996年不当解雇法などの労働法上重要な制定法についても、依然として「被用者」カテゴリが採用されている[337]。いかなる目的の制定法であれば、広いカテゴリの適用対象が採用されるのかという点は、理論的にはっきりしていない。

第2は、「労働者」カテゴリを採用したとしても、それでもなお依然として現実的実態と乖離しているという批判である。「労働者」カテゴリの採用が有用であるとしても、この問題を解決するケースが少ないという[338]。ある実態調査では、雇用関係を二分する「雇用 (employed)」「自営業 (self-employed)」という2つのカテゴリにあてはまらない労働集団が相当数存在しており、「労働者」カテゴリを採用したとしても、労働法規制が従来の「被用者」カテゴリよりも5％程度拡大されるだけであると試算されている[339]。このように、労働法規制の適用対象という問題は、「労働者 (employee)」あるいは「雇用者 (worker)」といった定義だけでは解決できず、雇用法は、社会的および経済的レベルにおいては、機能不全に陥っていると指摘されている[340]。この分野が「概念の泥沼 (conceptual morass)」と評される所以といえよう[341]。

---

[336] the Fixed-term Employees (Prevention of Less Favourable Treatment) Regulations 2002.
[337] the unfair dismissal (employment rights Act 1996, s94(1), the Transfer of Undertaking (protection of Employment) Regulations 1981 (SI 1981/1794), eg2(1).
[338] Brendan Burchell, Simon Deakin, Sheila Honey, 'The Employment Status of Individuals in Non-standard Employment' (London: Department of Trade and Industry, Employment Relations Research Series No.6, URN/99/770, 1999), para. 8.2, Deakin and Wilkinson 2005.
[339] Burchell, B., Deakin, S., and Honey, S., supra note 305, 1999.
[340] Deakin and Wilkinson 2005.
[341] Davies Freedland 2004.

第3は、代替条項の取り扱いである。労働者概念の定義規定には「個人として（personally）」労働またはサービス提供を行うことが前提とされているが、当該個人以外が労務提供をすることを可能とする条項が契約に挿入されていた場合に、労働者性が否定される可能性も残されている。

もっとも、一部の制定法において立証責任の転換が図られている点は注目に値する。1998年全国最低賃金法では、立証責任の転換が図られており、使用者側に労働者の地位に関する立証責任がある。

この問題の１つの障害は、厳格かつ人為的な「義務の相互性」基準である。制定法上の適用対象の範囲がうまく画定できるかどうかは、裁判所が契約書面（contractual documents）や職種アレンジメント（working arrangement）の対応の仕方を変更するかどうかにかかっているともいえる。

第３款　制定法上のその他の適用対象

イギリスの特徴は、基本的には、被用者、労働者、自営業者の３つの枠組みで構成されているが、子細に確認すると、制定法レベルでは特定分野において独自の定義を設定することで適用対象を拡大している。典型的には、差別立法における「雇用」概念、安全衛生立法における「雇用外の者」概念である。ここでは、それぞれの基本的特徴を整理しておくこととする。

1　「雇用」概念

差別立法の分野では「雇用（employment）」概念が採用されている[342]。

1975年性差別禁止法（Sex Discrimination Act 1975）では、「雇用（employment）」とは、「雇用契約、徒弟契約、または何らかの仕事（work）または労務（labour）を自分自身で行う契約に基づく雇用を意味する」と定義され（82条１項）、こうした定義が2010年の平等法に引き継がれている[343]。この概念の特徴は、雇用契約の当事者に加えて、「仕事（work）または労務（labour）を自分自身で行う契約」を含むところにある。この概念を採用したことによ

---

[342] イギリスの差別禁止法における適用範囲については、長谷川聡「イギリスにおける差別禁止法と労働者の人的適用範囲」季労241号（2013年）71頁。
[343] 2010年平等法（Equality Act 2010）83条２項。

り、雇用契約以外の契約に基づいて就労する者の一部が適用対象に含まれる[344]。

雇用概念を採用した法律としては、1970年平等賃金法（Equal Pay Act 1970）、1975年性差別禁止法（Sex Discrimination Act 1975）、1976年人種関係法（Race Relations Act 1976）、1995年障害差別禁止法（Disability Discrimination Act 1995）、2010年平等法（Equality Act 2010）などがある。

雇用概念のリーディングケースは、Mirror Group Newspapers Ltd 事件である[345]。本件では、新聞社と代理店契約を結び新聞販売店を営んできた父親が、代理店を営む権利を原告である娘に譲渡することを会社に要求したところ、会社がそれを拒否したため、当該拒否が雇用上の性差別にあたると主張した。裁判所は、性差別禁止法の適用範囲について、その適用が弾力的で幅広いものであることを示すことにあったと述べたうえで、契約の主要な目的（dominant purpose）は新聞配達をすることであるとして、本件原告は性差別禁止法上の雇用にあたると判断した。

また、最近の事件として重要だと思われるものが Allonby 事件である[346]。本件は、パート労働から自営業（self-employed）に契約変更された原告が、ローマ条約（EC）141条に基づいて従前の職場の男性と同等の賃金を請求した事案である。雇用概念に関連する部分のみを検討すると、裁判所は、ローマ条約141条の労働者概念は制限的に解されるべきではなく、法の趣旨を考慮すると、雇用とは、ある一定の期間に、第三者に労務を提供し、報酬を受けている者と広く解されるべきであると判断した。そして、仕事を受け入れるという義務が存在しないという事実は、従属的立場にいるかどうかの決定に大きな影響を与えないとした。本件の特色は義務の相互性基準を重視しない判断を示した点にある。

このように、雇用概念は、一部の労務供給契約を適用対象とする広い概念として理解することが可能である[347]。

---

[344] Freedland 2003, p.24.
[345] Mirror Group Newspapers Ltd v. Gunning [1986] ICR 145 (CA).
[346] Allonby v Accrington & Rossendale College [2004] IRLR 224 (ECJ).
[347] Collins and Ewing and McColgan 2012, p200.

2　その他の制定法

　最も広い制定法上の規定は「雇用外の者」を適用の対象とするものである。1974年職場安全衛生法（Health and Safety at Work Act 1974）は、「すべての事業者は、合理的に実行可能な範囲において、その企業によって影響を受けるその雇用外の者が、それによってその安全衛生が危険にさらされないように、その企業を運営しなければならない」と規定し、被用者以外にも法律の適用が及ぶことを明示している。

　このように、事業者の安全衛生の義務については、被用者や自営業者だけでなく、職場に出入りする事業者なども広く対象とすることが明示されている。

　また、法の趣旨から適用対象を広く認める制定法も存在する。たとえば、公益通報者を保護する1998年公益情報開示法（Public Interest Disclosure Act1998）では、「worker」を対象としているが、独立契約者（independent contractor）などにも適用を拡張している（43K条）。これは、「worker」にとどまらず、不正行為に遭遇すると考えられる様々な労働者を適用対象とすることで公益情報を開示した者を保護することを意図している[348]。

3　雇用関係（employment relationship）

　ヨーロッパ諸国で採用されている雇用関係（employment relationship）という分類である。雇用関係概念を使用する理由は、雇用契約と他の労務供給契約を厳格に区分するイギリス法の考え方がヨーロッパの司法判断になじまないからであると説明されている。ただし、イギリス法においては、いまだに「雇用関係」概念を採用した制定法は存在しない。「雇用関係」概念の特徴は、契約的構成を必ずしも採用しなくてもよいという点である。その結果、ボランティア、収入を得ない労働者（unpaid worker）などの契約を伴わない労働に対して、労働法規制が及ぶかどうかが新たな検討課題として取り上げられ

---

[348] イギリスの公益情報開示法については、拙稿「イギリスにおける公益情報開示法の形成と展開――労働者による内部告発と企業活動のあり方に関する一考察」北大法学研究科ジュニア・リサーチ・ジャーナル9巻（2003年）1頁、同「イギリスの公益情報開示法」労旬1545号（2003年）20頁。

ている[349]。

第4款　小括

　イギリス法の基本的特徴は、被用者と自営業者の中間に位置づけられる「労働者」というカテゴリを創出している点にある。これにより、フリーランスの労働者、自営業者、家内労働者など、被用者以外の者について制定法の適用が拡大されている。

　イギリスにおいては、制定法は、法律の目的に従って適用範囲を決定している。法律の目的が異なることから、それぞれの法律によって適用範囲を確定させる必要があるというのが基本的な考え方として共有されている[350]。

　労働法の適用対象を考える際には、就労の実態（employing entity）を考慮する必要があるとともに、被用者と使用者の関係の法的性質についても考察する必要がある。さらには、使用者によるアウト・ソーシングの利用、人的資本を利用したマネージメント、個人化の傾向など、雇用の社会的側面の変容によって問題はより複雑になる。

---

349 Morris,D. 'Volunteering and Employment Status' (1999) 28 ILJ 249.
350 Burchell, B., Deakin, S., and Honey, S., supra note 311, p200.

第3章　アメリカにおける被用者概念の形成と展開

　第2章で検討したように、イギリスでは、雇用契約か否かによって法制度を規律していたが、被用者か否かによる二分法的な処理には限界があり、第3のカテゴリである「労働者（worker）」が制定法において設定されるに至っていることを確認した。

　本章では、アメリカの被用者概念の形成過程について検討を行う。アメリカにおいても、「被用者（employee）」であるかどうかによって、労働関係法規の適用が決定されてきたが、法目的に応じて、連邦法および州法レベルで多様な基準を採用している点に特徴がある。アメリカは、コモン・ローの国として、イギリスと共通する部分もあるが、被用者概念を維持しつつ、現代的な働き方の変容を踏まえて、法目的に応じた適用対象の決定を行っている。これは法目的で適用対象を画定するという方向性を徹底したものとして興味深い。

　アメリカの被用者概念については、わが国ではこれまで全体的な形での紹介は必ずしも十分にされてこなかった。このため、アメリカの被用者性判断はイギリスや他国と類似の状況にあるかのような印象さえなくはなかったと思われる。しかし、20世紀初頭には被用者（employee）概念が形成され、その後も連邦および州法レベルで多面的な展開を遂げて現代に至っている。したがって、アメリカにおける被用者性をめぐる議論の流れを辿り、その概念を検討することは労働法の適用対象を考えるうえで有益な示唆をもたらす。

　本章では、アメリカにおける労働法の適用対象を決める被用者（employee）概念の議論を整理しながら論じていく。以下では、アメリカにおい

て被用者概念がどのように形成されたか（第1節）、現代のアメリカにおいて被用者性の判断基準がどのように使われているか（第2節）、また、州法レベルでどのような動きがあるか（第3節）を検討する。関連して、アメリカの使用者概念についてもみていくことにする（第4節）。

アメリカは、連邦法レベルと州法レベルで異なる取り扱いが行われており、法目的に応じた被用者性の判断基準をめぐる議論は、いかにして公正な雇用システムを構築するかという解決の糸口を示唆するものである。

第1節　被用者概念の歴史的形成

第1款　原初的労働社会の形成

アメリカにおける労働関係は、17世紀から語られる。17世紀前半、イギリスからニューイングランドに移住してきた初期のピューリタン（清教徒）たちは、アメリカにおいて自由を手に入れることを求めていた。しかし、アメリカの労働関係は、自由な契約ではなく、階層的な身分関係に基づくものとしてとらえられていた[351]。

17世紀のアメリカでは、イギリス法の影響が色濃く反映された。イギリスの制定法は、17世紀には重要な部分について修正を加えられたものの、アメリカにおいても適用されることになった。多くの植民地毎に、徒弟（apprentices）、サーバント（servants）、肉体労働者（laborers）、労働者（workman）もしくは職人（artificers）に対応した法律が制定された[352]。バージニア、ニューヨーク、ロードアイランド、ペンシルベニア、マサチューセッツなどの植民地においては、イギリス法のサーバント（servants）に対して適用される法が適用されていた。

当時の労働者は、労働義務の履行を法的に強制される状況にあった。たと

---

[351] 水町勇一郎『集団の再生——アメリカ労働法制の歴史と理論』（有斐閣、2005年）11頁。
[352] Steinfeld, R.J., Coercion, Contract, and Free Labor in the Nineteenth Century（Cambridge University Press,1997), p41.

えば、17世紀の立法では、職人や肉体労働者については、定められた仕事を完了させるまで離脱してはならないことが立法によって定められていた[353]。また、1632年のバージニアの法律では、「すべての職人もしくは肉体労働者（every artificers and laborers）」については、仕事を終わらせずに労働から離脱することが許されず、守らなかった場合には1ヶ月の禁錮と5ポンドの罰金が命じられる内容になっていた[354]。

17世紀において、イギリスの徒弟（apprentices）制度が基本的にそのままアメリカに導入されることになった。徒弟は、一般に年季奉公契約の締結によってはじまり、奉公期間は複数年にわたるものとされていた。主人には徒弟を教育する義務があり、食事、服、住居などの徒弟の世話をして扶養する責任を負った。

イギリスと同様、マスターは契約期間においては、徒弟に対して命令する権限を有し、怠惰な場合や指示に従わない場合には罰を与える権限を有していた。徒弟については、主人の下から逃げ出すことを禁じられており、逮捕して連れ戻された徒弟に対して不法な離脱期間の数倍の奉公を命じる立法も存在した。アメリカでは19世紀になっても引き続き刑罰が科される体制が続いていた。

アメリカの年季奉公使用人（indentured servants）は、イギリスでは1年契約が基本であったのに対して、3年から4、5年と長く、さらに長期の場合もあったとされる[355]。イギリスでは口頭による合意が多いのに対し、アメリカでは年季奉公契約書に署名していた。イギリスでは使用人に対して賃金が支払われるのが通常であるが、当時のアメリカでは賃金が支払われないことも多かった。というのも、アメリカに多くの人が移住したため、その渡航費を肩代わりすることが前提となっていたとされる。そのため、事前に報酬は支払われているとして、イギリス法の特徴とは異ならないという見解もある。

当時の立法では、逃げ出した使用人を逮捕して連れ戻すことを治安判事に

---

[353] 水町・前掲注351) 書12頁。
[354] Act ⅩⅩⅤⅢ of September 1632.
[355] Steinfeld, supra note, p 45.

求めることができると定められていた。使用人の脱走を避けるために、使用人が居住地を離れるときには雇用主からの旅行許可証の携帯を求める植民地もあった。

　南北戦争（1861年〜1865年）の頃には、ストライキも実行され、熟練の職人は、親方、職人、徒弟の3段階に分かれていた。最大の都市はフィラデルフィアであり、人口3万5,000人、その次が2万人のニューヨーク、ボストンの1万6,000人と続き、都市の総人口は10万人程度であった。都市の成年男子人口の過半数が職人であった。

第2款　ブラックストンの雇用関係

　アメリカの産業革命以前の雇用関係は、マスター・サーバントの関係であり、ウィリアム・ブラックストン（William Blackstone）の描いた関係がアメリカにおいても長く残存していたという指摘もある[356]。そこで、ブラックストンの雇用関係の理解について確認してみたい。

　産業革命期の雇用関係の特質の1つは、夫婦関係や親子関係との類似性である。18世紀末から19世紀中盤にかけての雇用関係、夫婦関係、親子関係は、さまざまな特徴を共有し、似たような構造をもっていたものとして把握されていた。

　ブラックストンは、マスターとサーバントの雇用関係について、「私的関係の3つの関係（the three great relations in private life）」と表現した。

　法において夫と妻は同一の人格であると述べたように、妻の財産を夫が管理するところに象徴されるように、妻の存在は夫の存在に統合されていた。すなわち、夫婦関係においても、雇用関係と同様、上位者への従属が重要な要素としてみなされていた。

　そこで重要なのは、ブラックストンによれば、雇用関係は単なる労務と賃金との交換関係ではないということである。サーバントは家族の一員として規律に服し、労務を引き受けることによって他人のサーバントになる。サーバントが家族の一員となり、そこで日常の生活を営むということにつながる。

356　Carlson, R.R., 'Why the Law Still Can't Tell an Employee When It Sees One and How It Ought to Stop Trying' (2001) 22 Berkeley J. Emp. & Lab. L. 295.

サーバントが服する家族関係における規律とは親と子の間に生じた支配服従関係に根ざしたものであった。こうして雇用主とサーバントの関係支配と服従の関係により、対等な人間同士の交換行為によってもたらされたものとして正当性を与えられることになる[357]。

もう1つの特徴として注視する必要があるのは、英米法における契約理解である。コモン・ローでは雇用主もサーバントも共に身分としてとらえられ、彼らに帰属する権利と義務の多くは契約それ自体からというよりも契約によって両当事者が入る身分に付随したものとして構成されている。英米法では、「法律行為よりも関係に注意を払い、個人という資格においてよりも、特定の身分の構成員としてかかる関係にあるものとして、責任並びに行為能力または権利能力の欠缺を課する」傾向があると考えられている[358]。

なお、すべての労働者がサーバントであったわけではない。なかには一人のマスターに仕えるわけではなく、広く一般で働くものもあった[359]。

第3款　代位責任におけるコントロールテストの形成

被用者性を区分する判断基準の1つにコントロールテストがあるが、コントロールテストの形成には、19世紀以来の代位責任の法理が深く関係している。

1　代位責任と雇用関係

代位責任が認められる典型は、雇用関係における被用者（employee or servant）が雇用の範囲内（with in the scope of employment）で行った不法行為について使用者が負う責任である。ラテン語で respondeat supeior と呼ばれ、代位責任は古くからコモン・ローで認められてきた法理である[360]。代位責任が認められるためには、その実行者が被用者であることが必要である。

代位責任を判断する際に使われるコモン・ローによれば、使用者は、被用

---

[357] 森1988・26頁。
[358] 森1988・44頁。
[359] Carlson, R. R., supra note, p303.
[360] 樋口範雄『アメリカ不法行為法［第2版］』（弘文堂、2014年）368頁。アメリカの vicarious liability については、本書にならって「代位責任」という訳語で統一する。

者が第三者について犯した不法行為に対して代位責任を負うが、独立契約者が第三者に犯した不法行為に対しては責任を問われない。このため、問題となる個人が被用者であるのか、それとも独立契約者であるのかをまず区別する必要があり、その区分に使用されたのがコモン・ローの代位責任の法理である。

労働者のカテゴリが具体的に問題になるようになったのは19世紀中盤のことであるといわれる。この当時においては、主従関係に置かれ、法的な保護の必要性が認められる者が登場した。経済的な側面において使用者の法的責任を負わせる必要性がでてきたことにより、保護の必要な被用者と不要な被用者を区別する必要性がでてきた。そこで問題となるのは、代位責任における被用者の範囲をどう画するかという点にあった[361]。

初期のケースは19世紀後半からあり、たとえば、連邦最高裁判所は、1889年の Singer Mfg. Co. v. Rahn 事件において、コントロールテストを次のように表現している[362]。

「使用者が職務遂行を指示する権限を有し、同様に、職務遂行の結果として達成されるべきことについて指示する権限を有している場合、換言すれば、何がなされるべきかのみならず、どのようになされるべきかについて指示する権限を有する場合は常に、主従関係（the relation of master and servant）が存在する」。

1914年の Lehigh Valley Coal Co. v. Yensavage 事件では、炭鉱の事案において、労働者の労働者災害補償法の適用をめぐり争われた[363]。会社は、「炭鉱の事業を行っておらず」、労務提供者は独立契約者であると主張したが、Hand 判事は、炭坑で従事する者を独立契約者と区分するのは不合理であると結論づけている。

---

361 Carlson, p304. Gerald M. Stevens, The Test of the Employment Relation, Michigan Law Review Vol. 38, No.2（Dec., 1939）, pp. 188-204.
362 Singer Mfg. Co. v. Rahn, 132 U. S. 518, 523 （1889）.
363 Lehigh Valley Coal Co. v. Yensavage, 218 F. 547, 552 （2d Cir. 1914）.

使用者が、労務供給者に対して、自己のために行うか行っていると考えられる雇用の範囲内（within the scope of employment）における行為について、支配（control）しているかまたは支配する権限（right to control）を有している場合には、当該労務供給者を被用者（employee）とみなすことになる。
　こうして、被用者か否かは支配が及んでいるかどうかによって判断されるようになった。アメリカにおける被用者かどうかの争いは、100年近く基本的な構造は変わっていないと指摘される。すなわち、使用者が被用者ではないと主張して法の適用を争うケースがあるからである。

2　賃金の定義と制定法

　19世紀には、賃金に関する権利が被用者にとって重要な要素として位置づけられるようになる。そこで次に問題になったのが、賃金の保障を受ける被用者か否かを区別する基準である。初期の労働立法では、使用者のコントロールが被用者に及んでいるかどうかという点を重視するよりも、その支払いの性質に着目した判断がなされていた。
　もっとも、制定法レベルにおける判断は、不法行為法において用いられた使用者の支配を強調した判断とは異なっていた。すなわち、「賃金」を受け取っていれば被用者（employee）もしくはサーバントとみなされ、仕事に対して対価が支払われている場合には独立契約者とみなされるといった状況にあった。
　とはいえ、当時のサラリーは必ずしも「賃金」として認識されていたわけではなく、この賃金による区分は、高度の職業的能力を持った者とそうでない者を区分する役割を担っていた。1800年代終盤には、賃金の性質決定をするケースも現れている[364]。
　アメリカの場合、多くの制定法における「被用者」、「使用者」および「雇用」の定義はいずれも包括的であり、裁判所および行政に対しての具体的な判断基準にはなっていない。このため、多くの制定法における雇用関係についての具体的な解釈は裁判所の任務となる。

364　Pierce v. Whittlesey, 19 A. 513（1889）; Avent Beattyville Coal Co. v.Commonwealth, 28 S. W. 502（1894）, State v. Loomis, 20 S. W. 332（1892）.

コントロールテストは、アンダーサーバント（underservant）と呼ばれる、他のサーバントに雇われているサーバントを対象とした労務供給形態において基準として使用された。裁判所は、アンダーサーバントにいる労働者の第三者に対する責任について、使用者の代位責任を認めた。一方で、労働者がアシスタントを雇用しているという事実は、労働者が個人事業主であるとして雇い主（hiring party）に対しては適用されないという判断もなされることがあった。

他方で、裁判所はこうした雇用形態の賃金支払いの責任について、マスターに責任を負わせるという判断はしなかった。賃金の支払い責任を負うのは雇ったサーバントが負うのが原則であり、マスターによる特段のコントロールが及んでいるということが明らかな場合以外には、マスターの賃金支払いに関する責任は認めていなかった。サービスの提供に対して賃金の支払いを約束した者が誰かが重要であり、支払い請求の相手方としては雇い入れたサーバントに限られるという法理が形成された。

第2節　アメリカにおける「被用者」概念

アメリカでは、「被用者（employee）」に該当すれば法的保護が与えられ、被用者でなければ、1938年公正労働基準法に代表される制定法上の適用を受けないというのが基本的な考え方である。アメリカでは、1930年代から被用者の地位を主張することにより、法律上の保護を得ることが可能になったといわれる[365]。

この点、Restatement (Second) Agency (1958)では、「マスター（master）」、「サーバント（servant）」、「独立契約者（independent contractor）」を定義している。「マスター」とは、「業務遂行につき、労務の供給を行う者を雇う当事者であり、業務遂行に係る具体的行動を管理または管理する権限を有する者」である。「サーバント」とは、「使用人の業務の遂行につき労務を供給す

---

[365] Susan Schwochau, 'Identifying an Independent Contractor for Tax Purposes: Can Clarity and Fairness be Achieved?', 84 IOWA L. REV. 163, 174（1998）.

るために使用者に雇用される者であり、業務遂行の具体的方法について使用者に管理されるかまたはその管理権限の下にある者」である。「独立契約者」とは、「他者のために行為を行うことを約する者であり、この者は当該他者に管理されず、また、業務の遂行について当該他者の管理下にない者」である[366]。

アメリカ法の特徴は、コモン・ロー、政府の労働関係規制、連邦法レベル、州法レベルの法律で適用範囲について異なる判断基準を設定しているところにある[367]。法律や法目的によって異なる判断基準を採用しており、また、州法レベルでも独自のルールを設定するところもある。そこで、本節では、アメリカにおける「被用者」概念を概観することとしたい。

第1款 アメリカにおける雇用契約と被用者概念

まず、アメリカにおける雇用契約と被用者概念の関係について整理しておきたい。アメリカにおける契約法は、州レベルのコモン・ローにおいて発展してきた。雇用契約については、使用者が雇用の申し込みを行い、求職者である被用者が承諾すること、また、約因が含まれていることによって契約が成立すると解されている。アメリカにおいても、契約当事者の意思の合致だけでなく、交換取引を裏付ける約因が必要である[368]。

もっとも、アメリカではat-willの雇用契約関係は、契約関係ではないと理解する動向もあり、書面の取り交わしもなく、期間の有無についても取り決めていない場合は契約関係ではないという理解もあるという指摘もある[369]。

アメリカの場合、期間の定めのある契約ではない被用者は、いかなる理由によっても理由なくして解雇されうるという随意雇用（employment-at-will）

---

[366] Restatement (Second) Agency (1958).
[367] John DeRoss Jr, 'Misclassification of Employees as Independent Contractors in Indiana: A State Legislative Solution', Indiana Law Review,50(2)673.
[368] 独立行政法人 労働政策研究・研修機構「諸外国の労働契約法制に関する調査研究」労働政策研究報告書No.39（2005年）262頁以下。
[369] 独立行政法人 労働政策研究・研修機構・前掲注368）書263頁。実務レベルではそのような処理がなされているが、反対する意見もあるという。

の原則がある。アメリカにおいては、期間の定めのない雇用は、いずれの当事者からいつでも自由に契約を解約することができるという法原理が定着している[370]。

アメリカ労働法のテキストにおいても、法の適用の判断においては、雇用契約関係よりも「被用者」であるかどうかが強調される傾向にあり、イギリスとは対照的に、契約的な法的処理が必ずしも徹底されていないという特徴が認められる。

アメリカの特徴は、州において独自の規制権限を有していることから、連邦法レベルと州法レベルに分かれるところにある。労働時間、最低賃金、家族・医療休暇、安全衛生、集団的解雇、差別禁止については、連邦法と州法で重複し、被用者性の判断についても、コモン・ローの判断を尊重しながら、州レベルで独自の判断基準を設定していることも多いのが現状である。

第2款 「被用者」概念の判断基準

アメリカにおいて雇用関係に関する法規制は、基本的に被用者（employees）に対して適用され、独立契約者（independent contractor）ということであれば法律は適用されない[371]。裁判所では次のような判断基準を用いてその被用者性を判断している。代表的なものが、コントロールテスト（control test）、経済的実態基準（economic realities test）、ハイブリット基準（hybrid test）である。さらには最近のケースでは、ABC基準、ボレロ基準（Borello test）と呼ばれる判断基準も活用されている[372]。

---

[370] アメリカの随意雇用の原則に関する先行研究として、松田保彦「アメリカにおける解雇制限の法理」判例タイムズ323号（1975年）8頁、小宮文人『英米解雇法制の研究』（信山社、1992年）、荒木尚志『雇用システムと労働表見変更法理』（有斐閣、2001年）20頁以下、内藤恵「アメリカにおける解雇法理の基本構造」慶應義塾大学大学院法学研究科論文集25巻（1987年）121頁、同「アメリカにおける雇用契約論と解雇法理におけるパブリック・ポリシー」季労146号206頁、中窪2010。
[371] アメリカ法の記述については、基本的に次の文献について依拠している。Smith, P. R., and Hodges, A, C., and Stabile, S, J., and Gely, R., Principles of Employment Law (Concise Hornbook Series, 2009) p3, Katharine V. W. Stone, 'Legal Protections for Atypical Employees: Employment Law for Workers without Workplaces and and Employees without Employers' (2006) 27 BERKELEY J. EMP. & LAB. L. 251, 257-58.

1 コントロールテスト

コモン・ローにおける判断基準として代表的なのは「コントロールテスト（direct and control test, right to control test）」である。19世紀中盤から、裁判所は被用者と独立契約者を区別するためにコントロールテストを使用してきた[373]。

前述のように、アメリカでは、被用者が第三者に与えた損害については使用者がその賠償責任を負うという代位責任の法理が形成されている。その法的根拠は「被用者の行動によって利益を上げた者が損害を賠償せよ」という原則である。衡平法上の原則に基づき、使用者は労働者の行為から生ずる利益を享受するのであるから、労働者の行為から生ずる責任を使用者が負うべきという法理である。この代位責任の法理の適用にあたって労働者の範囲を判断する必要があり、コントロールテストがその基準として発展してきた。

代位責任とは、他方当事者が職務遂行に付随して犯した過失について、法的責任を負うというものである。「被用者」であるかどうかを判断する趣旨は、不法行為責任の範囲を確定するためであり、この基準により、使用者は被用者に対して、どのように職務遂行について管理する権限を保有しているかどうかを決している。これは、使用者が職務遂行によってもたらされる利益を享受することに伴う責任を負担すべきである、ということを示している法理であって、不法行為法におけるコントロールテストを適用することにより、その責任の範囲を判断してきたといえる。コントロールテストは、生産手段に関する使用者の指示する権限に着目するものと把握されている。

別段の定義がない限り、「被用者」とはコモン・ローにおける代位責任によって理解される伝統的な主従関係によって判断される。この場合は、指揮命令権が重視され、直接の契約に基づき発生したかは重視されず、事実上の指揮命令権でもよいとされる。

---

[372] アメリカ法に関する邦語文献としては、中窪2010、独立行政法人労働政策研究・研究機構『諸外国の労働契約法制に関する調査研究』労働政策研究報告書 No.39（2005年）、労働政策研究・研修機構『「労働者」の法的概念に関する比較法研究』労働政策研究報告書 No67（2006年）。
[373] Mundele, J, M,. 'Not Everything That Glitters is Gold, Misclassification of Employees; the Blurred Line Between Independent Contractors and Employees Under theMajor Classification Tests' (2015) 20 SUFFOLK J. TRIAL & APP. ADV. 253, 258.

コントロールテストは、被用者の「労働の態様と手段（Manner and Means）」について、契約当事者のだれがその権限を保持しているかどうかという要素が重視される[374]。これは、仕事の結果についてのみならず、「労働の態様と手段」について関与しているか否かを判断するものである[375]。そして、この「労働の態様と手段」に対する権限を保有しているかどうかが、最も重要な判断要素であると理解されている[376]。

さらに、判断の際には、使用者と当該労務提供をする者の関係についてあらゆる状況を考慮して、複数の判断要素から導かれるものとする[377]。たとえば、契約の一方当事者が商品を特定するのみで、職務遂行の時間、場所、方法を自ら管理し、機材や資材を自ら用意する場合には、そうした働き方はコントロールテストの下では独立契約者と評価される。他方で一方当事者が職務遂行の方法を特定し、他方当事者を指揮命令下において、機材や資材についても提供するということであれば、代位責任における使用者として評価されることになる。

アメリカのコントロールテストの先例とされる Mfg.Co. v. Rahn 事件を確認してみたい。連邦最高裁判所は、1889年のケースにおいて、コントロールテストについて次のように言及している。

「使用者が職務遂行がされるべき手法を指示する権限を有し、職務遂行の結果として達成されるべきことについて指示する権限を有している場合、あるいは、何がなされるべきかのみならず、どのようになされるべきかについて指示する権限を有する場合は、常に主従関係が存在するのである[378]。」

---

[374] Pivateau,G ,T., 'Rethinking the Worker Classification Test: Employees, Entrepreneurship, and Empowerment', 34 N. ILL. U. L. REV. 67, 68（2013）.
[375] NLRB v. Steinberg, 182 F.2d 850, 857（5th Cir. 1950）.
[376] NLRB v. Associated Diamond Cabs, Inc., 702 F.2d 912（11th Cir. 1983）.
[377] Leffeler, F, C., 'Misclassifying Workers as Independent Contractors',（2010）Proskauer Rose LLP. AMERICAN BAR ASSOCIATION. LABOR AND EMPLOYMENT LAW SECTION. WAGE & HOUR BOOT CAMP, p5.
[378] Mfg. Co. v. Rahn, 132 U.S 518,523（1889）.

その後、コントロールテストの判断において求められる具体的な判断要素としては、11の要素が考慮される傾向にある[379]。もっとも、事案によって考慮する要素が異なることもある。

①求められる職務上の技能
②職務遂行に係る器具や用具
③就業場所
④雇用期間
⑤使用者が労働者に対して追加の業務を命じる権限の有無
⑥労働の時期や時間についての決定権の有無
⑦賃金の支払方法
⑧アシスタントの採用や賃金の支払いに対する労働者の権限
⑨使用者の事業の一部か否か
⑩従業員給付の提供
⑪税金の取り扱い

コントロールテストの各要素の具体的な判断については、一般に、以下のような点が考慮されている。
　第1は、いつ、どこで、どのように働くかを管理する権限の有無である。契約の相手方が、いつ、どこで、どのように作業を行うかについて実質的な管理を保持している場合、それはその個人が被用者であることを示す重要な指標となる。しかし、相手方契約者が作業のやり方を管理できない場合には、その者が被用者ではないことを示すことになる。
　第2は、仕事に必要なスキルの有無である。独立契約者は、通常、仕事を行うための独自の方法を持っており、その専門性ゆえに契約が締結される場合が多いが、個人によって行われた作業がそのような特殊なスキルを必要とせず、請負業者の通常業務の一部であると認められる場合には、雇用関係があることを示す要素となる。

---

379 Community for Creative Non-Violence v. Reid, 490 U.S. 730（1989）, Nationwide Mut. Ins. Co. v. Darden, 503 U.S. 318（1992）.

第3は、職務遂行に係る用具や器具の取り扱いである。一般に、独立契約者であれば、仕事を行うために必要な道具や設備、資材を自ら調達することになる。他方、契約の相手方が必要な道具や設備、資材を提供する場合、これは当該個人と契約の相手方との間に雇用関係の存在を示す要素となる。

　第4は、就業場所である。個人が契約の相手方の所有または管理されている場所で働く場合には雇用関係の存在を示すことになる。他方、他の場所で働くことができる場合、その個人が独立契約者であることを示す指標になる。

　第5は、雇用期間の継続性である。期間の定めのない継続的な関係は、雇用関係の存在を示す要素となる。独立契約者の場合は、通常、当事者間で合意された所定の期間にわたって個別の業務を行うため、被用者性を否定する要素となる。

　第6は、使用者が労働者に対して追加の業務を命じる権限の有無である。独立契約者であれば、一般的に、特定のサービスを提供することに同意し、追加の仕事を引き受けるかどうかの自由を有する。契約の相手方が個人に追加の仕事を割り当てる裁量を有している場合には、これは雇用関係の存在を示している要素となる。

　第7は、勤務時間についての決定権の有無である。契約の相手方が仕事を開始する時間や労働時間を決定する場合、雇用関係が存在することを示す要素となる。独立契約者であれば、労働日や労働時間について裁量権を行使することができる。

　第8は、賃金の支払方法である。独立契約者の場合は、一般的に、特定の仕事に応じて事前に合意された報酬が支払われる。それに対し、通常の給与が支払われているか、または時間、週、または月までに給与が支払われている場合、それは雇用関係の存在を示す要素となる。

　第9は、アシスタントの採用や賃金の支払いに対する労働者の権限の有無である。被用者の場合は、一般的に、自分のアシスタントを雇うことはない。個人が相手方契約者の承認なしに自分のアシスタントを雇う裁量がある場合、それはその個人が独立契約者であることを示す要素となる。

　第10は、使用者の事業の一部か否かである。被用者は通常、使用者のビジネスの通常のまたは恒常的な部分である仕事を行い、独立契約者は通常、相

手方契約者の通常業務外にある特殊な仕事を行うことになる。

　第11は、事業に従事しているかどうかである。被用者であれば、通常、使用者のための作業を行う際に、自分の別の事業（または別の事業体の事業）に従事していない。しかし、独立契約者の場合は、通常、請負業者のための作業を行う際には、それぞれ別個の事業に従事する。

　第12は、従業員給付の提供の有無である。通常、被用者は、健康保険、生命保険、休暇、または労働者災害補償のような請負業者からの給付を受ける一方で、独立契約者は相手方契約者から通常そのような給付を受け取らない。

　このように、コントロールテストは、労務遂行に対して使用者が指揮命令を行っているかを中心に、複数の要素から総合的に判断する基準である。そのため、この判断は容易ではなく、適用がなされるのも限られた場面であるという指摘もなされている。事実関係に依存することも多く、他の基準と比較して、使用者のイニシアチブで独立契約者にすることも可能とする基準であると述べるものもある[380]。

　この点、内国歳入庁（IRS:Internal Revenue Service）は、税の徴収の際にコモン・ロー上のコントロールテストをシンプルにした判断基準を適用している[381]。内国歳入庁の被用者性の判断基準は、かつては「20の判断要素の基準（IRS 20 Factor Test）」を採用していたが、数多くの判断要素が示される一方で、その基準が複雑すぎるという弊害も指摘されるところであった[382]。現在では、その要素を3つにシンプルにし、行動上の管理（behavior control）、金銭上の管理（financial control）、関係（relationship）についてコントロールできるかどうかで判断しているという[383]。

---

[380] Harned, K. R., et al., Creating A Workable Legal Standard for Defining an Independent Contractor, 4 J. BUS. ENTREPRENEURSHIP & L. 93, 100（2010）.
[381] Buscaglia, C., 'Crafting a Legislative Solution to the Economic Harm of Employee Misclassification', 9 U.C. DAVIS BUS. L.J. 111（2009）.
[382] Lobel, O., 'The Gig Economy & The Future of Employment and Labor Law', University of San Francisco Law Review, University of San Diego School of Law Legal Studies Research Paper Series No16（2016）, p8.
[383] https://www.irs.gov/businesses/small-businesses-self-employed/independent-contractor-self-employed-or-employee

1　行動上の管理—企業は役務提供者の業務内容と業務手順を指揮監督しているか、あるいは指揮監督する権限を持っているか
2　金銭上の管理—報酬の条件、経費の負担、器具・消耗品の提供などについて、企業に決定権があるか
3　関係—契約書や従業員向けの福利厚生（年金、保険、有給休暇など）があるか、役務提供者と企業の関係は今後も継続するか、事業における主要な業務を任せているか

　行動上の管理に関する判断要素としては、企業が役務提供者に対し、どのように仕事をするかを命令し、管理することができるかどうか、いつどこで仕事をするか、器具や用具として何を使うか、仕事にあたり誰を雇用するか、どこで物品やサービスを購入するか、役務提供者はどのように行動しなければならないか、誰が物品や器具等を用意するかといったものである。金銭上の管理に関する判断要素としては、費用や投資等に関する関与が判断される。こうした内国歳入庁の指針は、コントロールテストを基本的枠組みとして採用しており、公正労働基準法などの判断と異なり、指揮監督関係に力点を置いているものと位置づけられる。
　この３つの判断要素でも被用者か否かが明確にならない場合には、内国歳入庁は「Form SS-8」というフォーマットに記入し、その記入に基づいて被用者か否かを内国歳入庁が判断する仕組みを利用することを推奨している[384]。この「Form SS-8」というフォーマットは５つのパートに分かれており、①一般情報（general information）に関する11の質問項目、②行動上の管理（behavior control）に関する13の質問項目、③金銭上の管理（financial control）に関する11の質問項目、④労働者と企業との関係（relationship of the worker and firm）に関する10の質問項目、⑤サービスプロバイダーもしくはセールスパーソンの場合の13の質問項目からなる[385]。この「Form SS-8」の

---

[384]　Ibid.
[385]　Department of the Treasury Internal Revenue Service, Form SS-8, Determination of Worker Status for Purposes of Federal Employment Taxes and Income Tax Withholding（https://www.irs.gov/pub/irs-pdf/fss8.pdf）.

記入に基づき、6ヶ月以内を目処に被用者か否かを判断するという。

コントロールテストは数多くの制定法において判断基準として使用されている。その一例を示せば、全国労働関係法（National Labor Relations Act）、Title VII of the Civil Rights Act、障害を持つアメリカ人法（Americans with Disabilities Act: ADA）、年齢差別禁止法（Age Discrimination in Employment Act :ADEA）、被用者退職所得保障法（Employee Retirement Income Security Act）、労働安全衛生法（Occupational Safety and Health Act :OSHA）、労働者調整および再訓練予告法（Worker Adjustment and Retaining Notification Act : WARN）、連邦失業保険税法（Federal Unemployment Tax Act :FUTA）、連邦保険拠出法（Federal Insurance Contributions Act :FICA）、内国歳入法（Internal Revenue Code: IRC）などで、コントロールテストが使用されている。

特定の法律においては、使用者に、被用者であるかどうかを申告する義務が課せられている。連邦所得税法（Federal Income Tax）、連邦保険税法（Federal Insurance Contribution Act）、連邦失業保険税法（Federal Unemployment Tax Act）では、被用者にかかる税金を納める際に、チェックリストに基づいて被用者であるかどうかを申告する義務を使用者は負う。

労災補償制度については、コントロールテストが基本的に使われているが、労災補償法において労働者を広く解釈するという傾向が多くの州において確立されている。労災補償法の目的が、災害を被った労働者に対して補償と保護を与えるものであるということから、労災補償法が一定の労働者を適用除外するということよりも、むしろ包含するということの方が論理的に適切であると考えられている。

2　経済的実態基準

最低賃金と最長時間等に関して規定する連邦法として、公正労働基準法（Fair Labor Standards Act、FLSA）がある。同法は、被用者について「使用者に使用されるすべての個人（any individual employed by an employer）」と定義している[386]。「使用する（employ）」とは、「労働を黙認または許容するこ

---

[386] 29 U.S.C.A 203(e)(1).

とを含む (includes to suffer or permit to work)」と定義される[387]。なお、農業に従事する被用者およびボランティアは公正労働基準法の適用から除外される[388]。

公正労働基準法では、コモン・ローのコントロールテストよりも広い経済的実態基準 (economic realities test) が用いられる。同法の適用にあたって裁判所は、法目的を考慮してその文言を解釈することを求められている[389]。

経済的実態基準の判断要素については、一般的には、下記の6つの判断基準を用いるものである[390]。

①役務提供者が行う業務が会社の事業に不可欠な部分であるか
②役務提供者が経済的な損益に影響をあたえるか (opportunity for profit or loss)
③役務提供者が設備投資や投資を行っているか
④役務提供者の業務がスキルと自発性を求められるものか
⑤関係に永続性があるか
⑥会社の指揮権はどの程度あるか

アメリカにおいて経済的実態基準が使われるようになった背景には、法目的を達成するため、経済的従属性に着目することにより、適用を拡大して解釈することが求められたという事情がある。経済的実態基準は、経済的に従属する労働者を保護することを目的として、法律を適用させるために形成された判断基準として位置づけられている。

たとえば、Rutherford Food Corp vs McComb 事件では、被用者と使用者の問題を解決する明確な基準はないと判示したうえで、公正労働基準法にお

---

387 29 U.S.C.A 203(g).
388 29 U.S.C.A 203(e)(2)(3)(4).
389 Farber, D. A,. 'Statutory Interpretation and Legislative Supremacy' 78 GER.L.J 281, at 281.
390 Pinsof, J,. 'A New Take on an Old Problem: Employee Misclassification in the Modern Gig-Economy', 22 Mich. Telecomm. & Tech. L. Rev. 341 (2016) at 350, Jenna Amato Moran, 'Independent Contractor or Employee?: Misclassification of Workers and Its Effect on the State', 28 BUFF. PUB. INT. L.J. 105, 122 (2010).

ける被用者の定義について被用者の範囲を広く解釈している[391]。この事件においては、公正労働基準法は、法律自体が、経済的強者が経済的弱者に対する行為を是正することに着眼していることを指摘している。ここでは、法目的に沿った解釈がなされており、裁判所は、雇用関係における経済的実態に従い、当該労働者は公正労働基準法における被用者であると判断した。

また、Mednick v. Albert Enterprises 事件においても、「被用者」、「独立契約者」、「使用者」といった文言は、「これらが用いられている立法目的に照らして決せられる」と判断し、公正労働基準法の法目的は、「他者の経済活動における雇用にその生活を依存している者を保護することである」と判示している[392]。

経済的実態基準に基づいて判断する際には、1つの要素だけで被用者性を決定すべきではないと解されており、コントロールテストと判断要素が重なる部分もあるが、複数の要素を総合的に考慮して判断する傾向にある。経済的実態基準に基づいて被用者性を判断する際には、幅広く被用者性を適用できるように解釈されている[393]。

なお、2015年6月には、アメリカ労働省がガイドラインを修正し、使用者によって「労働を黙認または許容すること（suffer or permit）」を被用者性の判断基準で重視することを明らかにし、経済的実態基準を適用することにより基準を拡大して公正労働基準法の適用を受けるように解釈している[394]。具体的には、被用者ではなく独立契約者と認定することは、公正労働基準法上の最低賃金や時間外割増などの基本的権利を享受できず、政府としても税収減につながると指摘したうえで、公正労働基準法上の被用者性については、経済的実態基準に基づいて広範に被用者性を認定するよう、具体的な判断要素を示した行政解釈を示している[395]。

---

[391] Rutherford Food Corp. v. McComb, 331 U.S. 722 (1947).
[392] Mednick v. Albert Enterprises., 508 F. 2d 297.
[393] U.S. Department of Labor, Wage and Hour Division, 2015.
[394] Weil, D., "The Application of the Fair Labor Standards Act's "Suffer or Permit" Standard in the Identification of Employees Who Are Misclassified as Independent Contractors. Misclassification of employees as independent Contractors."
[395] U.S. Department of Labor, Administrator's Interpretation No. 2015-1 (2015).

経済的実態基準を採用している制定法としては、公正労働基準法のほかに、1963年平等賃金法（Equal Pay Act of 1963）、1993年家族・医療休暇法（Family and Medical Leave Act of 1993）、職業安全衛生法（Occupational Safety and Health Administration）などがある。

なお、アメリカの公正労働基準法について補足すると、同法は1938年に制定された法律であり、同法が適用対象とする被用者は、通商に従事する者、または、通商のための生産に従事する者であり、一定の要件を満たす労働者については除外規定が設けられている。また、同法が適用対象とする使用者は年商50万ドル以上で、かつ、州際事業を行う企業、病院、介護施設、学校、公的機関であり、すべての使用者に適用されるわけではない点に留意する必要がある。

同法は、全国法定最低賃金率と、時間外労働の割増率の規定を定めるほか、過酷な年少者労働の禁止、使用者に対して労働時間の記録義務などを課す。多くの部分は各使用者と被用者間の雇用契約に委ねられている。使用者は、「通商に従事しあるいは通商のための商品の生産に従事する被用者」、または「そのような通商や商品生産に従事する企業に雇用される被用者」に対し、最低賃金、および週40時間以上の勤務に対し5割増しの時間外賃金（overtime pay）を支払わなければならない。

同法には、最低賃金や労働時間については適用除外の制度もある。当該個人が見習い工（apprentices）、実習生（trainees）、ボランティア（volunteers）等一定の例外事由に該当すれば、最低賃金や時間外賃金の支払義務は適用されない。管理的被用者（Executive）、運営的被用者（Administrative）、専門的被用者（Professional）、外勤セールスマン（Outside Sales）、コンピューター専門職（Computer Professional）については、最低賃金、時間外労働の適用を受けないとされている。

3　ハイブリット基準

前述のコントロールテストと経済的実態基準の2つのテストの判断要素を織り交ぜたハイブリッド基準（hybrid test）という判断基準も存在する[396]。

裁判所としては、経済的実態に着目しつつ、通常は使用者の指揮命令を重

視するというものであり、コントロールテストと経済的実態基準の双方の判断基準の適用範囲をカバーするものとして位置づけられる。ハイブリッド基準は、主に公民権法第7編や年齢差別禁止法（Age Discrimination in Employment Act）において採用されている。なお、ハイブリッド基準とコントロールテストの違いはあいまいなものとなり、事実上両者は類似するという指摘もある。

4　ABC 基準

連邦失業保険税法（State Unemployment Insurance : UI）においては、コントロールテストの判断基準を利用しつつ、広く被用者性を認める3つの判断基準からなる ABC 基準も採用されている。ABC 基準は、1935年のメイン州の判断に由来するものであり、コントロールテストと経済的実態基準が複雑であることから、シンプルに判断するために採用されているといわれる[397]。マサチューセッツ州は、2004年にコントロールテストをシンプルに3つの要素に限定した ABC 基準を採用し、デフォルトの地位として雇用を推定する仕組みを設定した[398]。もっとも、現時点では、連邦法レベルでは採用されていない。

この ABC 基準の下では被用者の地位が推定され、使用者がその推定を覆すことが求められる。使用者が反証を求められるのは次の3つの要素である。

①役務提供者が業務遂行過程において指揮命令やコントロールを受けていないこと
②役務提供者の業務が使用者の通常のビジネスとは異なるところで行われていること
③役務提供者が自分自身で取引やビジネスを行っていること

---

[396]　Frankel v. Bally, Inc., 987 F. 2d 86, 89 (2d Cir. 1993).
[397]　Dau-Schmidt, K.G., 'The Problem of 'Misclassification' or How to Define Who is an 'Employee' Under Protective Legislation in the Information Age' (2018).
[398]　MASS. GEN. LAWS ANN. ch. 149, § 148B(a)(1)-(3) (West 2014).

150

　このように、ABC 基準は、コントロールテストをより拡大して適用を可能とする基準であり、州法レベルで活用されている。基本的には、3つの要素すべてについて使用者側が立証する必要がある。ABC 基準は、3分の2近くの州で採用されているといわれ[399]、38の州で ABC 基準に分類しうる基準を採用しているという[400]。とりわけ、行政レベルでは ABC 基準を積極的に採用しており、新しい制定法に関しては ABC 基準を採用する傾向にある[401]。

　このように、州法レベルでの利用の拡大により、ABC 基準がアメリカの主要な判断基準になりつつある。

5　基準の相互関係

　では、こうした基準の相互関係や適用範囲はどのように把握できるか。この点はアメリカの研究者による概念整理が有用であり、ここでその整理に依拠してまとめておきたい[402]。

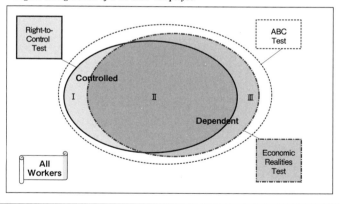

Figure 1: Legal Tests of Who is an "Employee"

399　Sokol, H., 'New York's Fair Play Act Changes Rules of the Road for the Commercial Goods Transportation Industry', (2014) Holland & Knight Alert (https://www.hklaw.com/publications/new-yorks-fair-play-act-changes-rules-of-the-road-for-the-commercial-goods-transportation-industry-01-31-2014/), Pinsof, J., 'A New Take on an Old Problem: Employee Misclassification in the Modern Gig-Economy' (2016) 22 Mich. Telecomm. & Tech. L. Rev. 341.
400　Pearce II, J. A., and Silva, J. P., 'The Future of Independent Contractors and Their Status as Non-Employees: Moving on from a Common Law Standard' (2018) 14 Hastings Bus L. J. 1.

まず、最も狭い判断基準がコントロールテストである（図Ⅰ・Ⅱ）。そして、経済的実態基準があり（図Ⅱ・Ⅲ）、多くの役務提供者は、コントロールテストでも経済的実態基準でも被用者と認められることとなる（図Ⅱ）。ハイブリット基準は、この２つの基準をカバーするものであり、理論的には両者の適用範囲をカバーする。これら３つよりも広い判断基準が、最近採用されつつある ABC 基準である。

そして、コントロールテストで被用者として認められるが、経済的実態基準では被用者とは認められない事案もありうる（図Ⅰ）。たとえば、EEOC v Fawn Vendors 事件では、ハイブリット基準を適用し、コントロールテストでは被用者性が認められる一方、経済的実態基準では被用者性が認められないとしたが、結論として被用者性を認めている[403]。

経済的実態基準では被用者として認められ、コントロールテストで被用者として認められないケースもあるが、今後はデジタルプラットフォームで裁量を有しながら働く者の増加が見込まれ、今後は図Ⅲのケースの増加が想定される。ABC 基準が最も適用範囲が広く、かつ、シンプルな基準で予測可能性も高い基準として位置づけられる。

第3款　州法レベルの対応

アメリカでは、州法のレベルにおいて、被用者性の判断基準を独自の点から展開しているところも見受けられる。そこで、特徴的な点をここでまとめておくことにしたい。

1　ボレロ基準

カリフォルニア州の最近のケースで使用されている判断基準がボレロ基準（Borello test）である。1989年の S. G. Borello & Sons, Inc. v Dept. of Industrial Relations 事件[404]に由来する基準であり、使用者のコントロールを加味しつ

---

[401]　Dau-Schmidt, K. G., supra note 394.
[402]　Ibid.
[403]　EEOC v Fawn Vendors, 965 F. Supp. 909（S.D. Tex. 1996）.
[404]　S. G. Borello & Sons, Inc. v Dept. of Industrial Relations, 48 Cal. 3d 341（Cal. 1989）.

つも、役務提供者の使用者に対する経済的従属性や、労働の性質と使用者の事業との関連性に重点を置く基準として理解されている。

具体的には、個人のサービスが職業（occupation）か事業か、通常の事業の一部の労働かどうか、経費負担を発注者と役務提供者のどちらがしているか、仕事に必要な投資は役務提供者自らが行うかどうか、求められるサービスが特別なスキルを必要とするかどうか、発注者の監督下にあるかどうか、損失が役務提供者自らの管理能力によるかどうか、従事する時間の長さ、仕事上の関係の永続性の程度、時間単位か業務単位かの報酬支払いの基準、発注元と発注先のどちらかが雇用関係が成立していると感じているかどうかといった要素である。

2　雇用の推定

カンザス州とメイン州は、雇用の推定規定を設けて対応しているという[405]。たとえば、メイン州では意図的な非雇用化に対応するために、こうした被用者を推定する対応を行っているという。これにより労働者災害補償保険、失業、税や源泉徴収を、独立契約者とすることで適用を回避することを防ぐことを目的に行われている[406]。

3　商業製品運輸産業フェアプレイ法

ニューヨーク州では、商業製品運輸産業フェアプレイ法（Commercial Goods Transportation Industry Fair Play Act）が2014年4月10日に施行された[407]。この法律は、ドライバーが被用者もしくは独立した独立契約者であるかどうかを判断するための新しい基準を作成したものである。新しい法律は、彼らのサービスのための支払いは（法律で必要な場合）、連邦所得税のフォーム1099に報告されていない限り、このような労働者が被用者であることを前提としている。

---

[405]　ME. REV. STAT. ANN. tit. 26, §1043(11)(E) (2014), KAN. STAT. ANN. §44-703(i)(3)(D) (West 2014).
[406]　http://www.maine.gov/labor/misclass/index.shtml
[407]　https://www.dol.gov/whd/workers/misclassification/

第3節　全国労働関係法における「被用者」

　全国労働関係法（National Labor Relation Act）については、被用者を「すべての被用者を含む」と定義しているが[408]、ワグナー法時代のケースである1944年の NLRB v. Hearst Publications 事件において、新聞配達員の被用者性をめぐって争われた[409]。連邦最高裁判所は同事案において次のように言及している。

「法的解釈が分かれ争いとなるものが最も多いのは、契約関係が使用者と被用者の関係なのか、それとも個人事業主が相手なのか判然としないケースである」

　本件では、newsboy と称されていた街頭で新聞を販売する新聞販売員の被用者性が争われたが、最高裁は、団体交渉を促進し、交渉力の不平等性を是正することがワグナー法の目的であること、このような交渉力の不平等性の是正の必要性はワグナー法の目的とは無関係な伝統的な法的判断基準により独立契約者と区別される被用者にのみ妥当するものではないと判示し、「判断が微妙な事例においては従来確立されてきた法的分類方法により技術的にかつ専らこれによってではなく、規定による経済的な自立によって」被用者であるか否かを決定すべきであると判断した[410]。
　最高裁は、被用者性の判断基準は、「独立契約者と区別する伝統的コモン・ローにおける『被用者』の基準に制限される理由はない」として、コモン・ロー上の代位責任における被用者性の判断基準にとらわれるのではなく、経済的な事実をふまえて、被用者性を広く解する立場を明らかにした点に特徴がある。結論として、全国労働関係法における被用者であると判断した。こ

---

[408]　29 U.S.C. 152(3).
[409]　NLRB vs Hearst Publications, Inc., 322 U.S 111（1944）.
[410]　竹内（奥野）寿「アメリカ全国労働関係法における被用者概念——独立契約者との区別に焦点をあてて」荒木尚志ほか編『労働法学の展望　菅野和夫先生古稀記念論集』（有斐閣、2013年）579頁以下。

の事案において経済的実態基準を重視する判断基準を採用して新聞配達員を被用者と認めた[411]。

しかし、タフレー・ハートレー法の改正により、独立契約者は適用除外とされる法改正がなされている[412]。すなわち、同判決から3年後、連邦議会は、NLRB vs Hearst Publications事件に対する回答として、法の適用対象から独立契約者と監督者（supervisor）を適用除外とした。現在では、全国労働関係法の2条(3)は、「被用者」の定義として「すべての被用者を含む」としたうえで、労働紛争中あるいは不当労働行為のため就労していない者も、ほかで実質的に同等の常勤職を得ていない限り被用者に含まれる、と定めている。そして、被用者から適用除外されるものとして、農業労働者、家事使用人、親または配偶者により使用される者、独立契約者、監督者、本法の使用者以外の者に使用される者、を列挙する[413]。

被用者か独立契約者かの判断は、コントロールテストが主たる基準で使われているが、判断が微妙になるケースも少なくない。その後の全国労働関係法における被用者性の判断は、コモン・ロー上の代理テストに基づいて被用者か独立契約者かを区別するものとなっており、基本的には事案の具体的事情を総合考慮する立場を採用している[414]。そのなかでも独立の事業者として損益についての企業家的機会を有するか否かに重点が置かれた判断がなされている[415]。

---

[411] NLRB v. Hearst Publications, Inc., 322 U.S. 111 (1944).
[412] アメリカ全国労働関係法における被用者性については、既に一定の研究がなされており、ここでの記述は先行研究に依拠している。中窪2010・46頁、永野秀雄「『使用従属関係論』の法的根拠」金子征史編著『労働条件をめぐる現代的課題』（法政大学出版局、1997年）159頁、200-213頁、奥野・前掲注410) 論文。
[413] 中窪2010・46頁。
[414] 奥野・前掲注410) 論文582頁以下。
[415] 奥野・前掲注410) 論文588頁以下。

第4節　アメリカにおける「使用者」概念

　アメリカの「被用者」の概念を理解するうえでは、あわせて「使用者」の概念を理解しておくことも有用である。ここでその詳細に立ち入ることはできないが、アメリカの「使用者」概念についてもその概略を紹介しておきたい。

　アメリカにおいても、被用者の契約上の相手方が「使用者」としての立場を有するが、雇用契約上の使用者以外の者が責任を負うかどうかが争われている。アメリカ法の特徴は、「共同使用者（joint employer）」の法理が展開されている点にある[416]。共同使用者として、使用者としての責任を負う主体は誰かが重要な争点となっており、「共同使用者」概念は、労働者派遣・リースや業務下請という複数使用者労働関係の下において、誰が使用者に当たるのかという問題について判断する際に適用される。

　公正労働基準法は、「使用者」に対して、最低賃金以上の賃金を支払い、また法定の労働時間を超えて労働させる場合に割増賃金支払義務を課す。公正労働基準法においても共同使用者の法理が適用され、共同使用者とされると連帯して未払の法定賃金の支払責任を負う。公正労働基準法上の共同使用者性の判断は、経済的実態基準によって判断され、コントロールテストでは認められない場合であっても、第三者は共同使用者とされうる[417]。

　全国労働関係局（NLRB）は、使用者の団体交渉義務や不当労働行為責任との関係において、共同使用者の判断基準を柔軟化し、間接的な支配によっ

---

[416] ここでの共同使用者の法理に関する記述は先行研究に依拠にしている。奥野寿「米国労使関係法における『単一使用者』・『共同使用者』法理」立教法学73号（2007年）281頁、趨庭雲「アメリカ複数使用者労働関係法理の展開」九大法学97号（2008年）550頁。アメリカの使用者性に関する総合的な検討として、小宮文人「アメリカの使用者概念・責任」季労219号（2007年）118頁、土岐将仁「法人格を越えた労働法規制の可能性と限界──個別的労働関係法を対象とした日独米比較法研究(1)～(6)」法協134巻5号（2017年）669頁、6号（2017年）962頁、8号（2017年）1411頁、9号（2017年）1633頁、10号（2017年）1934頁、11号（2017年）2186頁、同「フランチャイジーの労働者に対するフランチャイザーの労働法上の責任──アメリカにおける議論状況」労研678号（2016年）63頁。

[417] 土岐・前掲注416）論文・法協9号（2017年）1659頁以下。

てもこれを肯定しうると解している。労働契約上の使用者以外の第三者が契約上の使用者と共に、共同使用者と認められるためには、「コモン・ロー上の使用者」であって「重要な労働条件を左右する事項を共有し、または共同決定している」ことが必要とされる。この「重要な労働条件」として、「採用、解雇、懲戒、指揮および監督といった雇用関係に関係する事項」が例としてあげられる。

第5節　小括

　アメリカの雇用関係法は、典型的な雇用関係を想定しない形で発展してきたといわれる[418]。アメリカにおける被用者概念の特徴は次のような点に基礎づけられる。
　第1に、アメリカ法の特徴の1つは、コモン・ロー、連邦法、州法等や法律によって、異なる判断基準を採用していることである。たとえば、税法の適用範囲を決めるIRS基準は、20の要素から決定しているのに対し、失業保険は州法レベルによって異なる扱いを許容している[419]。公正労働基準法は6つの判断要素からなる経済的実態基準を採用している。
　第2に、被用者の範囲が多様であるということにより、労使がどの法律が適用されるのかを認識することが困難になるということである。学説の指摘によれば、アメリカの労働者や使用者にとっては、いつ、どのように、労働法の適用が及ぶのか判断するのが困難であり、労働者にとって予測可能性に欠けるという状況が生まれる。一方の法律では被用者として扱われ、他の法律では独立契約者として扱われるなど、混乱も生じるという[420]。
　第3に、問題となるのは、個別の制定法が被用者性の判断に資するような

418　Karen R. Harned, Georgine M. Kryda, and Elizabeth A. Milito, Creating a Workable Legal Standard for Defining an Independent Contractor, 4 J. Bus. Entrepreneurship & L. Iss. 1 (2010), p 99.
419　De Silva 20-22.
420　Karen R. Harned, Georgine M. Kryda, Elizabeth A. Milito., Creating A Workable Legal Standard for Defining an Independent Contractor, 4　J. BUS. ENTREPRENEURSHIP & L. 93, 100 (2010), at100.

明確な目的を明らかにしていない場合である。法の趣旨がはっきりしなければ、その目的に沿った法解釈は困難であり、こうした複数の基準があることによって、誤った判断がなされる可能性も高まる。被用者と独立契約者の定義が法律によって異なり、各担当省庁によっても取り扱いが異なるために、グレーゾーンはなくならない状況にある。

　アメリカでは伝統的にコントロールテストが使われてきたが、最近では判断基準をシンプル化したABC基準が採用されている。複雑かつ複数の判断基準を併用して適用範囲を決めていくアプローチは、労使当事者を混乱させるだけでなく、労働政策としても非効率であるという点が研究者から指摘されており、その点は示唆的といえよう。

第4章　雇用関係の構造

　テクノロジーが発達するなか、イギリスとアメリカの両国は新たな法的問題に直面している。それは、プラットフォーム企業を通じた新たな働き方をめぐる問題である。

　これまでの労働法が想定していた働き方は、垂直統合型の組織関係である。工場労働を想定した垂直型組織における労働問題を解決するために労働法は発展してきたが、指揮命令関係を基礎とする垂直的な組織の統合システムは、水平型のネットワーク型社会に移行しつつある。社会がより多様化・複雑化し、市場や技術がより発展するなかで、新たな働き方に対する法的対応が求められるようになっている。

　このような状況のなか、イギリスでは、第3のカテゴリである「労働者」概念を適用してオンデマンド労働に従事する者を救済する動きがある一方で、雇用契約自体の見直しの議論や、「労働者」概念を再構成する議論も行われている。他方で、アメリカでは、シェアリング・エコノミーをめぐる訴訟が提起されている。また、「独立労働者」概念を想定し、これまでの労働法の枠組みにとらわれない法的規制のあり方も論じられている。もっとも、議論は法学者や政府委員会報告によるものまでさまざまなものがあり、そこで提示されている選択肢も一様ではない。

　本章では、シェアリング・エコノミーの基本的特徴をとらえたうえで、アメリカとイギリスにおける雇用関係の再構成をめぐる議論を検討する。諸外国においても最近になって議論が本格化した段階にあるが、将来的に必要な議論をするための課題を展望する意味もある。雇用関係の構造と法理論を理

解するための新たな働き方とイギリスとアメリカにおける学説および政府委員会報告の議論を検討する[421]。

以下では、新しい働き方であるシェアリング・エコノミーと Uber 訴訟をめぐる議論について検討を行う（第 1 節）。続いて、イギリスにおける雇用契約をめぐる学説の見解を紹介し（第 2 節）、アメリカの労働者性の概念をめぐる学説の改革案をみていく（第 3 節）。最後に、ILO やイギリスやアメリカ以外の諸外国の動向を概括的にみていくこととする（第 4 節）。

第 1 節　シェアリング・エコノミーと雇用関係

スマートフォンやアプリなどの技術革新により、これまでと異なる「労働」のあり方が生まれようとしている。なかでも顕著なのは、ここ数年で急速に進んでいる「シェアリング・エコノミー（Sharing economy）」とよばれる現象である[422]。

アメリカをはじめとして世界各国において、スマートフォンのアプリによって個人の需要と供給がマッチングするサービスが多様な分野で急速に拡大している。それはモノのシェアにとどまらず、個人によるサービス提供の需要と供給をオンデマンドでマッチングするサービスである。そうしたシェアリング・エコノミーの典型が自動車の「ライドシェア（相乗り）」サービスであり、その利便性から、アメリカやアジアでは一般的な交通手段となっている。

わが国においても、インターネットを通じて仕事を仲介するクラウドソーシングが急速に拡大している。「働き方改革」が安倍政権最大のチャレンジと位置づけられていることを背景に、経済産業省は「雇用関係によらない働

---

[421] シェアリング・エコノミーをめぐる法的対応は各国で流動的な状況であり、本書の記述は 2018 年段階の整理にとどまる。
[422] シェアリング・エコノミーを雇用の面から論じたものとしては、大内伸哉『AI 時代の働き方と法』（弘文堂、2017 年）、中村天江「プラットフォーマーと雇われない働き方」季労 256 号（2017 年）68 頁、菅俊治「『ライドシェア』導入に向けた動きと国家戦略特区法改正」季刊・労働者の権利 317 号（2016 年）66 頁がある。

き方」について検討を開始した状況にある[423]。

　オンデマンドの働き方が世界各国において急速に広まるなか、労働法はこうした現象に対してどのように対応すべきかが問われている。問題は、どのような基本的視点に基づいて、こうした働き方に対応した労働法を構想するかであり、この点についての検討は本格化していない。労働法は、社会構造の変化のなかで、新たな対応を選択すべき時期が近づいている。

第1款　シェアリング・エコノミーと雇用環境の変化

　シェアリング・エコノミーは多義的な概念であり、こういった現象を表現するうえで他の用語が使われることもある。まず、急速に拡大しているシェアリング・エコノミーの動きをとらえておこう。

1　シェアリング・エコノミーとは何か

　シェアリング・エコノミーとは、場所・乗り物・モノ・人・お金などの遊休資産をインターネット上のプラットフォームを介して個人間でシェアしていく新しい経済活動といわれる[424]。車をシェアする「カーシェアサービス」や「ライドシェア」により、保有せずに、必要なときに必要なだけのモノを使うことができるサービスが定着してきている。お金さえ出せば買えるコモディティ的なモノやコトよりも、お金では買えない得がたいものに、より価値が規定されつつある。「モノを保有しない生活」がもてはやされる時代となった。インターネットを介して、使われていない資産を活用するというのが概念の核心部分であり、インターネットを介して需要と供給をつなぎ、余剰の時間や所有物を利用して収入を得る新しい経済体系といえよう。

　日本でも徐々に拡大しているものとしてクラウドソーシング（crowdsourcing）がある。クラウドソーシングとは、インターネットを通じ、グローバ

---

[423]　経済産業省は「『雇用関係によらない働き方』に関する研究会報告書」（2017年3月）、厚生労働省は「一人ひとりが輝くために懇談会」を開催し、「『働き方の未来 2035』報告書」（2016年8月）を公表している。

[424]　シェアリング・エコノミーの特徴については、アルン・スンドララジャン（門脇弘典訳）『シェアリング・エコノミー』（日経BP社、2016年）、宮崎康二『シェアリング・エコノミー』（日本経済新聞社、2015年）。

ルに、組織と企業、個人をつなげるオンライン・プラットフォームを通じて遂行される仕事を指すものであり、プラットフォームを通じて行われる仕事は多岐にわたる。これも、インターネットを介して外部の個人に仕事を発注するものであり、空き時間をシェアするという意味で、シェアリング・エコノミーの1つとして位置づけられている[425]。

　シェアリング・エコノミーに統一された定義はなく、多義的な概念であるという認識も共通化しつつある。シェアリング・エコノミー研究の第一人者であるニューヨーク大学経営大学院教授のアルン・スンドララジャンは、シェアリング・エコノミーを次のような特徴を備えたものと定義する[426]。

1　おおむね市場に基づく―財の交換が行われ新しいサービスが生まれる市場が形成され、より潜在力の高い経済活動が実現する。
2　資本の影響力が大きい―資産やスキル、時間、金銭など、あらゆるものが最大限活用される新しい機会が生まれる。
3　中央集権的組織や「ヒエラルキー」よりも大衆の「ネットワーク」が力を持つ―資本と労働力を供給するのは、企業や政府ではなく分散化された個人となる。ゆくゆくは取引を仲介するのも、中央集権的な第三者ではなくクラウドベースの分散型市場となる可能性がある。
4　パーソナルとプロフェッショナルの線引きが曖昧―車での送迎や金銭の貸し借りといった、従来「私的」とされてきた個人間の行為が労働とサービスの供給源となり、しばしば商業化・大規模化する。
5　フルタイム労働と臨時労働、自営と雇用、仕事と余暇の線引きが曖昧―伝統的にフルタイムとなっている仕事の多くは、案件ごとに拘束時間や稼働率、従属度、独自性のレベルが異なる請負仕事に取って代わられる。

　論者によってシェアリング・エコノミーの概念は異なる状況にあるが、その基本的特徴は次のように指摘できよう。すなわち、第1に、シェアリン

---

[425]　宮﨑・前掲注424）書186頁。
[426]　アルン・前掲注424）書51頁。シェアリング・エコノミーをこうした5つの特徴を有するとしつつ、同教授は、「クラウドベース資本主義」という用語で説明している。

グ・エコノミーにはプラットフォーム企業が存在する、第2に、プラットフォーム企業は、ウェブサイトやスマホのアプリを通じて取引の仲介を行う、第3に、プラットフォーム上では、モノやサービスを提供する人と、そうしたモノやサービスを求める人が取引を行う、という特徴をそなえる[427]。

そこで中心的役割を担うのがプラットフォーム企業であり、スマートフォンのアプリなどのインターネット技術を活用し、需要と供給をマッチングさせ、金銭的な管理も行う、事業のいわばプラットフォームを担うことになる。

なお、シェアリング・エコノミーとは別の名称で呼ばれることも多く、アメリカでは、ギグ・エコノミー（Gig Economy）と呼ばれることも多い。ギグ・エコノミーとは、インターネットを通じて単発の仕事を受注する働き方や、それによって成り立つ経済形態のことの呼称として使われている。バンドの単発ライブの「ギグ」が由来となっている。こうした形態で働く者は、ギグ・ワーカー（Gig worker）、オンデマンド・ワーカー（On Demand Worker）、オンデマンド・エンプロイメント（On Demand Employment）などとよばれる。

また、シェアリング・エコノミーやギグ・エコノミーといった用語が実態を適切に示していないとして、あえてこうした用語の使い方を避けて、オンデマンド・エコノミー（On-Demand Economy）という名称を使うべきであるという指摘もある[428]。IT技術を媒介に需要と供給を結びつけるサービスは、経済的なニーズに基づいて、需要に応じたオンデマンドで働く者を創出することになる。

2　シェアリング・エコノミーの展開

シェアリング・エコノミーの中心地であるアメリカでは、さまざまな種類や業種で展開されている。P2P宿泊サービス、ライドシェア、カーシェア、クラウドソーシングなどの新しい取引を含むものである。具体的には、空き部屋を人に貸すサービス（Airbnb）やインターネットを使ったオンデマンド

---

[427] 宮﨑・前掲注424）書21頁。
[428] Freedland, M. R. and Prassl, J., (2017), 'Employees, Workers, and the 'Sharing Economy': Changing Practices and Changing Concepts in the United Kingdom', University of Oxford Legal Research Paper Series No. 19/2017. （SSRN: https://ssrn.com/abstract=2932757）.

のライドシェア（Uber、Lyft、Sidecar）が有名だが、その他にもサイト制作やデザインなどの受注（Crew）、オンデマンドの便利屋サービス（TaskRabbit、Handy）、ビジネス管理（BreezeWorks）、他人に愛犬をあずけるサービス（DogVacay、Rover）、食事を提供するサービス（Feastly、EatWith）など、シェアリング・エコノミーをめぐる事業はアメリカにおいて多様な分野で展開されている。

アメリカでは、シェアリング・エコノミーとよばれるサービスで収入を得たことがある人は、すでに約4,500万人いるといわれる[429]。その半数以上が、18歳から34歳の若者である。副業を含めてフリーランスで収入を得ている人は労働人口の34％にあたる5,300万人とされる統計もある。2020年には労働人口の約半数がこうした働き方に移行すると予測されている。生産性が上がって少ない労働力で生産ができるようになると、少ない労働力に富が集中して、格差が生じることになる。

アメリカでは、「ひとりの従業員にひとつの職務」という伝統的な雇用モデルの融通のきかなさがデメリットであると認識されるようになっている。アメリカの調査によれば、独立した就業者は、仕事に満足してやりがいを感じている場合が多く、自主性・柔軟性・裁量の大きさを重視しており、それは仕事だけではなく生活も重視したいという欲求につながっている[430]。雇用の流出がはじまっており、雇用機会は減少している。フルタイムの職を大きく減らし、フリーランスへの業務委託を増やすことになる。

イギリスにおいても、いわゆるフリーランスによる働き方が増加傾向にあるという。イギリス国内で行われたフリーランスに関する最新の調査結果では、もし今の勢いでフリーランスが増加し続けるとすれば、2020年には自営業として働く人が労働人口の50％にまでなる可能性があるという。

こうした動きは、アメリカを中心に、アジアやヨーロッパなどの世界各国において展開されており、急速に進展している。

---

[429]　Katy Steinmetz, 'How Big the Gig Economy Really Is', TIME, Jan. 6, 2016（available at http://time.com/4169532/sharing-economy-poll/）.

[430]　pwc, 'Work-life 3.0: Understanding how we'll work next'（2016）（https://www.pwc.com/us/en/advisory-services/publications/consumer-intelligence-series/work-life.html）.

3 シェアリング・エコノミーの特徴

では、シェアリング・エコノミーによって提供されるサービスは、どのような特徴を備えているか。いわゆるフリーランスとよばれる働き方に類似する部分もあるが、それだけではとらえきれない部分もある。基本的特徴として次のような点を指摘できよう。

第1は、個人と職業の融合である。これまでにも、友人を車で送ったり家に泊めたりすることは、プライベートの領域で行われてきた。それがプラットフォーム企業を介してサービスを提供することにより、個人は生活の延長線上で金銭を受け取り、職業的な活動を行うことができる。空いている時間を収益化でき、サービスを提供する時間を選択できるという点において、ワークライフバランスの観点からもメリットを感じる人も多いという。プラットフォームを通じたサービスの提供は、柔軟に働くことを可能にし、仕事の自由度も高くなる。専門能力を有する個人は、特定の組織に縛られることなく仕事を見つけるのが容易にもなる一方で、企業としても、プラットフォームを通じて仕事を外部化することにより業務の効率化が可能となる。

第2に、オンデマンド労働力の出現である。これまでの雇用は、労働契約を締結することにより、基本的には継続的な関係が維持されることがその前提であった。シェアリング・エコノミーによるサービスの提供は、需要と供給に応じたオンデマンドの関係になる。シェアリング・エコノミーは、新たな需要を掘り起こすという側面もあるが、従来型の継続的な契約関係とは違う形態ということもできるであろう。そのため、シェアリング・エコノミーは雇用の受け皿として安定した雇用を生み出していないという指摘もある。アメリカでは、労働生産性が上昇する一方で、雇用が減少するという、労働生産性と雇用の乖離という現象も起きている。

第3は、雇用と自営の線引きがあいまいになるということである。歴史上、労働法は、農業社会から機械化・工業化への転換期において、社会経済的に由来する課題を解決すべく生まれてきた。そこで基本的に想定される関係は、企業と継続的な契約関係に基づいた「労働」であり、労働法は、指揮命令下で働く「従属労働」をその基本的な対象とする法分野として生まれ、発展してきた。テクノロジーの発達によって生まれたシェアリング・エコノミーに

よるサービスの提供は、指揮命令や時間的拘束といった要素がなくとも、サービスの提供が可能となる環境が形成されつつある。雇用を前提としたサービスの提供だけでなく、シェアリング・エコノミーの発展により、働き方の前提が変化しようとしている。

　第4に、可視化が困難な労働の出現である。空き時間にプラットフォーム企業を通じて複数の作業に従事する人が増えれば、社会にどれくらい雇用が存在するのか把握することは困難になる。実際、アメリカやイギリスにおいて、急激に拡大するシェアリング・エコノミーで働く人の数を政府でも把握できていない実態がある。またオンデマンド労働者が増えることにより、失業と就業の線引きをすることも難しくなる。

　第5に、個人同士の信頼関係の醸成である。アメリカにおいて爆発的に利用者が増えている背景には、デジタルプラットフォームによって知らない者同士でも信頼し合うことが可能になったという点が大きい。たとえば、ライドシェアであれば、ドライバーが乗客から評価されるだけでなく、乗客のほうも、過去に利用したドライバーから評価を受けているため、双方が知らない者同士でもつながりあうことができる。また、クレジットカードで決済をすることにより、料金の支払いをめぐるトラブルも少なくなることも、個人同士がつながるメリットになる。現代の希薄になりつつある人間関係の中で、親密な関係をつくりだすことが容易となったという点が、シェアリング・エコノミー拡大の大きな要素となっている。その利便性とニーズからすると、シェアリング・エコノミーの形態は、世界各国で拡大していくことは必然といえよう。

　オンデマンド労働が社会的に「革新的」であるのは、硬直的であった労働市場を、フレキシブルにリアルタイムに増減させることができるという点である。従来ではできなかったほどのきめ細かな仕事と人とのマッチングが技術的に可能になったことで、さらに労働市場の細分化が進んだことになる。働く側も、オンデマンド的な働き方を好む、あるいは不本意ではあっても全く働けないよりはよい、という人が相当数存在していることを示している。

　こうしたシェアリング・エコノミーをめぐる最大の論点は、シェアリング・エコノミーで働く者が労働法の適用を受けるか否か、という点にある。

シェアリング・エコノミーをめぐっては、その契約関係を労働者と使用者の関係ととらえるべきか、それとも企業と独立自営業者の関係とするのかが判然としない。現行の制度では、労働者と認められれば、労働法上の保護や被用者が利益を享受できる社会保障法制が適用されることになる。他方で、労働者と認められない場合には、企業が社会保障等の経費を負担せず、企業はその活動に関与する人々の生活の安定に関与しないという結果が導かれる。

バージニア州選出上院議員のマーク・ウォーナーは次のように語っている。

「大勢のアメリカ人が空き部屋を貸したり、ウェブサイトをデザインしたりすることで追加収入を得ており、自家用車を運転して稼いでいる人もいます。こうした『オンデマンド』あるいは『ギグ』とも呼ばれる経済は魅力的な機会とイノベーションを生み出していますが、同時に労働者保護のあり方や望ましい働き方が今後変わるのかという難しい問題を提起してもいるのです。」

アメリカやイギリスでは、シェアリング・エコノミーをめぐって、その被用者性を争う数多くの訴訟が提起されている。また、2015年の調査では、Uber のドライバーの3人のうち2人は自分を利用者ではなく個人事業主だと考えているという結果が出ている。オンデマンドの働き方について、こうした被用者か否かで、二分法的に判断することが適切かどうかがまさに問われる状況となっている。

第2款　ライドシェアと Uber 訴訟

世界各国において、ライドシェアサービス最大手の Uber（Uber Technologies, Inc）をめぐって訴訟が提起されている。アメリカでは Uber を相手方に70件以上の訴訟が提起されているといわれ[431]、イギリスにおいても2016年に Uber をめぐる初めての判断が雇用審判所であり、注目されている。

その主たる争点は、ドライバーとプラットフォーム企業の Uber が雇用関係にあるかどうかという点にある。ここでは、Uber とライドシェアビジネ

---

[431] Marisa Kendall, 'Uber battling more than 70 lawsuits in federal courts', The Mercury News, July 18, 2016（available at https://phys.org/news/2016-07-uber-lawsuits-federal-courts.html）.

スの基本を確認したうえで、アメリカとイギリスの訴訟の動向について概観したい。

1 ライドシェアとUber

　ライドシェアとは、スマートフォンのアプリを使って一般のドライバーと乗客を結びつける新たなサービスである。Uberは、2009年3月にTravis KalanickとGarrett Campがサンフランシスコで創業した企業であり、2016年現在、Uberのサービスは76カ国473都市に拡大、ドライバーの登録数は29万人、毎月6万人が新たに登録しているといわれる[432]。現在のライドシェア市場において世界最大手の企業となっている。

　ライドシェアサービスの基本的な仕組みは、①乗客がスマホアプリで現在情報を利用した配車リクエストをする、②目的地を入力するとドライバーのスマートフォンに地図が反映される、③支払いは事前に登録したクレジットカードから自動で行われる、④ドライバーと乗客が互いに評価をする、というものである。

　ドライバーは、スマートフォンにアプリをダウンロードし、クレジットカードを登録すればすぐにライドシェアを開始できる。空車の位置がアプリ内にリアルタイムで表示され、リクエストがかかると車とマッチングされる。乗客が配車を依頼すると数分で車が到着し、乗車する場所や行き先もアプリを通じてドライバーに伝えられる。

　顧客がサービスの内容を直接評価しランク付けする。顧客の評価が悪ければ、事業を続けられなくなる仕組みであり、お互いを評価するシステムによってサービスの質も担保されることになる。

　地域やメニューによるが、料金は従来のタクシーサービスに比べて相当安く設定されるという。支払いの処理は事前に登録されたクレジットカードで行うため、運転手は関わらなくてよい。アプリにクレジットカードを登録するため、運転手と顧客で現金のやりとりがなく支払いの手間がない。また、

432　こうしたUberの成り立ちと経緯については、Swisher, K., 'Man and Uber Man', VANITY FAIR, Nov 18, 2014（available at http://www.vanityfair.com/news/2014/12/uber-travis-kalanick-controversy）。

不当に料金を取られるということも起こりにくいというメリットもある。

　これまでのタクシー業において、経験が必要とされていたのは「道を知っている」ことであったが、ここは GPS・地図情報・交通／渋滞情報などをリアルタイムに活用することで克服できる。ドライバーとして働く側にとっても、自分の裁量でスケジュールを管理でき、道に詳しくない人もドライバーとして働くことができるという点においてメリットがある。車とスマートフォンさえあればはじめられるため、その多くが本業を持ち、副業としてライドシェアに携わっているという。保険やガソリンなどの経費は基本的に自己負担となる。保険については、Uber 側で補償する仕組みを制度化しているという。

　現在、Uber はさまざまなサービスを展開している。「uberX」では、利用料金を通常のタクシーの約半額にしている。支払いの手間もかからず、顧客は従来よりも安い料金でタクシーを利用できる。また、目的地が同じ方向のユーザーを同乗させ、料金を分担する「uberPOOL」というサービスもスタートしている。

　このように、乗客には、スマートフォンのアプリの画面をタップすれば、どこでも配車サービスを利用することができ、従前のタクシー事業よりも安価で利用できるという利便性があるのがライドシェアである。金銭のやりとりを伴うことより、個人間の車の送迎が職業的色彩を帯びることになる。

　ライドシェアの利便性は社会的に大きなインパクトをもたらし、Uber のサービスは世界的に拡大している。その一方で、ライドシェアをめぐって交通事故などのトラブルも報道され、また、仕事を奪われたとして、タクシー会社の運転手が抗議デモを行う事態もおきている。

2　アメリカにおける Uber 訴訟

　アメリカではシェアリング・エコノミーをめぐる事案で、その被用者性を争う数多くの訴訟が提起されている。典型例は Uber の運転手をめぐる訴訟であり、Uber が働き方を厳しく管理しているにもかかわらず、独立契約者であるとして労働関係法令の適用を回避しているというクラスアクションである。ここでは先例とされている 2 つの事案を紹介したい[433]。

カリフォルニア州労働委員会の事案として、Uber Technologies, Inc. v. Barbra Berwick 事件がある[434]。Uber の下でサービスを提供していたドライバーが Uber の被用者であるとして、Uber に対して雇用期間中の賃金等を請求した事案である。これに対し、Uber はドライバーと乗客をつなぐプラットフォームを提供する企業であって、雇用しているわけではないと主張した。

カリフォルニア州労働委員会は、Uber とドライバーの関係を次について、次のような認定をしている。特徴的な点を指摘すると、Uber はドライバーと乗客の"Administrative Support"をしている、180日間乗務がない場合はアプリが一方的に失効する、サービスを評価するレーティングが4.6を下回るとアプリへのアクセスが中断される、Uber はドライバーが相応のデバイスを持っていない場合はそれを提供する、犯罪歴や口座情報、車の情報などを提出しなければならない、価格設定は Uber が行っていてドライバーと乗客で交渉が出来ない、乗客に直前でキャンセルされてもキャンセルフィーは必ずしももらえるわけではない、Uber のアプリの提供がないと業務ができないことなどを認定した。

そのうえで、被用者性を判断するボレロ基準を適用して、Uber の下でサービスを提供していたドライバーは Uber の被用者であると判断したが、賃金請求については証拠がないとして、Uber に対して経費等約4,152ドルを支払うように命じた。Uber は不服としてサンフランシスコ郡高等裁判所に控訴している。

---

[433] アメリカの記述については、主に以下の文献に基づいている。Chelly, M. A., 'Beyond Misclassification: The Digital Transformation of Work', Comparative Labor Law & Policy Journal 37, 577-602. Tomassetti, J., 'Does Uber Redefine the Firm? The Postindustrial Corporation and Advanced Information Technology', (2016) Hofstra Labor and Employment Law Journal No 34. また、アメリカにおけるシェアリング・エコノミーと被用者性に関する最近の文献として、オカケイコ「ギグエコノミーにおける働き方と労働者性——米国を例として」阪大法学67巻3・4号（2017年）605頁、藤木貴史「アメリカにおけるギグ・エコノミーをめぐる政策議論」連合総合生活開発研究所『非正規労働問題の今後の課題を探る——非正規労働の現状と労働組合の対応に関する国際比較調査報告書』（2017年）155頁、同「アメリカにおけるプラットフォーム経済の進展と労働法の課題」季労261号（2018年）62頁。

[434] Uber Technologies, Inc. v. Barbra Berwick, Case No: 11-46739 EK（2015）．

また、カリフォルニア州で争われた Douglas O'Connor v Uber Thchnologies Inc 事件においても被用者性が肯定されている[435]。同事件において、Edward M. Chen 判事は、「労働形態を分類する従来の基準は、ごく新しい"シェアリング・エコノミー"とは大きく異なる経済モデルのもとで変化したため、それを Uber のビジネスモデルに当てはめるのは非常な困難をともなう。このような状況では、これまで分類基準として用いられた多くの要素はおそらく時代遅れであろう。（中略）立法府や控訴裁判所は、いずれ新たな経済モデルに合わせて基準を修正あるいは刷新することになる可能性がある。立法府はいわゆる『シェアリング・エコノミー』に特化した規則を制定すると考えられる。それまでは、本裁判所は従来の多元的基準を適用する任を負う。」とした[436]。そして、ボレロ基準を適用したうえで、ドライバーの被用者性を肯定している。

ここに従来の判断基準に対する裁判官の率直な問題点の指摘がなされているといえよう。裁判所の反応からは、被用者に当たるか否かの既存の判断基準が、シェアリング・エコノミーのもとではもはや機能していないことが明確に示されている。

シェアリング・エコノミーで働く者の被用者性を否定する判断もなされている。たとえば、フロリダ州では、失業保険のケースにおいて、フロリダ州の控訴裁判所は、Uber の運転手がフロリダ州の失業保険の法令に基づく給付の目的のために被用者か否かが争われたが、被用者には該当しないと判断した[437]。

ここでの被用者性の判断は、①契約により、使用者が仕事の細部にわたりコントロールできるか、②その者が異なる職業やビジネスに従事しているか、③作業は使用者の指示の下で、もしくは監督のないもとで専門的に行われるか、④特定の職業に必要なスキルが必要か、⑤使用者がツールや仕事の場を

---

[435] Douglas O'Connor v Uber Thchnologies Inc, Case3: 13-cv-034260EMC, 11 March 2015.

[436] アルン・前掲注424）書276頁。Edward M. Chen 判事の判決文はネットでも確認できる。(available at https://docs.justia.com/cases/federal/district-courts/california/candce/3:2013cv03826/269290/251).

[437] Darrin E. McGillis v. Department of Economic Opportunity; and Rasier LLC, d/b/a UBER, No. 3D15-2758, February 01, 2017.

提供するかどうか、⑥採用されている時間の長さ、⑦支払方法は、時間に基づくものかまたは仕事に基づくものか、⑧仕事は雇用者の定期的な業務の一部であるか否か、⑨当事者が、彼らは主従の関係にあると考えているか、⑩事業として行われているかどうか、で判断され、結論として被用者性が否定されている。

　連邦裁判所レベルにおいても、シェアリング・エコノミーをめぐる判断がなされている。ペンシルベニア州では、2018年4月18日に東部地区連邦地方裁判所において Razak v. Uber Technologies Inc 事件の判断がなされ、Uber の運転手について連邦法の公正労働基準法に基づき最低賃金等を求めたが、その働き方は自由に働く裁量を有しているとして、その被用者性を否定した[438]。この事案が、連邦裁判所に基づく Uber 運転者に関する最初のケースとして位置づけられる。

　また、フロリダ州の Department of Economic Opportunity は、Uber で働く者を被用者としない判断をした[439]。被用者とみなさない場合は、失業給付、労働者災害補償などの費用をプラットフォーム企業は支払わないですむことになる。

　失業保険給付をめぐっては、ニューヨーク州労働省行政審判官は、2017年6月9日に3人の Uber 社の元運転手に失業保険の受給資格があるとする判定をした。これは、元運転手の申請によるものである。

　ライドシェアの訴訟としては Uber をめぐる事案が代表的であるが、それ以外でもシェアリング・エコノミーをめぐる訴訟が提起されており注目される。たとえば、カリフォルニア州の連邦裁判所の事案である Lawson v. Grubhub Inc 事件は、フードデリバリーの Grubhub の宅配業に従事する者の被用者性が争われたが、結論としてその被用者性を否定し、独立契約者であると判断した[440]。

　アメリカにおいて指摘されているのは、内国歳入庁が採用している基準の1つに福利厚生の有無が判断要素とされているため、労働関係の法律が適用

---

[438] Razak v. Uber Technologies Inc., U.S.D.C.for the E.D. of PA, Case No. 2: 16-cv-00573.
[439] https://www.klugerkaplan.com/blog/florida-uber-drivers-are-contractors-not-employees/
[440] Lawson v. Grubhub Inc., 2018 U.S. Dist. Lexis 21171（N.D. Cal., Feb 8, 2018）.

されることを懸念して、企業が福利厚生をサービス提供者に付与することに二の足を踏んでしまう事態が生じているということである。特に問題なのはシェアリング・エコノミーのプラットフォーム企業が法律の適用を回避するために、サービス提供者に対して福利厚生を与えなくなるという事態も懸念されている。

3　イギリスにおける Uber 訴訟

2016年10月に Uber をめぐる初めての判決があった。それが Mr Y Aslam, Mr J Farrar and Others v Uber 事件である[441]。

本件は、Uber の運転手をしていた Aslam と Farrar が Uber に対して訴訟を提起し、イギリスにおける最低賃金、有給休暇等の権利を有することの確認を求めた事件である。Uber を利用する運転手を労働者ではなく、自営業者と扱ってきたことが争点となった。

雇用審判所で認定された Uber と運転手の関係は次のような点である。アプリを立ち上げる義務はなく、予約を受け入れる義務もない。統括的契約（umbrella contract）も認められないが、アプリを立ち上げると、働くように統制され、乗客からの予約を受けつけるようになり、労働者としての契約の下で働くことになるとした。

そして、Uber が乗客の主要な情報を握り、運転手は入手することができないこと、Uber は運転手に対して乗車を受け入れるよう義務づけており、違反した場合はログオフされること、Uber が運行経路を決定すること、Uber が働き方について指導していること、顧客の評価によって Uber が運転手を管理していることなどが認定されている。また、Uber が料金を決定し、運転手は顧客との間で料金設定はできない事実や、Uber がリベートなどを一方的に決定し、契約条項を一方的に変更する権限を Uber が留保していることなども認定した。

そのうえで、ロンドンにある Uber は、共通プラットフォームを通じて3万もの小規模事業者のモザイク集合体にすぎないという主張は採用すること

---

[441] Mr Y Aslam, Mr J Farrar and Others v Uber, Employment Tribunals, 28, Oct, 2016 2202551/2015.

はできず、「フィクションであり、言葉のこじつけであり、斬新な新語ですらある」とした。運転手とUberの契約書類は、「実際の関係を表すものと評価することができない」として、ハムレットの台詞を引用して「この婦人は大仰なことばかり言うと私は思う（The lady doth protest too much, methinks.)」と判断している。

　結論として、雇用審判所は、ドライバーは自営業者ではなく、1996年雇用権法230条2項（b）、1998年全国最低賃金法54条2項、1998年労働時間規則36条1項の「労働者（workers）」にあたり、最低賃金と有給休暇取得の権利を有すると判断した。これに対し、Uberは不服とし、雇用控訴審判所に控訴している。

　イギリスには2016年の段階でUberを利用する運転手が4万人以上いるといい、この判決は、イギリスのUberの運転手が最低賃金と有給休暇取得の権利を持つ労働者であるとして、大きく報道されることとなった。

第3款　シェアリング・エコノミーをめぐる法的課題

　以上に紹介したように、ライドシェアをめぐってイギリスとアメリカにおいて訴訟もおきている。その基本的特徴と法的課題について確認しておきたい。

1　Uber判決の基本的特徴

　アメリカとイギリス両国のUber訴訟を概観したが、基本的には、アメリカではカリフォルニア州の事案において被用者（employee）であることが認められ、イギリスにおいては第3のカテゴリである労働者（worker）であると判断されている。

　特徴的な点は、被用者か自営業者かの二分法的な従来型の判断が事案の解決にあたり適合的ではないことを指摘している点であろう。アメリカにおけるDouglas O'Connor v Uber Thchnologies Inc事件のEdward M. Chen判事がこの点を端的に指摘している。これまでの労働法の適用対象を画定する判断基準をUberのビジネスモデルに当てはめるのは非常な困難をともない、これまで分類基準として用いられた多くの要素はおそらく時代遅れだという

のである。

　シェアリング・エコノミーのもとでは、雇用か自営かで二分するという法的枠組みが機能しないということである。個人は、シェアリング・エコノミーを利用して、同時に複数の企業のプラットフォームで仕事を行うことができるという点においては、自営的な働き方だといえる。シェアリング・エコノミーで働く最大のメリットは、いつ働くかを自分自身で決定できるという柔軟性にある。アメリカの調査によれば、子供の急病などの不測の事態に対応できることや仕事の量を自分で調整できるところにメリットを感じる人が多いという[442]。

　一方で、プラットフォーム企業は、手数料や料金の上限を設定することなどによって、働き方などについて指示・決定する権限を留保している。シェアリング・エコノミーの働き方では、契約内容に関する交渉の余地が役務提供者側に残されていないケースも多く見受けられる。たとえば、Uberなどのライドシェアサービスでは、サービス内容や報酬、補償に関しては、プラットフォーム企業が一方的に作成した契約内容に同意するしかない。この点では、伝統的な雇用の考え方に適合的である。

　プラットフォーム企業を介してサービスの需要と供給を結びつける技術が急速に発展したことにより、「個人」と「職業」が融合した働き方が可能となったのは画期的な技術的進歩である。しかし、シェアリング・エコノミーにより柔軟な働き方が可能になる一方で、プラットフォーム企業が介在する働き方により、低収入で不安定な働き方が広がる懸念もある[443]。

2　シェアリング・エコノミーをめぐる論点

　こうした状況をふまえると、シェアリング・エコノミーをめぐる論点としては、次のような点が指摘できよう[444]。

　第1の論点は、シェアリング・エコノミーで働く者は労働者か自営業者か

---

[442] M. Keith Chen, Judith A. Chevalier, Peter E. Rossi, Emily Oehlsen, "The Value of Flexible Work: Evidence from Uber Drivers" (2017) NBER Working Paper No. 23296.
[443] シェアリング・エコノミーの企業のなかには、個人事業主ではなく、雇用する動きもでている。たとえば、インスタカートは、2015年7月には一部の役務提供者をパートタイムで雇用することに決めているという。

という点である。シェアリング・エコノミーをめぐる契約解除、失業、労災等をどう考えるか。最低賃金、労働時間等の適用が論点となる。

第2は、年金制度、健康保険制度などの社会保障法制との関係である。現行の社会保障法制は、基本的には従属関係にある伝統的な雇用モデルを前提としている。オンデマンドの働き方を前提として、年金や医療などの社会的なセーフティーネットをどのように確保していくかが問題となる。

第3は、税制の関係である。税体系も雇用を前提として構築されており、国家にとってもシェアリング・エコノミーへの対応は重要な問題となる。この点に関して、雇用から請負へと切り替えることで人件費負担を逃れようとしていることが明らかな場合、連邦労働省と税の徴収を担う内国歳入庁が積極的に介入し、雇用へと区分の見直しを行うといった施策が行われている。

第4は、シェアリング・エコノミーをめぐる安全性の確保である。交通をめぐる業種には厳しい規制があるが、ライドシェアと従来型の規制をどう調整するかも課題となる。シェアリング・エコノミーをめぐっては、裁判所において被用者と判断がなされる一方で、州法のレベルで独立契約者とする対応もなされている状況にある。

第5は、団結権や団体交渉権がシェアリング・エコノミーで働く者に認められるかどうかである。アメリカでは、シェアリング・エコノミーの下で働く労働者に合法的な団結権を認めようとする試みが、いくつかの地域で始まっている。たとえば、ニューヨーク州にあるフリーランサーズ・ユニオンは、シェアリング・エコノミーで働く個人に仕事を仲介し、健康保険や年金、職業訓練機会を提供する活動を行っているという。働き方が多様化するなかで、労働組合などの集団的自由の保護のあり方は、大きな論点となる。

アメリカでは、ライドシェアをめぐって州レベルでいくつかの動きがみられる。たとえば、2015年の段階でノースカロライナ州、アーカンソー州、インディアナ州では、保険の加入や安全の確保を義務づけることを条件に、ラ

444　シェアリング・エコノミーの問題とともに、クラウドワークとの関係についても整理していく必要がある。クラウドワークの法的課題については、毛塚勝利「クラウドワークの労働法上の検討課題」季労259号（2017年）53頁、石田眞「クラウドワークの歴史的位相」季労259号（2017年）68頁。

イドシェアサービスで働く者を独立契約者とする法案が州法レベルで成立しているという[445]。また、フロリダ州では、「運送ネットワーク企業（Transportation Network Company：TNC)」という定義を設け、一定の要件を満たした場合には、運送ネットワーク企業で働く者を被用者ではなく、独立契約者であるとする州法を制定している。

その一方、ニューヨーク州では、2018年8月8日、同市議会においてライドシェアサービスの車両台数の制限や最低賃金の導入などを内容とする条例案が可決された。過剰な車両数などを調整する試みであり、都市部では今後も量的規制や労働条件を調整するルール設定がなされることが予想される。

労働組合に関する動きもある。ワシントン州のシアトル市では、独立契約者である者に団結権および団体交渉権を付与するシアトル市条例が提出された。同条例は、①非営利性、民主性などの一定の要件を満たした団体を市の認証により交渉代表候補とすること、②有資格ドライバーの過半数の支持を得た団体が排他的交渉代表となること、③交渉当事者が誠実交渉義務を負うこと、④労働協約の締結に際しては、市の財政行政局に労働協約を提出し許可を受ける必要があることなどを規定するものである。しかし、この条例に対して独占禁止法に反するとして差止訴訟が提起され連邦裁判所はいずれも棄却しているが、条例の成立には至っていないという。

なお、欧州司法裁判所では、ライドシェアのプラットフォーム企業の位置づけが争点となり、技術的仲介者なのか、運輸サービス提供者となのかが争われた。欧州司法裁判所は、2017年12月20日にライドシェアのプラットフォーム企業を運輸サービス提供者と判断し、その結果EU加盟国の運輸サービスの国内規制に従うこととなった[446]。

このように、シェアリング・エコノミーをめぐる状況は現在も流動的であるが、現行の法制度の枠組みの下では、プラットフォーム企業の多くは、役務提供者を独立契約者として取り扱うことに労務コストの面でもメリットが

---

[445] John Weinberg, 'Gig News: Uber Successfully Pursuing State Legislation on Independent Contractor Status', On Labor, Dec 15, 2015（available at https://onlabor.org/2015/12/11/gig-news-uber-successfully-pursuing-state-legislation-on-independent-contractor-status/）.
[446] 古川陽二「欧州司法裁判所（ECJ）のウーバー事件判決に思う」労旬1905号（2018年）4頁。

ある。そして、被用者性が明確に判断されれば、プラットフォーム企業は、役務提供者を独立契約者であると判断されるよう、被用者性を肯定する要素を回避するようになり、その結果として、教育訓練や顧客のサービス向上などの努力を怠るといった弊害が起こる可能性も指摘されている。そうした状況は、プラットフォーム企業のみならず、役務提供者やサービス利用者にとっても利益とならない。こうした状況からすると、シェアリング・エコノミーで働く者を社会的に公正に取り扱う法的枠組みが必要になるというべきであろう。

第2節　イギリスの学説と改革案

　最近の新しい働き方をふまえ、イギリスでは雇用契約の概念を見直す議論が行われている。ここではまず、「雇用契約」の再構成をめぐる議論の基本的部分について考察したうえで、シェアリング・エコノミーに対応するための最近の議論についても検討したい。

第1款　雇用契約をめぐる初期の学説

　イギリス労働法を議論するにあたって、まずカーン・フロイント（Kahn-Freund）の著作から議論を始めることにしたい。カーン・フロイントは、雇用契約とは、有意義な交渉に基づく使用者と被用者の間に成立する真の合意という不変のフィクションであると主張する[447]。さらに、カーン・フロイントは、労働者の従属関係という使い古された概念に基づいて被用者を独立契約者（independent contracter）と判断することを問題視する[448]。

　ウェダーバーン（Wedderburn）もカーン・フロイントと同様の見解にたつ。ウェダーバーンは、雇用契約が集団的な法的規制のための法的手段を提供するという機能に懐疑的な論説を展開している[449]。

---

[447] Kahn-Freund, Blackstone's Neglected Child: the Contract of Employment, 1977 LQR 508.
[448] Kahn-Freund, Servants and Independent Contractors, 1951 MLR, 504.
[449] Wedderburn, The Worker and the Law, 3rd. ed 1986, pp326-343.

雇用契約法理に直接関わるものとしては、ヒュー・コリンズ（Hugh Collins）とボブ・ヘプル（Bob Hepple）の論説がある。コリンズは2つの所説を展開している。

第1の所説は、雇用契約は労働関係の規制に本質的に適合しないというものである。この所説は、労働者に対する使用者の権力が、私法ではなく、公法的理由に基づいて解釈され、コントロールされているという認識に基づいている。雇用契約が使用者の権力の公法的性格を認識していないことを問題視している[450]。

コリンズの第2の所説については、ヘプルがコリンズより先行して論じている。ヘプルは、コモン・ローに基づく雇用契約の法理を基盤として、制定法上の権利を構築することは基本的に不適合であると主張する。その根拠としては、雇用契約は複雑かつ不明確な法理であること、使用者の利益を優先した構造になっていること、労働者の範囲がせまいことから、制定法の基盤となる法理を提示できないという[451]。

コリンズはさらにこの議論を展開する。かつて雇用契約は制定法上の権利を与えられる被用者を確定させるという機能を有していた。それは、企業生産活動の垂直的統合（vertical integration）という仮定を基盤としていたが、現在では垂直的統合という仮定は垂直分解をおこしているという。すなわち、企業組織は巨大化する一方、労働者が契約外におかれるという現象によって分解していくという現象が起こっているというのである[452]。

ヘプルは、「労働者の権利の再構成（Restructuring Employment Rights）」という論文において、制定法上の権利が依然としてコモン・ロー上の雇用契約に基づいて構築されるべきかどうかという問題意識に基づき、「制定法上の権利が伝統的な"コーナーストーン"であるコモン・ロー上の雇用契約に基づいて引き続き形成されるとしたら、制定法に基づく労働者の権利は崩壊する」として、「雇用関係（employment relationship）」という新たな概念を採

---

450 Collins,H., 'Market Power, Bureaucratic Power and the Contract of Employment' (1986) 15 ILJ 1.
451 Hepple,B.A., 'Restructuring Employment Rights' (1986) 15 ILJ 69.
452 Collins,H., 'Independent Contracts and the Challenge of Vertical Disintegration to Employment Protection Laws' (1990) 10 OJLS 353.

用すべきであると主張する。

　ヘプルによると、「雇用契約は、労働者と受け入れ当事者の間の『雇用関係』というより広い概念に置き換えるべきである。この関係は、もちろん、労働者と労働を受け入れる者との間における、労働と報酬の交換という自由な合意に基づいている。この合意は'身分'と捉えるよりも'契約'として捉えた方が望ましいが、これはこれまでとは異なる新しい契約であって、労働と報酬の断続的交換と継続的契約という2つの要素をもつ新しい契約である。」であるという[453]。

　この「雇用関係」概念を採用するにあたっては次のような4つの価値判断が働いている。その価値判断は、①法律はパートタイマーといった"限界"の労働者に適用を拡大すべきである、②制定法上の権利は団体交渉と労働者の自由に影響を与え、サポートすべきである、③裁判所が制定法を制限的に解釈しない方策が必要である、④制定法の複雑化と過度の法化は減少すべきである、というものである。

　ヘプルの「雇用関係」概念の特徴は、制定法上の権利がコモン・ローの雇用契約に基づくようであれば、制定法上の権利の目的は達成できないという価値判断にある。

第2款　フリードランドの雇用契約論

　雇用契約に疑問を投げかける論説が、特に1970年代から1980年代にかけて登場するようになった。以下では、雇用契約の役割についてどのような議論がなされているかを検討することとしたい。

　イギリスでは、伝統的に雇用契約と労務供給契約の二分法的な分類（the binary divide）で法の適用を考えてきた。しかしながら、実際には多くのタイプの雇用関係が存在するのであってその判断は容易ではないこと、そして、その判断基準も単純ではなく見直しが必要であること指摘されてきた。

　イギリスでは、雇用契約論の再構築に関する議論が活発に展開されている。2007年のIndustrial Law Journalでは、「雇用契約の再構築（Reconstructing

---

[453] Hepple, B. A., supra note 451, p74.

Employment contracts)」と題する特集が組まれ、この特集において、マーク・フリードランド（Mark Freedland）教授の2003年の著書"The Personal Employment Contract"が議論の出発点となる重要な研究であると位置づけられている[454]。雇用契約の再構築という問題は、伝統的には被用者（employee）と独立契約者（independent contractor）をいかに区別するかという観点から議論されてきたものであり、古典的な論点ともいえる。もっとも、最近では、個人的労働関係において適用範囲の再構成が必要であるというコンセンサスが形成されており[455]、さらなる広がりをもつ議論として理解することも可能である。

本節では、イギリスにおける雇用契約の再構築の議論を理解する手掛かりとして、フリードランドの雇用契約論に関する論考を紹介するものである。フリードランドの雇用契約論は、論考が発表される度に新しい理論を含んでいる。

1 雇用契約の二階層分析

マーク・フリードランドは、1976年の著作において、雇用契約は2つのレベルから構成されているという考え方を披露した[456]。

1つめのレベルは労働と賃金を交換するレベルであり、2つめのレベルは地位と契約の継続性のレベルである。2つめのレベルは関係的契約論を基盤としており、継続的な契約関係が使用者に対し安全に関する義務を負わせる根拠となる。雇用契約と労務供給契約という概念の分裂は、労務供給契約は第1のレベルの特徴のみを有し、雇用契約は第2のレベルをも有するという議論を可能にする。

これは、雇用契約を規律する統一的な契約類型を構築しようとする試みとして位置づけられるが、この考え方は実務レベルで採用されなかった。

フリードランドは、個別雇用契約概念の議論において、雇用契約の二階層

---

[454] Barmes, L., Collins, H., Kilpatrick, C., 'Introduction: Reconstructing Employment contracts' (2007) 36 ILJ 1.
[455] Countouris 2007.
[456] M., Freedland, The Contract of Employment (Oxford: Clarendon Press, 1976).

分析 (two tier analysis) が妥当することを再度主張しており、臨時労働者 (casual workers)、断続的雇用 (intermittent pattern of employment) が増加しているが、裁判所は「包括的 (overall)」「統括的 (umbrella)」な契約という概念を利用することで処理しているが、雇用契約概念を再構成することにより雇用契約に基づかない者にまで法適用を拡大できると指摘している。

2 「個人的雇用契約」概念

マーク・フリードランドは、「個人的雇用契約 (Personal employment contract)」という著作において、従来の「雇用契約」概念を発展させる理論を展開している[457]。

マーク・フリードランドによれば、雇用契約法 (the law of the contract of employment) は、雇用関係の法的規制という機能が重視されるようになる一方で、かつて適合的だったカテゴリとコンセプトが徐々に適合しなくなったという。イギリスでは、被用者 (employee) 概念に加えて、制定法レベルで労働者 (worker) 概念を採用しているが、その実効性については不透明であるとも指摘する。

こうした社会的な動きは、1980年代初頭における労働市場の変化によって加速しており、パートタイム、断続労働といった労働形態の増加が顕著であることを指摘する。

こうした問題意識に基づき、マーク・フリードランドは、イギリス労働法は個別的雇用関係の契約的分析に基づいて形成されてきたが、その分析は雇用契約に限定する必要はないし限定すべきではないと主張する。その上で、雇用契約と労務供給契約の二分法的な分類は誤りであり、独立契約者の契約を雇用契約関係に含める時期にきているという認識に基づき、以下に紹介するような議論を展開している。

1つは、雇用契約概念の見直しの議論である。

---

[457] Freedland, M. R., The Personal Employment Contract (Oxford: Oxford University Press, 2003). マーク・フリードランドの「個人的雇用契約」に関する先行研究として、有田謙司「労働関係の変容とイギリス労働法理論・雇用契約論の展開」イギリス労働法研究会編『イギリス労働法の新展開』(成文堂、2009年) 192頁。また、マーク・フリードランド (手塚和彰訳)「法律と実際の雇用関係の変遷」季労210号 (2005年) 137頁。

フリードランドは、二分法的な分類による弊害を解消する概念として、「個人的雇用契約（The Personal Employment Contract）」という新たな概念を提唱した[458]。個人的雇用契約は、雇用契約よりも広い概念であり、「個人的労働もしくは雇用のための契約（contract for personal work or employment）」を対象とするものであり、基本的には、被用者概念と労働者概念を内包するものとして構想されている。

すなわち、「雇用契約（contract of employment）」よりも広い概念である「個人的雇用契約（personal employment contract）」という概念を創出する。「個人的雇用契約」とは、従来の「従属的労働契約（the employment contract of dependent）」に加えて、準独立労働者（semi-dependent workers）を含む概念であるという。この概念は労務供給契約（contract for service）を含まないものの、契約の継続性を欠く契約類型を含むという。

また、「個人的雇用契約」の定義は、「通常本人によって履行される雇用もしくは労働のための契約、ただし独立したビジネスやプロフェッショナルな事業を除く（the personal employment contract defined as comprising contract for employment or work to be carried out normally in person and not in the conduct of an independent business or professional practice）」とされている。

フリードランドの「個人的雇用契約」概念の特徴は、従来の雇用契約理論を引き続き採用しつつ、準独立労働者（semi-dependent workers）を含む契約理論に拡張するところにある。この概念は、制定法上の「労働者」概念に類似するという。

3 「個人的労働関係」アプローチ

そして、この議論をさらに発展させたものとして、マーク・フリードランドとニコラ・カウントリィス（Nicola Kauntouris）の雇用契約以外の契約について、「個人的労働関係（Personal Work Relations）」として保護の範囲を拡大させる議論がある[459]。

---

[458] Freedland 2003.「personal employment contract」については、さまざまな訳語があてられているが、ここでの「personal」は「事業」としてではなく「個人的活動」として行われているという意味であることから、本書では「個人的雇用契約」とした。

イギリスでは、雇用契約以外の「個人的労働契約（personal work contract）」について、第3のカテゴリである「労働者（worker）」に関する契約とクライアントやビジネスの契約という2つの類型で把握する傾向にあるが、雇用契約以外の契約類型は多様に存在していると指摘する[460]。そして、「個人的労働関係」は、「労働者と相手方もしくは組織との関係」であり、相手方は個人である場合も組織の場合も含む概念として把握されている。

この「個人的労働関係」という概念設定の特徴は、次の点に求めることができよう。

第1は、「関係」に着目している点である。関係に着目することは、「契約」よりも広範にその対象を広げることになる[461]。「個人的労働関係」は、典型的な雇用契約以外の契約や関係性も含む概念として構想されている。

第2は、「個人的労働（personal work）」に着目している点である。この「個人的労働」は、労働者個人が自分自身で労務を提供しているという意味で、自己執行性に着目している概念である。

こうした概念はすぐに法律上の概念として機能するコンセプトではないことは自認しており、労働法の「緩やかな境界線（soft boundary）」を想定するための概念であるという[462]。その特徴としては、雇用契約以外の契約類型、たとえば、フリーランサー（freelancers）やコンサルタント（consultants）、ホームワーカー（homeworker）に一定の法的保護を及ぼすことが提案されている[463]。

このような概念を構築する理由として、イギリスの雇用関係の範囲について、次のような指摘を行っていることが注目される。

まず、イギリスにおいて「労働者」概念を設定したことにより、準従属的な労働者についても対応が可能になったが、依然として労働法の適用範囲か

---

459 Freedland and Kountouris 2011. 同書の書評として、鎌田耕一「個人的就業関係と労働法の再編——Mark Freedland & Nicola Countouris, "The Legal Construction of Personal Work Relations"を読んで」季労239号（2012年）250頁。
460 Freedland and Kountouris 2011, p281.
461 Ibid., p33.
462 Ibid., p29.
463 Ibid., pp284-289.

ら独立契約者を排除しているということを問題視している**464**。むしろ、これまで適用されなかった「個人的労働関係」についても、労働法の考察の対象として含めることを提案している。

そして、イギリスの現行制度は契約概念に依存しすぎているという指摘も興味深い**465**。雇用契約概念にとらわれないことにより、二分法によるカテゴライズを克服すべきであると指摘している。つまり、「個人的労働関係」という概念を設定することにより、フリーランスも含めた幅広い労働を対象にした労働法の組み替えを提案しているといえよう。

そして、個人は人生において複数の仕事についたり、フリーランスやパートタイム、ボランティアといった幅広い労働に従事したりする。これを「個人的労働関係」と名称をつけることで対象化し、休職や退職などの働かない期間も含めて職業生活を想定する。そこで、時間軸を意識するために「個人的労働プロファイル（the personal work profile）」という観点を導入して、流動的に職業生活を営むことを前提に、個人にとっての法的規制のあり方を検討する。すなわち、個人労働プロファイルに基づき、その職業生活の中で安定雇用、自律的就労から不安定雇用への変化を前提としながら、労働法が付与する権利と保護内容を構成すべきとする見解として理解することができる。

そして、法的介入の根拠についても、独自の理論を展開している。これまでの労働法では、交渉力の不均衡を法的介入の根拠としていたが、そうした交渉力の不均衡を根拠とすることについて、次の３点について批判する。

第１に、交渉力の不均衡は従属性の概念と結びついているが、個人的労働関係に対する規制の理由にはならないこと、第２に、労働者と使用者の関係に限定されてしまうこと、第３に、交渉力の不均衡に基づく理論は、従属的な関係としてすべてみなしてしまうが、実態と乖離していると指摘する。

そして、個人的労働関係に対する法的介入の規範的根拠として、「尊厳（dignity）」、「潜在能力（capability）」、「安定性（stability）」をあげる。

「尊厳」というのは、個人としての自律（autonomy）と平等（equality）を表す概念であるという**466**。ここでいう自律というのは、求める生活や人生

---

464 Ibid., p39, 42.
465 Ibid., p42, 43.

を自分自身で決定できるということであり、不当な抑圧のないなかでそれができる可能性である[467]。「働く権利（right to work）」が想定されており、自由（free）、ディーセント（decent）、適切（suitable）、価値（rewarding）ある仕事が重要であるとされる。

「潜在能力」というのは、アマルティア・センの哲学的なアプローチである[468]。潜在能力を法的なアプローチにするには、「エンプロイヤビリティ（employability）」を保障するだけでなく、病気や失業、年齢による所得喪失というリスクに対する法的保護を提供し、集団的な交渉の権利を保障するとともに、賃金交渉に関する基準を設定することを提案する[469]。こうした保障をすることは、従来の雇用契約という概念では狭すぎるとして、あらゆる契約類型に対して保障を提供することを提案している点に特徴がある。

そして、「安定性」というのは、個人的労働関係の安定を促進することであり、1990年代の規制緩和政策によってその安定性は損なわれてきたことを指摘し[470]、雇用の安定性は市場を形成する1つの役割であるという点を強調する[471]。雇用の安定と労働法はマクロ経済学のツールでもあり、安定性を保持することが経済活動にとって重要であることを指摘する点も興味深い。

このように、従属的関係を前提とした労働法の伝統的理解から、従属関係を問わない「個人的労働関係」という概念を設定することにより、職業生活の全体を包摂する労働法へとパラダイムシフトを促す議論であると位置づけることができる。そこで重要になるのは、仕事における尊厳（dignity）を保障すること、働く者の潜在能力（capability）を引き出すこと、安定性（stability）を促進することであり、この点もこれまでの議論とは一線を画するアプローチということができよう。

---

[466] Ibid., p371.
[467] Ibid., p374.
[468] アマルティア・セン（鈴村興太郎訳）『福祉の経済学――財と潜在能力』（岩波書店、1988年）。
[469] サイモン・ディーキンも同様の点を指摘する。Deakin, S.F., 'Capacitas: Contract Law, Capabilities and the Legal Foundations of the Market', in S. Deakin and A.Supiot (eds.), Capacitas: Contract Law and the Institutional Preconditions of a Market Economy (Oxford: Hart, 2009) p13.
[470] Freedland and Kountouris 2011, p380.
[471] Ibid., p381.

4　雇用契約の位置づけ

かつてカーン・フロイントは、産業関係（industrial relations）のシステムにおいて雇用関係を位置づけていたが[472]、フリードランドは、それを発展させ、雇用契約が労働法の中心軸として据えられるべきであると述べる[473]。

すべての雇用契約に共通の要素として、次の3つを指摘する。

第1は、交換（exchange）の原則である。雇用契約の場合は継続的関係であるので、交換が連続的に続くということになるが、労務の提供と報酬の交換関係が、雇用契約の基礎を構成する。イギリスにおいても、ボランティアや無報酬の労働は雇用契約とはとらえられていない[474]。

第2は、組み入れ（integration）の原則である。労働者は使用者の組織に組み入れられることになる。

第3は、相互関係（reciprocity）の原則である。契約関係にあるものは、相互の協力関係が必須の条件になっている。雇用契約において相互の協力関係（mutual trust and confidence）が必要なのはこうした発想に基づいている。

このように、制定法レベルでは、被用者、労働者、独立労働者と区分されているが、雇用契約概念を再構成することにより、労働法の適用対象を1つの法的概念に統一することが可能かどうかを理論的に検討している[475]。

第3款　目的論アプローチ

もう1つは、法の目的に応じて労働法の適用対象を画定させていくアプローチである。ガイ・ダヴィドブ（Guy Davidov）は、法の目的に応じて適用対象を画定するアプローチを採用することを提案している[476]。もっとも、

---

[472] Kahn-Freund, O., 'Legal Framework' in Flanders, A., and Clegg, H. (eds), The System of Industrial relations in Great Britain (Oxford: Blackwell, 1954), p42.
[473] Freedland, M. R. (eds), The Contract of Employment (Oxford: Oxford University Press, 2016), p6.
[474] Ibid., p88-89.
[475] Freedland, M. R., 'From the Contract of Employment to the Personal Work Nexus' (2006) 35 ILJ 1, Deakin, S. F., 'Does the "Personal Employment Contract" Provide a Basis for the Reunification of Employment Law?' (2007) 36 ILJ 68, Collins and Ewing and McColgan 2012, p211.
[476] Davidov, G, 'The Status of Uber Drivers: A Purposive Approach', Hebrew University of Jerusalem Legal Research Paper (2016) No. 17-7.

この場合でも独立してオンデマンドで働く場合には労働法制が適用されない可能性も高く、この点については新たなアイディアが必要であるとしている。

第4款　マシュー・テイラーの「従属契約者」概念

こうした議論のなかで参考になるのが、マシュー・テイラー（Matthew Taylor）の提言である。シンクタンクRSAのマシュー・テイラーは、新しい働き方の拡大に付随して不安定の度合いが増している労働者の法律上の扱いについて言及している[477]。

2017年7月に公表された報告書「良質な仕事」（Good Work）は、「全ての仕事を公正かつディーセント（decent）で、発展性と達成感の余地があるものとする」ことを目標に掲げている。「公正（fair）とディーセント（decent）」をその中核に据えている点に特徴がある。

公正かつディーセントで、発展性と達成感の余地のある仕事に向けた7つの提言[478]

1　仕事の質と量は両立可能であるとの認識に基づき、全ての人に良質な仕事を提供することを目標とすべき。良質な仕事を作る直接の責任は政府にあるが、我々全てが責任を負う必要がある。
(a)全ての就業形態に同じ原則の適用を：公正な権利と責任のバランス、最低限の保護の保障、仕事における発展を可能とさせる必要がある。
(b)長期的には、イノベーション、公正な競争、健全な財政といった観点から、全ての就業形態に一貫した税・社会保険料を適用するとともに、自営業者に対する各種給付等への権利を改善すべきである。
(c)技術変化は仕事や雇用の種類に影響を及ぼし、それは我々にとって適応可能なものである必要があるが、技術はよりスマートな規制、柔軟な権利、生

---

[477] Matthew Taylor, "Good work: the Taylor review of modern working practices"（https://www.gov.uk/government/uploads/system/uploads/attachment_data/file/627671/good-work-taylor-review-modern-working-practices-rg.pdf）.
[478] http://www.jil.go.jp/foreign/labor_system/2018/01/uk.html

活や仕事の新しい組織の仕方など、新たな機会をもたらす。

2　プラットフォームを介した仕事は、依頼元とこれを請け負う側の双方に柔軟性をもたらし、従来の方法では働くことが難しい人々に就業の機会を提供する。プラットフォームを介して働く人々や、これと競合する（プラットフォームを介さずに働く）人々にとっての公正さを確保しながら、こうした機会を保護すべきである。労働者（「従属的契約者」への名称の変更を提案する）という法律上の区分は維持すべきだが、労働者と適正な自営業者をより明確に区別する。

3　法律とその周知と遵守は、企業が正しい選択を行い、個人が自らの権利を知ってそれを行使することを助けるものであるべきである。被用者にとっての労働慣行の改善をはかる方策は複数あるが、人を雇用する際の追加的な、概ね賃金外のコスト（employment wedge）はすでに高いことから、これをさらに引き上げることは避けるべきである。「従属的契約者」は、不公正な一方的柔軟性に最もさらされやすいため、追加的な保護や、企業が彼らを公正に扱うことへのより強いインセンティブを提供する必要がある。

4　より良い仕事を達成する最良の方法は、全国的な規制ではなく、組織における責任あるコーポレートガバナンス、良い経営、強力な雇用関係にある。企業が良質な仕事について真剣に受けとめ、自らの組織の慣行をオープンにすること、また全ての労働者がこれに関与し意見を云うことができることの重要性もここに生じる。

5　全ての人が将来の仕事により良い展望を持ち、労働人生の始まりから終わりに至るまで、公式・非公式の学習や職場内外での訓練によって発達した能力について記録し、強化できることが、労働者や経済にとって重要である。

6　仕事の形態や内容と、個人の健康や厚生には強力なつながりがある。企業、労働者、あるいは一般の利益のため、職場における健康について、より

予防的なアプローチを発達させる必要がある。

7　全国生活賃金（National Living Wage）は、低賃金労働者の経済的な基盤の向上のために強力なツールである。とりわけ低賃金部門の労働者が、生活賃金レベルの低賃金から抜け出せなかったり、あるいは雇用の不安定さに直面することなく、現在・将来の仕事を通じた発展を可能とするため、使用者、労働者、その他の利害関係者を交えた業種毎の取り組みが必要である。

　そして、デジタルプラットフォームの登場などで広がりつつある新しい働き方に関して、労働者や使用者の権利と責任、既存の雇用法の枠組みなどを検討、多岐にわたる提案を行っている。
　その提言の要諦は、既存の「労働者（worker）」概念を利用した3つに区分する枠組みを維持しつつ、より明確化するために「労働者」概念を「従属契約者（dependent contractor）」概念に変更するところにある。「従属契約者」として概念を変更するのは、明確な判断基準を付与することにより法の適用を巡る紛争の混乱を少なくし、労働者の権利を必要とするものに適切な保護を与えるためであると説明している。
　こうした提案の背景には、シェアリング・エコノミーによる労働者の搾取を問題にしており、「被用者ではなく、また本当の自営業者でもない者（not an employee, but neither are they genuinely self-employed）」を保護するものである。新しい「従属契約者」の概念は、より短期的な雇用関係に適合するように設計されている。基準を明確化するための方策としては、これに該当するための基準要件を立法やガイダンスにより示し、自営業者との区別を明確化することで、労働者あるいは使用者に自らの法的な地位を判断しやすくするようサポートするように求めている。
　その際、労働者と自営業者を区別する基準として従来重視されてきた、代替要員による役務提供を契約上認めているか否かよりも、使用者による管理（報酬額や、業務に関わる指揮命令など）の度合いを重視するよう求めている。
　この提案のポイントは、雇用に関する定義を明確にすることで、最低賃金や休日手当の権利を保障し、一定規模以上の企業のために働いている人々に

ついては、「従属契約者」に分類されるという推定規定を置くことを目指すものである。新しい法律は、裁判所を通じて紛争を解決するのでなく、自営業者の地位にあることについて、使用者側に証明責任を転換することを想定している。

具体的に想定しているのは、偽装的に自営業者にしたケースに対処するためであり、使用者が自営業者として契約を締結して、しかし実質的にはその雇用条件は被用者の契約に類似しているケースに対処するためである。使用者は、被用者に係るコストと国民保険拠出（National Insurance Contributions（NICs））を回避することになる。

また、自営業者とその他の労働者で税・社会保険負担の条件が異なる状況が生じているため、より一貫性のある制度への転換をはかる必要を指摘している点も興味深い。さらに、シェアリング・エコノミーのプラットフォーム企業は、国民保険料を負担すべきだとしている。

政府は、自営業者と一言でいっても、多様な働き方があるのであり、政府は必要に応じてサポートしていくことが望ましいとする。また、自営業者に対して政府は、将来のプランを計画できるような援助をすべきであるとしている。

マシュー・テイラーの提案の特徴を指摘すれば、次のような点にある。

第1は、現行の被用者、労働者、自営業者に区分する3分法による判断枠組みは基本的に適合的であるが、新しいビジネスモデルに対応できるようにする必要がある。とりわけ注力すべきは、労働者と自営業者の区分の方法である。ここに基準の不明確性の問題が生じる。そのためには、労働者の概念をより容易に区分できるようにする必要がある。

第2は、裁判所による解決ではなく、自主的に企業が自営業者を公正に扱うようにより強いインセンティブを提供すべきであるという点も重要な指摘であろう。

第3は、シェアリング・エコノミーの進展についてはむしろ好意的な評価がなされている。労働市場のフレキシビリティを確保する政策をとる必要があるとする。

第4は、主要な規制は労働時間に対する全国最低賃金の保障である。労働

時間は正確に計算される必要があり、アプリを立ち上げたからといって、シェアリング・エコノミーに従事する者の賃金が保障されるわけではないことを再度確認している。

第5に、全ての就業形態に一貫した税・社会保険料を適用するとともに、自営業者の各種給付等への権利を改善する必要がある点を指摘しているところも示唆的である。

また、雇用に関係する制定法と税法との不一致が当事者を混乱させていることも指摘している。被用者と労働者、自営業者の区分と、税法に関係する部分を一致させる必要があるとしている。

従属契約者に該当すると認められた者には、労働者相当とみなして傷病手当や休暇手当に関する権利を与えるべきであるとする一方で、シェアリング・エコノミーに従事する者は、働く時間や提供された仕事を受けるか否かを選択することができることから、労働時間に基づく最低賃金の適用は適切ではないとして、最低賃金の自動的な適用については、報告書は慎重な立場を取る。

このため、当該の業務における平均的な報酬が最低賃金の1.2倍以上となることを使用者が示すことができれば、現行の最低賃金制度における出来高払い（piece rate）を適用することを提言している。プラットフォーム企業に対して、時間ごとの業務量の状況をリアルタイムで従事者に提供することを義務づける方向性の検討を政府に提案している。

マシュー・テイラーは、働く者に権利を付与することは個人を保護するというだけではないことを強調する。企業にとってもビジネスを展開するうえで基盤を形成することが必要であり、そのためには、使用者は法的な責任を負うとともに、法を逸脱して責任を負わない使用者を排除し、法律上の規制の不明確な部分を減らしていくことが必要であると述べる。

2018年2月には、政府がこのマシュー・テイラーの提案について返答を行った[479]。基本的にはマシュー・テイラーの提案に賛同するものであり、7

---

[479] HM Government, "Good Work A response to the Taylor Review of Modern Working Practices" (https://www.gov.uk/government/uploads/system/uploads/attachment_data/file/679767/180206_BEIS_Good_Work_Report__Accessible_A4_.pdf).

ブをあたえているという指摘もなされている[483]。

2 再構成の基本原則

　ギグ・エコノミーに対応した新たな法的保護を考えるときに、セス・ハリスとアラン・クルーガーは、次の3つの点を基本原則として考慮すべきであるとしている。
　第1は、労働時間を計算することが困難であるということである。ギグ・エコノミーで働く場合には、労働時間の算定が困難となる。ライドシェアなどは、顧客との関係で就労しているのであり、断続的に働いているわけではなく、「労働を黙認又は許容すること（suffer or permit）」とはいえない。また、同じ時間帯に2社のアプリを立ち上げていた場合、労働時間をどのように換算すべきか定かではなくなる。さらには、自宅にいながらアプリを立ち上げて、別の仕事をすることも可能であり、特定の使用者に使用されている状況とはいいがたく、労働時間の把握が前提となる最低賃金や時間外労働の割増賃金といった法的規制は機能しないと指摘する。
　第2は、制度の中立性の確保が重要であるということである。健康保険などの適用において、個人事業主であるか独立労働者であるかを選択するような仕組みにしないこと、また、従来のタクシー運転手も独立労働者としてカテゴライズされるよう、制度の中立性を確立する必要性があると指摘する。
　第3の観点は効率性である。働く者とプラットフォーム企業が連携し、効率的に生産活動を行うことができる状況を法的に支援することが重要であると指摘する。
　以上のように、労働時間の把握困難性、中立性、効率性の3つの観点が、今後の新たな法的保護の方向性を考えるうえで重要な観点になるという。

3　「独立労働者」概念

　そこで、提唱されるのが「独立労働者（independent worker）」概念を創設

---

[483]　Dau-Schmidt, K, G,. 'The Problem of 'Misclassification' or How to Define Who is an 'Employee' Under Protective Legislation in the Information Age'（2018）,（https://ssrn.com/abstract=3143296）, p8.

することによる法的保護の確立である。特徴的なのは次のような提案がなされている点である。

第1に、団結と団体交渉の権利の保障である。独立労働者も他の者と組織して自ら労働条件について交渉する権利を保障すべきであり、その交渉先はプラットフォーム企業が想定されている。そのためには、反トラスト法と全国労働関係法を改正し、団体交渉権を保障する必要があるとしている。

第2は、低コストの私保険の提供である。プラットフォーム企業は、低コストで高品質な保険や貯蓄、退職プランや賠償保険などのプランを提供し、被用者とは別の枠組みで保障を提供する仕組みが必要であるとする。

第3は、公民権の保障である。差別禁止法などが独立労働者に対しても適用されることにより、性別、障害、年齢といった差別からの保護が労働市場において拡大されることが必要であり、差別からの保護が市場の効率性に貢献するとしている。

第4は、プラットフォーム企業が納税を担うということである。個人事業主となると独立労働者が納税することになるが、効率性の観点からプラットフォーム企業が税金や連邦保険拠出法（Federal Insurance Contributions Act）の社会保険やメディケアといった納税を行うことを求める。

なお、被用者と異なる扱いをする項目についても言及がなされている。

たとえば、労働時間については把握が困難なため、労働時間規制は適用を除外とし、独立労働者に対しては、時間外手当や最低賃金といった時間に対応した法的保護を付与しないことを提案する。また、賃金と労働時間については、団体交渉により、適正な労働条件を設定することを指向する。ギグ・エコノミーの特徴は、同時に複数のプラットフォーム企業と連携することができ、また顧客にサービス提供をしていない時間帯には個人的な活動を行うことができる点にある。こうした働き方は、使用者に雇用されている労働者では不可能であり、この点において、独立労働者は自営業者に類似しており、労働時間規制をそのまま適用することは困難であると指摘している。

また、失業保険についてもギグ・エコノミーで働く者に対して適用することは困難であるとする。独立労働者は、自らの裁量で働く時間を決定することができるのであり、失業保険の制度は適合的ではないとする。

このように、ギグ・エコノミーに従事する者を「独立労働者」とカテゴライズし、法的な不明確性を減少させ、効率性と労働者の保護を付与しようとするのがこの提案の趣旨である。労働組合結成、団体交渉、労災、社会保障、メディケア、保険や資産形成の支援等については独立労働者に対して適用を拡大し、労働時間や失業保険については適用しない方向で提案がなされている。独立労働者に対して、雇用関係に見られる法的利点と保護の多くを拡張することにより、法的な不確実性と独立労働者をめぐる訴訟費用を削減するという。

　一方、プラットフォーム企業は、彼らのサービスを使用して、そのような彼らの手数料や料金の上限を設定するなどして、働き方について権限を保持する。これらの点では「独立労働者」は、伝統的な被用者に似ていると指摘する。

　アメリカの「独立労働者」概念は、これまでの被用者や自営業者の概念を明確に切り離して、労働組合レベルでの自治的規範設定を含め、新たな枠組みのもとで必要な法的保障を付与するものとして位置づけることができよう。

第2款　全体の見直し

　労働法の適用対象の全体的な見直しを提案する議論もある。Information Technology and Innovation Foundation（ITIF）は、労働者と自営業者の伝統的な区分は時代に適合していないとして、連邦議会で次のような3種類の改革を提案している。第1は、労働者と自営業者の中間に新しいカテゴリを設けること、第2は、主要労働関連法を目的に合わせて調整し直すこと、第3は、プラットフォーム企業を既存の労働法から一時的に適用除外して、適正な法的枠組みを再構築するというものである[484]。ここでは、第3のカテゴリの導入を含めて、複数の案が検討されている。

　また、カテゴリに依存しない規制の可能性も指摘されている。現時点でも、差別法制などでは、二分法から脱しカテゴリに依存しない法規制がなされて

---

[484] Kennedy, J., 'Three Paths to Update Labor Law for the Gig Economy', ITIF, Apr 2016, (available at http://www2.itif.org/2016-labor-law-gig-economy.pdf?_ga=2.155052280.1306039614.1495503587-1541966957.1495503550).

いる。そこで、カテゴリに依存しない規制の可能性についての指摘もなされている[485]。

他方、「被用者」と「独立契約者」の間に新しいカテゴリを導入する提案を批判的に検討し、交渉によるセルフ・レギュレーションを促進する必要性も指摘されている[486]。

第4節　比較法的考察

イギリスとアメリカの状況について以上のように概観したが、他国の状況についてもかんたんにここで触れておきたい。

第1款　ILOにおける雇用関係をめぐる議論

ILO（International Labour Organization）では、労働法の適用範囲をこれまでよりも広げるべきかどうかという論点について継続的かつ活発な議論の蓄積がある。ここで、ILOの議論状況について概観しておきたい。

1　契約労働

まず、ILOが提唱した概念として「契約労働（contract labor）」がある[487]。「契約労働」とは、ILOの1997年の第85回大会および1998年の第86回総会において、不安定な就労関係および就労条件にある従属的就労を総称する概念

---

[485] Lobel, O., 'The Gig Economy & The Future of Employment and Labor Law', University of San Francisco Law Review, University of San Diego School of Law Legal Studies Research Paper Series No16（2016）, p15.

[486] De Stefano, V., 'The Rise of the 'Just-in-Time Workforce': On-Demand Work, Crowd Work and Labour Protection in the 'Gig-Economy''（2015）ILO, CONDITIONS OF WORK AND EMPLOYMENT SERIES No. 71.

[487] ILOの「契約労働」に関する先行研究として、鎌田耕一『契約労働の研究——アウトソーシングの労働問題』（多賀出版、2001年）13頁以下、橋本陽子「『労働者』と『準労働者』——労働者概念の総論として」野川忍ほか編『変貌する雇用・就労モデルと労働法の課題』（商事法務、2015年）122頁以下、同「契約労働」角田邦重＝毛塚勝利＝浅倉むつ子編『労働法の争点〔第3版〕』（有斐閣、2004年）277頁、特集「労働法の現代化と雇用関係の範囲」季労215号（2006年）所収論文。

である。

　「契約労働」の定義は、①「ユーザー企業のために遂行される労働」であること、②「契約労働者およびユーザー企業との間に雇用契約以外の直接的な契約上の措置に従って労働が遂行され」、または、「契約労働者が、請負契約または仲介人によって、ユーザー企業に供給される」こと、③「契約労働者が、当該労働を、事実上、ユーザー企業に依存または従属している労働条件のもとで遂行し、かつ、かかる条件が、国内法および慣行において、雇用関係を特徴づける条件に類似している」ことであり、2者関係だけでなく、派遣・請負の三者関係も含む点に特徴がある。この「契約労働」に認められるべき保護の内容は、団結権および団体交渉権、差別からの保護、労働時間、報酬の保護、母性保護、安全衛生および法定社会保険への加入であるとされた。しかし、この条約案は採択されずに終わっている。

　2003年の第91回総会における「雇用関係の範囲」の一般討論において、「雇用関係に関する決議」が採択された[488]。そこでは、労働者の実際の法的地位を隠す「偽装された雇用関係」とともに、独立した就業者か非独立の就業者かの区別が困難な「曖昧な雇用関係」が議論の対象とされ、雇用関係にあるものに適切な保護をもたらす勧告の採択が求められた。もっとも、2006年の第95回ILO総会では、「曖昧な雇用関係」の定義については意見が一致に至らず、「偽装された雇用関係」について、雇用関係にある労働者のために効果的な保障を付与すべく、加盟各国に対し政策の検討を求めることが着地点となった。

　ILOは、2006年に雇用関係勧告（第198号）を採択し、雇用関係の範囲を明確にする必要性が問題意識として共有された[489]。ILOはこの勧告の前文において、「関係者のそれぞれの権利及び義務が明確でない場合、雇用関係を偽装する試みがあった場合又は法的枠組み若しくはその解釈若しくは適用において不備若しくは制限がある場合には、雇用関係が存在しているか否かを確定することが困難である」とし、効率的で効果的な法が必要であり、自

---

[488]　皆川宏之「労働法上の労働者」日本労働法学会編『講座労働法の再生　第1巻　労働法の基礎理論』（日本評論社、2017年）75頁以下。
[489]　ILO, Employment Relationship Recommendation, 2006（No. 198）.

発的な遵守を促す法の必要性を指摘するものとなっている。

2　雇用の誤分類

　2016年には、ILOは世界の非正規雇用に関するレポートを公表し、そのなかで「雇用の誤分類（employment misclassification）」として、雇用関係の範囲に関する世界各国の動向を整理している[490]。このレポートは、雇用の誤分類の解決策として、いくつかのアプローチの可能性を示唆している点で興味深い。特に重要と思われるのは以下の4点である。

　第1は、「事実の優位性（primacy of facts）」原則というアプローチである。「事実の優位性」とは、被用者性の判断において、当事者がどのようにその関係を取り決めたかに着目するのではなく、実際の業務遂行に関わる事実関係に基づいて決定するという原則である。このレポートでは、「事実の優位性」原則の一例として、イギリスのケースである Autoclenz Ltd v Belcher and others 事件について、雇用関係の相対的な交渉力の差に着目して、被用者性を判断するというアプローチの一例として位置づけている[491]。

　第2は、雇用関係の存在を決定する判断基準の柔軟な解釈と明確性を目指すアプローチである。ILOは、判断要素を明確にするとともに、判断基準を柔軟に解釈することで、法律の適用に妥当性をもたせようとするものである。その際には、アメリカの経済的実態基準のように、多様な判断要素を考慮して被用者性を判断するアプローチをとることがその選択肢となる。こうした柔軟な解釈は、技術革新による組織変動にも対応すること可能にし、シェアリング・エコノミーのように、顧客による評価システムを介して労務管理がなされる場合でも、被用者性が肯定される可能性がある[492]。

　第3は、一定の場合に、法的に雇用を推定するというアプローチである。これは、雇用関係を示す指標が一部でも存在する場合に、雇用関係の存在を

---

[490]　ILO, "Non-Standard Employment Around the World: Understanding challenges, shaping prospects"（2016), p261-266.
[491]　本書第2章第2節第3款2参照。
[492]　De Stefano, V., The rise of the 'just-in-time workforce': On-demand work, crowdwork and labour protection in the 'gig-economy', Conditions of Work and Employment Series No. 71（ILO, 2016).

法的に推定するものであり、ILO の2006年の雇用関係勧告（第198号）で言及されたアプローチである。たとえば、アメリカでは、カリフォルニア州の労働法典（California Labor Code）において、「他者に役務を提供する者は、独立契約者である場合、または、本法典で明示的に除外されている場合を除き、被用者であると推定する」としている[493]。また、オランダでは、「被用者が3か月にわたり、使用者のもとで規則的に（毎週または月20時間以上）働く場合、法律は自動的に雇用契約が存在することを推定する」旨を規定し、使用者側に反証可能な仕組みにしている。ILO のレポートによれば、オランダの他にも、コロンビア、ドミニカ共和国、パナマ、ベネズエラでは、雇用関係の推定する規定を設けているという。推定規定を設定するメリットは、当事者に契約を締結する際の指針を提供するだけでなく、労働者側の立証責任を緩和するとともに、企業の脱法的行為を抑制することも可能となる点にある。

　第4は、立法的に特定の職種等について被用者もしくは自営業者であるとみなすアプローチである。たとえば、フランスでは、プロの報道記者等について、一定の条件をもとに雇用契約とみなす規定を立法的に整備している。特定の職種等について立法的にみなしてしまうことにより、カテゴリの区分に関する紛争を予防することが可能となる。

　ILO のレポートが指摘していることは、雇用関係の範囲を明確にすることにより、労働者の権利に関する認識を高め、裁判所や行政機関の実効性を確保して効率的な労働行政、監督制度を可能にするという点である。

3　シェアリング・エコノミー

　シェアリング・エコノミーの1つであるライドシェアについても、ILOにおいて一定の議論がなされている。

　ILO は、2015年10月に「ILO 道路運送部門の安全衛生三者構成部門別会議」において、「交通ネットワーク企業に関する決議『明日の道路運送（Transporting Tomorrow）』」を採択した。この決議は、雇用保障、労働条件

---

[493]　California Labor Code 3357.

および交通安全に対する悪影響を回避し、経済のインフォーマル化を避けるため、全ての交通ネットワーク会社が道路運送会社を対象に定められたものと同じ法規制枠組みの対象となるようにすることで、公平な条件を確保することが必要であること、また、プラットフォーム企業について、行政機関または司法機関の決定を遵守すること重要性を指摘するものである。

ILO は、ディーセント・ワークを、安全な職場と社会的保護、自己啓発と社会的統合のよりよい見通し、人々が懸念を表明し、団結し、その生活に影響する決定に参加する自由、および、すべての女性と男性の機会と待遇の平等を伴う生産的で、公正な所得をもたらす仕事と定義している。こうしたプラットフォーム企業に対する規制のあり方についても、ディーセント・ワークの課題に対処し、全ての人に公平な条件を確保することを目的としたものとして位置づけられている。

第2款　各国の状況

ドイツやフランスといった大陸法の系譜においても、現代的な雇用契約は、19世紀から20世紀にかけて発展した企業組織と社会保障制度によって発生したものであると位置づけるものがある[494]。産業革命以後の賃金労働においては、1800年代の大陸法系諸国は、伝統的なローマ法の locatio conductio の系譜を受けて発展し、契約モデルの受容はこの時点ではイギリスよりも早かったという指摘もなされている[495]。

ドイツでは「被用者類似の者（arbeitnehmerähnliche Person）」という第3のカテゴリを設けて、労働法の一部を拡張して適用している。以下では、ドイツとフランスを中心に、諸外国の動向について概観したい。

1　ドイツ

ドイツ法の特徴は、「被用者（Arbeitnehmer）」という概念に加えて、「被用者類似の者（Arbeitnehmerähnliche Person）」という概念によって労働法上

---

[494] Deakin, S.F., and Njoya, W., 'The Legal Framework of Employment Relations', Centre for Business Research, University of Cambridge, Working Paper No. 349（2007）p8.
[495] Ibid., p8.

の適用関係を整序している点にある[496]。

ドイツにおいて労働契約（Arbeitsvertrag, employment contract）とは、民法典における雇用契約（Dienstvertrag, contract of service）の下位類型として、請負契約と区別される。被用者は、かかる労働契約の一方当事者であり、基本的に労働法のすべての法律の適用を受ける者である。制定法には、被用者（Arbeitnehmer）を一般的に定義した規定は存在せず、被用者に該当するかどうかの判断は裁判所の判断に委ねられてきた。被用者概念については、被用者とは、労務の提供に当たって特定の契約相手との経済的な従属関係にある者か、それとも人格的な従属関係にある者かが重視される。

そして、被用者性をめぐる被用者と個人事業主の中間概念として「被用者類似の者（Arbeitnehmer hnliche Personen）」がある。ドイツの被用者類似の者は、1923年の労働契約法草案で用いられ、1926年の労働裁判所法において実定法上の概念となった。人的独立性と経済的従属性を基本的特質とし、被用者と独立の事業者との中間に位置するものとして、労働法の本来の対象ではないが、一部の労働立法の適用対象に加えられてきた。また、「家内労働者」については、家内労働法という特別法を設け、「被用者類似の者」については、一定の法律の適用を認めている。

被用者類似の者について、ドイツ労働協約法第12a条において、「経済的従属性があり、かつ被用者と同程度に社会的保護必要性のある者（被用者類似の者）に本法を準用する」とされる（1号本文）。その要件は、雇用契約ま

---

[496] ドイツの記述については以下の文献に依拠している。ドイツの被用者概念の歴史的経緯については、柳屋2005・6頁以下。同書の記述に基づき、本書では訳語を「被用者（Arbeitnehmer）」と「被用者類似の者（Arbeitnehmerähnliche Person）」で統一した。ドイツの被用者概念については、橋本陽子「労働法・社会保険法の適用対象者—ドイツ法における労働契約と労働者概念(1)〜(4)」法学協会雑誌119巻4号（2002年）612頁、同120巻8号（2003年）1477頁、同120巻10号（2003年）1893頁、同120巻11号（2003年）2117頁、同「ドイツ法における労働契約と労働者概念」学会誌101号（2003年）90頁、皆川宏之「ドイツにおける被用者概念と労働契約」学会誌102号（2003年）166頁、坂井岳夫「ドイツにおける「被用者類似の自営業者」についての考察——社会保険の適用構造に関する基礎的研究」同志社法学65巻4号（2013年）961頁、高橋賢司「ドイツ法における労働者と独立自営業者の区別の基準——偽装独立事業者（Scheinselbständige）および個人事業主（Solo- Selbständige）に関する法的検討」山田省三ほか編『労働法理論 変革への模索 毛塚勝利先生古稀記念』（信山社、2015年）325頁、後藤究「ドイツにおけるクラウドソーシングの進展と労働法の課題」季労259号（2017年）88頁。

たは請負契約に基づき他人のために活動し、債務たる給付を自分の手で、かつ被用者の協力なしで履行し、かつ、(1)主として一人のために働くか、または、(2)自己の生業から得られる全収入の平均して半分を超えて一人の者から得る場合である[497]。このように、労働協約法12a条では、労働者類似の者について、「経済的従属性があり、労働者と比肩しうる程度に社会的要保護性のある者」との定義がなされているように、労働者類似の者の判断基準は、「経済的従属性」が重要なメルクマールとなっている。

このほか、労働裁判所法5条1項において、経済的非独立性のために被用者類似の者とみられる者については被用者とみなすと規定され、また、連邦休暇法2条では、経済的非独立性のために被用者類似の者とみなされ、特別な休暇等の規定が適用される[498]。

ドイツにおいても、独立しながら経済的に依存する関係がみられ、そういった働き方は指揮命令関係が必ずしも認められない場合がある。最近のドイツの労働立法では、営業法および社会保険立法で用いられていた「就労者（Beschäftige）」を適用対象と定める法律が増えており、かかる就労者には被用者類似の者も含まれていると解されているという[499]。

2　フランス

フランスでは、「賃金労働者」（salarié）としての労働者を規定するのは「労働契約（contract de travail）」の概念である。契約と性質決定には法的従属性（subordination juridique）と経済的従属性（dépendance économique）という判断基準が使用されている[500]。法的従属性の有無は、当該事案における客観的諸事情により判断されており、その判断基準は、使用者が労働者に対する指揮命令権限を有するかどうかである。

---

[497]　柳屋2005・43頁以下。
[498]　柳屋2005・43頁以下、高橋・前掲注496）論文330頁。
[499]　橋本陽子「ドイツ労働法における『就労者（Beschäftige）』および『労働者類似の者』の概念について」山田省三ほか編『労働法理論 変革への模索　毛塚勝利先生古稀記念』（信山社、2015年）303頁参照。
[500]　フランス法の記述については、三井正信『フランス労働契約理論の研究』（成文堂、2016年）に依拠している。

労働契約か否かの判断は、当該労働者が経済的に劣弱であることや、経済的に従属していること等によっては決定されず、それは当事者間に締結された契約に基づいてのみ決定される。すなわち、労働者であるということは、労働者が相手方に対して法的従属関係（lien juridique de subordination）にあることを意味している（Civ., 6 juill. 1931, D.P.1931.1.121.）。契約当事者の意思のみによっては、労働者をその仕事の履行条件から必然的に導かれる社会的地位（賃金労働者としての地位）から引き離すことはできない（Cass.Ass.pl n. 4 mars 1983, J.381.）。

　なお、人的従属性に乏しいが、労働法の保護を適用するのが妥当と考えられる特定の職業について、その職業の特性に配慮した労働契約の推定規定を設けている。たとえば、興行芸術家との間で報酬を払って公演を行うために結ぶ契約は、労働契約と推定されている（芸術家が商業登記簿に登録して公演を行っている場合は、その限りではない（労働法典L7121-3条））。

　フランスでもシェアリング・エコノミーをめぐる議論がなされている状況にある[501]。2016年の「Terrasse 報告書」が公表され、シェアリング・エコノミーの発展の枠組みについて、新たな地位を設ける必要はないと指摘している。他方、仏社会問題省監察総局（IGAS）は2016年10月、シェアリング・エコノミーの労働者の保護について報告書を発表した。労働者とプラットフォーム間での仲裁システムを創設すること、また経済的依存関係が強い場合には、賃金労働者とみなすことを提言した。

　裁判例としては、仏パリ大審裁判所は2017年1月、配車 LeCab 社で運転手を務めた者との契約を労働契約であると判断した。2015年9月にパリ労働裁判所が13人の運転手について実質的な「労働契約」の存在を認めている。他方、パリ控訴院は、2017年11月の判決において、食事配達の Deliveroo で勤務していた者とプラットフォーム企業との間に法的従属性がないと判断されているという。

501　以下の記述は、厚生労働省「『雇用類似の働き方に関する検討会』報告書」（2018年3月）に依拠している。

3　その他各国の状況

　第3のカテゴリの設定を設定する国としては、イタリアやカナダなどが代表的である。ILOの調査によれば、被用者の地位を推定する規定を設けている国として、チェコ、エストニア、フランス、メキシコ、オランダ、ポルトガルなどがある。こうした国では、立法によって労働者の地位は「被用者 employee」を通常の地位（default condition）としている。

　ヨーロッパでは、アラン・シュピオの『雇用を超えて（Beyond Employment）』が執筆され、多くの影響をあたえている[502]。労働法が20世紀初頭から形成してきた社会経済統治モデルの危機という観点から出発し、社会法の再構築を目指すものと位置づけられる。

　具体的には、①雇用安定よりも、ライフサイクルを超えた参加を焦点にした労働者のための労働市場制定法、②社会的権利と保護を受ける基盤となる"労働"概念の拡大、③個人が自己のフレキシビリティを活用できる"社会的権利"を提案している。不安定な状況での積極的保護を可能にする立論として位置づけることができよう。

第5節　小括

　本章では、シェアリング・エコノミーの発展により、イギリスとアメリカの雇用契約と被用者概念がどのような困難に直面しているかについて検討した。

　1942年にベヴァリッジ報告が示されたことにより、イギリスの社会保障制度の骨格が形成され、雇用契約と労務供給契約といった二分法的な類型が定着した。しかし、そのような二分法的な分類が機能不全に陥っていることが明らかになる。とりわけ、雇用契約の法理は二分法的な分類に適合しない断

---

[502] A. Supiot, Au-delà de l'emploi : transformations du travail et devenir du droit du travail en Europe, 1999. A.Supiot, Beyond Employment: Changes in Work and the Future of Labour Law in Europe（Oxford: Oxford University Press, 2001）. 書評として、濱口桂一郎・季労197号（2001年）、水町勇一郎・国家学会雑誌114巻1・2号（2001年）、矢野昌浩・労研669号（2016年）72頁。

続的雇用関係、三者間の雇用関係、シェアリング・エコノミーが現代の労働市場で増加している実態に適合しなくなっている。

このような状況のなか、特に1990年以降のイギリスでは、雇用契約の基本概念自体を改めて問い直す議論が広く展開されるようになっている。それは、イギリスの伝統的な雇用契約法理に内在する問題に対して一定の歯止めをかけようとするものであり、イギリス労働法に新たなダイナミズムをもたらそうとするものである。

その代表的なものとしては、マーク・フリードランドの雇用契約概念自体を見直す議論である。雇用契約概念自体を見直して、新たな状況に適応できる新しい社会システムを築くための提言として位置づけることができる。また、ガイ・ダヴィドブ（Guy Davidov）は法目的によって労働法の適用を変化させる議論を展開している。さらには、イギリスでは第3のカテゴリとして労働者（worker）概念を構築していることから、その適用をめぐった議論も展開されている。

他方、アメリカでは、セス・ハリスとアラン・クルーガーがシェアリング・エコノミーの進展を受けて、「独立労働者（independent workers）」という新たな分類を設ける議論も展開されている。また、内部告発法制や差別法制で採用されているように、二分法から脱しカテゴリに依存しないニュートラルな規制の可能性も指摘されている。

イギリスにおける議論の特徴は、伝統的なカテゴリである「被用者」以外についても、一定程度の労働法的規制を及ぼす発想で議論を構築しているところであろう。もっとも、そのアプローチは論者によってかなり異なるものとなっている。たとえば、ボブ・ヘプルは、雇用関係を規制する方法として、制定法がコモン・ローに取って代わり、制定法を解釈するという雇用契約の役割は減少するという考えに基づいて理論を展開する。他方、マーク・フリードランドは、雇用関係を規律するアプローチとして雇用契約が時代遅れであるというペルの見解に一定の理解を示しながらも、コモン・ロー上の雇用契約理論は制定法の理解において依然として重要であるとして、雇用契約理論の延長線上で新たな概念を定立して議論を展開するところに特徴があるといえよう。

第5章　総合的理解の試み

　本書では、わが国の労働契約と労働者概念の理論的基礎を探求すべく、イギリス法およびアメリカ法がそれぞれ雇用契約をどのような概念として把握し、労働法の適用対象を決定づけているのか、そして、労働市場や雇用システムの検討において、いかなる者を法的対象として取り入れるべきかという視角から検討を行ってきた。また、各国において、雇用契約概念と被用者概念はどのような関係として構成されているのか、制定法レベルにおいていかなる者を労働法の対象としているのか、契約法理は労働市場や雇用システムとどのような関係にたつのかという観点からも分析を加えた。
　歴史的には、イギリスの雇用契約の形成過程は、主従法の時代において既に確立されたものとして説明されることも多かったが、本書の検討を通じて、雇用契約は20世紀における社会保障立法や制定法上の枠組みを通じて、労働関係を二分法的に区分する法的枠組みが確立したことが、最近のイギリス法研究の到達点であることが明らかとなった。アメリカにおいても、代位責任法理からコントロールテストが成立したが、制定法のレベルで法的区分が争われるようになったのは、20世紀に入ってからのことであり、その判断基準も連邦法レベルや州法レベルによって多様な判断枠組みを用いてきたことが明らかになった。
　本書における両国の歴史的分析から、理論的な連続性を踏まえつつ、社会的変化に対応した各国の分析視角を導出することには、一定の意義が見出されよう。さらには、ライドシェアに代表されるシェアリング・エコノミーによって、プラットフォーム企業を介在とした働き方が広がるなかで、労働法

制において各国はどのような対応を行うのかという点について両国の理論的動向を検討した。これまでの章において諸外国のアプローチを見てきたが、各国のアプローチはそれぞれ意義のあるもので示唆に富んでいる。

　本章の課題としては、前章までにおいて検討したイギリスとアメリカの法状況および学説上の理論状況を踏まえて、各国との比較の視点を踏まえつつ検討していく必要がある。そこで、本書におけるこれまでの検討結果について、イギリスおよびアメリカの雇用契約論の構造分析からはじめたい。比較法による検討により、雇用契約論として、3つの視点から改めて整理することとする。

第1節　英米における雇用契約の構造分析

1　資本主義の展開と雇用契約法理の形成過程

　イギリスの雇用契約の歴史的検討から明らかになったことの1つは、産業革命と資本主義の発展とともに雇用契約概念が形成されてきたということである。

　イギリスにおける雇用契約の起源を辿ると、産業革命が本格化する18世紀以前の段階では、エリザベス職人規制法において契約関係の萌芽ともいうべきものが認められるものの、いまだ雇用契約といえるような内容ではなかった。19世紀前半までは請負と雇用といった区分は必ずしも存在しておらず、請負契約も主従法の対象として認識されていた。19世紀には、職業に応じて法区分がなされていた。その後、雇用契約は、コモン・ローと制定法の緊張関係から形成され、20世紀の社会保障立法の影響を多分に受けることにより、雇用の契約化が図られた。

　雇用契約によって二分法的な法的区分が確立した時期がいつかという点が歴史的な分岐点として論点の1つになるが、19世紀から20世紀前半のなかで段階的に形成されたのが雇用契約であり、被用者と自営業者に二分する法律体系は、産業革命の発展や社会保障立法と深く関わって形成されたものであったというのが近年の分析である。サイモン・ディーキンの分析によれば、

20世紀の社会保障法立法の成立によって雇用契約（contract of employment）と独立契約者（independent contractor）とに区分する二分法的区分が成立した。雇用契約（contract of employment）概念が形成されたことにより、現代における労働法の基本構造が完成することになる。歴史的には、職業別で規制の対象を画定していた18世紀以前の法体系から、すべての労働者を包摂する法体系へと移行したこととなる。

第二次世界大戦後は、フォーディズムに基づく大量生産方式に基づく標準的な労働関係を念頭において、雇用契約法理が形成された。イギリスの雇用契約論は、その生成および展開の過程において資本主義の発展と重層的に関わり続けており、労働法の存立基盤として雇用契約が重要な役割を果たしているものと位置づけられている。とりわけ、イギリスにおいては、カーン・フロイントが雇用契約を「礎石（corner stone）」と指摘して以来、雇用契約が法体系のなかで重要な位置を与えられている点に大きな特徴がある。

2　就業構造の変化とコモン・ローと制定法による適用範囲の拡大

次に特徴的な点は、イギリスとアメリカの両国においては、20世紀に成立した雇用モデルについて時代の変化や働き方にあわせて、被用者性の判断基準を見直すアプローチがとられてきたということである。

労働法の適用対象を見直すアプローチとしては、大きく2つの方法で行われている。

1つは、被用者概念の判断基準を解釈によって見直すことにより、妥当な結論を導こうとするアプローチである。両国ともコモン・ローにおいて被用者性の判断基準が形成され、時代とともに使用者の指揮命令を中心的要素とするコントロールテストから、経済的実態基準などの判断基準に変更するアプローチがとられていた。

具体的には、イギリスにおいては、雇用契約論と制定法上の概念を連関させながら、具体的な法的調整の方法を提示しており、有益な示唆も多い。コントロールテストは、1950年代でその基準として十分に機能しないことから、統合基準、経済的実態基準と変遷し、現在は義務の相互性を中心に雇用契約理論が展開されている。ここで注目されるべきは、義務の相互性を中心に議

論を展開することにより、フォーディズムを原点とする工場労働モデルから指揮命令の希薄な現代的な雇用モデルに対応を可能としている点であろう。指揮命令関係から労働法の適用関係を画定するというアプローチではなく、義務の相互性を契約の中心的概念として措定し、そこから労働法の適用範囲を画定していくアプローチがイギリスの特徴といえよう。もっとも、義務の相互性を強調することにより、被用者性が否定される結果をもたらすというイギリス法独自の課題もある。

　また、イギリスにおいては、法目的によって適用範囲を変化させる発想が共有されている。不公正解雇の場合には、契約当事者の権力に基づく雇用契約や、従属関係にある雇用類似の契約を対象とするのに対し、労災については、多様な当事者が関与することになることから、広い範囲で適用が図られる解釈がなされている。

　他方、アメリカの特徴は、法目的によって適用の判断基準を使い分けるアプローチが明確に採用されていることである。これは、連邦法レベルにおいては法律によって複数の基準を使い分けており、州法レベルにおいても各州が異なる基準を採用しているところにアメリカ法の特徴を見出すことができよう。法目的によって柔軟に適応範囲をアドホックに判断していくのが、現在の実態として把握できた。

　こうしたアプローチは、法目的に応じて柔軟に対処できる点をメリットとして見出すことができる一方で、法目的によって判断基準を使い分けることは、労働者自身がどの法律が適用されるのかを認識することが難しく、混乱をもたらしているという指摘もなされており、比較法的にも注目すべき点である。アメリカでは、伝統的なコントロールテストから、3つの判断基準でシンプル化したABC基準を採用する動きが顕著になっており、複雑な判断基準をより明確化する動きとして捉えることができる。

　現在の労働法は、労働者か否かという硬直的な法的区分をもとに、組織を構築するように求めており、ビジネス上のニーズを満たすことも難しくなっている。また、労働者か否かによって企業が負担する労務コストも大幅に異なる。アルバイトやパートタイムなどの非典型雇用は、これまでは小売業等のサービス業が多くを占めていたが、アメリカやイギリスでは、技術革新や

AI化によって、これまで人が担っていた部分をAIなどの技術によって代替し、専門的な業務についても今日も業務委託による外注などの方策が取られるようになっている。

　こうしたカテゴリによって法的取り扱いを大きく異にする制度設計は、使用者の税負担などの労務コストに大きな違いを生じさせることにもつながる。そのため、使用者に労働者を業務委託契約などの自営業者に区分する「非雇用化」のインセンティブを付与する。従来から労働者を業務委託契約と偽るケースもあるところだが、現代の働き方がサービス業を中心としたものになったことにより、労働者か否かを区分することが困難になっている。このように、二分法的な枠組みは明確な法体系を構築することが可能になるメリットがある一方で、法的な結論において大きな差異を生じさせてしまうオール・オア・ナッシングになるため、事案によっては不平等な結論が導かれることになる。また、使用者に「非雇用化」のインセンティブを付与することになるという弊害がある。

　そして、もう1つのアプローチが、法的カテゴリとしての第3のカテゴリの導入である。イギリスでは雇用契約と対応する「被用者（employee）」概念に加えて、「労働者（worker）」概念が導入されている。イギリスでは、1998年以降に制定法において第3のカテゴリである「労働者」概念を導入することにより、現在では、基本的には被用者、労働者、自営業者の3分法による法体系を形成している。そこでは、雇用契約概念については、被用者概念と同一のものとして理解したうえで、第3のカテゴリである「労働者」概念については、雇用契約関係にないものを含む概念として構成されていることが明らかとなった。

　イギリスでは、雇用契約以外の契約類型にも労働法上の保護を生み出す仕組みを「労働者」概念を設定することで構築していた。とりわけ、イギリスでは、雇用契約論と制定法との関連性において有益な理論的整理がなされていることは注目すべきである。雇用契約は被用者概念と連動するものと法的に整理され、「労働者」概念を雇用契約関係にないものを含む概念として構成している。雇用契約が労働法の対象を決定づける重要な概念であることは間違いないが、それ以外の契約類型についても必要に応じて制定法レベルで

適用範囲を拡大している。二分法的な枠組みを維持しつつ、第3のカテゴリを設定することで、結論の妥当性を確保するアプローチといえる。なお、ドイツなどの他国でも同様に第3のカテゴリを設定しており、先進国では第3のカテゴリを設定するアプローチをとるところも多くなっている。シェアリング・エコノミーをめぐる訴訟が提起されているが、イギリスでは、Uberのケースにより、被用者ではなく、労働者としての地位を認めたケースもある。

3 雇用契約の再構成と基礎理論の構造化

昨今の大きな働き方の変化は、シェアリング・エコノミーというプラットフォーム企業を介在させた働き方の登場である。ライドシェアに代表されるシェアリング・エコノミーという働き方は、労働者と自営業者を二分する法的枠組みに適合しない状況を生み出している。法的地位が不明確な状況は、そこで働く当事者にとってもプラットフォーム企業にとっても非効率な状況となっている。

イギリスとアメリカの共通の特徴としては次の点を指摘できる。

第1は、プラットフォーム企業が労働法や社会保障法制の枠組みを逸脱し、労務提供者が不安定な状況におかれている実態が、重要な法的問題として明確に意識されていることである。アメリカにおいて指摘されているのは、福利厚生の有無が被用者性の判断要素とされているため、法律の適用を回避するために福利厚生を提供しなくなるという事態が生じているということである。二分法的な枠組みがかえってシェアリング・エコノミーで働く者の法的保護を奪うという構造になっているという指摘は重要である。

こうした変化が現しているのは、新たな種類の契約の出現である。現代における顕著な現象は、シェアリング・エコノミーによるプラットフォーム企業を介在した個人と個人のサービス提供の広がりである。これまで雇用と自営を二分していた指揮命令を中心とした雇用関係モデルを逸脱する労働が急増しており、イギリスでは、労働法コンセプトの危機が議論されるようになっている[503]。そもそも、労働法自体をどのように把握するのかという問題である。

第2は、被用者性をめぐる判断基準の単純化・明確化を、イギリスおよびアメリカ両国において指向していることである。イギリスでは、マシュー・テイラーが「従属契約者」概念を設定することで、法の適用を容易に区分できる枠組みを提案している。アメリカでは、州法レベルで発達したABC基準を活用する動きが活発化している。いずれもシンプルな規定が必要であること、雇用の地位をデフォルトで推定する規定の活用などが提案されており、法的技術としても興味深い。

　第3は、両国とも、独立契約者に対応するための理論展開および法政策を検討していることである。たとえば、マーク・フリードランドが「個人的労働関係」という概念を設定することにより、フリーランスも含めた幅広い労働を対象にした労働法の組み替えを提案している点に特徴がある。また、アメリカでは、セス・ハリスとアラン・クルーガーは、ギグ・エコノミーに従事する者を「独立労働者」とカテゴライズし、法的な不明確性を減少させ、効率性と労働者の保護を付与しようとする提案がなされている。

　両国の学説および政策提言として、特徴的な箇所は次の点である。

　第1に、イギリスにおいて雇用契約論の再構成の議論が行われているのが特徴であろう。マーク・フリードランドは「個別的雇用契約（The Personal Employment Contract）」という契約を再構成するアプローチを提唱しており、雇用契約の範囲を拡大する方向で契約概念自体を再定義する視点を明確にした点において示唆的である。また、これを発展させて「個別的労働関係（Personal Work Relations）」として、雇用関係を「契約」から「関係」へと捉え直す議論も展開されている。そして、雇用契約概念にとらわれないことにより、二分法によるカテゴライズを克服すべきであるというのが、この「個別的労働関係」の基本的発想といえよう。そして、イギリスの現行制度は契約概念に依存しすぎているという指摘も興味深い[504]。

　フリードランドの分析によれば、これまでの労働法では、交渉力の不均衡がその法的介入の根拠として位置づけられていた。しかし、交渉力の不均衡に基づく理論は、従属的な関係としてすべてみなしてしまうことになり、実

503　Davidov, G., and Langille, B., The Idea of Labour Law（Cambridge University Press, 2011）.
504　Ibid., p42,43.

態と乖離していると指摘する。それゆえ、個人的労働関係に対する法的介入の規範的根拠としては、「尊厳（dignity）」、「潜在能力（capability）」、「安定性（stability）」の３つの観点が重要であるとしている点も、１つの新たな方向性を指し示しているものといえよう。

そして、人生の時間軸を意識するために「個人的労働プロファイル（the personal work profile）」という観点を導入して、流動的に職業生活を営むことを前提に、その職業生活の中で安定雇用、自律的就労から不安定雇用への変化を前提としながら、労働法が付与する権利と保護内容を構成すべきとする。「個人的労働関係」の議論は、雇用契約概念を見直すことにより、再び統一的に雇用関係を把握するアプローチとして位置づけられる。

他方、アメリカでは、セス・ハリスとアラン・クルーガーによる「独立労働者」概念の改革提言がなされており、そこでは、従来型の被用者性の判断基準とはせずに、シェアリング・エコノミーで働く者を対象とする第３のカテゴリを設定する法律構成のあり方を検討している。そこでの基本原則は、「労働時間の把握困難性」、「中立性」、「効率性」の３つの観点であり、これらが労働法を改革する原則となるという。そして、「独立労働者」に対しては、労働組合結成、団体交渉、労災、社会保障、メディケア、保険や資産形成の支援、納税等については「独立労働者」に対して適用を拡大し、その一方で、労働時間規制や失業保険については適用しない方向で提案がなされている。「独立労働者」に対して雇用関係に見られる法的利点と保護の多くを拡張することにより、法的な不確実性と被用者性の有無をめぐる訴訟費用を削減するというのが、セス・ハリスとアラン・クルーガーの提案の骨子である。

以上のように、これまでの労働者性の判断基準が適合しない働き方に対してどのように対応していくかが世界各国で問題となっている。イギリス、アメリカ両国において、労働法制のあり方そのものを見直す本質的かつ根本的な議論がなされており、注目に値するとともに、比較法的にも極めて重要な意義を有している。

第2節　労働契約の基礎と法構造

　本節では、前節において整理した3つの視点をふまえて、現代の労働契約の位置づけとあり方に関して一定の見通しを提示することを試みる。イギリスとアメリカの動向を検討してきたが、各国と同様にわが国においても、グローバル化した経済や少子高齢化に直面しており、従来型の雇用モデルの改革の必要性にせまられている。もっとも、わが国の理論的展開は大幅に異なり、また、文化的な違いもあり、単純な比較は困難である。また、わが国の文脈においてどのような法制度が望ましいかという方向性を見出すためには、多くの議論を必要とするところであり、本書において日本の改革の方向性を具体的に見出すまでには至っていない。以下において示されるのは、暫定的な見通しにすぎず、日本法における個別の解釈論や立法論までを視野に入れたものではないことをあらかじめお断りしておく。ここで目指すのは、比較法的考察をふまえた、議論の視点を共有することである。

　イギリスとアメリカの示唆から、労働法改革の方向性を見出すための視点として、次のような点を抽出することができる。以下では、今後の労働法考えるうえでの検討の視点について整理し、労働契約の法的構造、および労働法の規制のあり方や体系的地位を明らかにすることを試みる。

第1款　検討の視点

　これまでのイギリスとアメリカの両国の検討から、さしあたり次のような結論を導き出すことができる。すなわち、労働契約を締結している者以外に労働法の適用範囲を拡大すること、とりわけ必要に応じて一部の労働法上の法的保護を労働者以外の者に適用を拡大することにより、労働者か否かによって適用を二分法的に分類する弊害を除去することは、労働者の従属性が相対化する現代において、ディーセント・ワークを推進する観点から見ても、根本的な欠陥とは考えられないということである。

　イギリスとアメリカの両国では、進展するプラットフォームを介在した働き方に対応して、労働法上の一部のルールについて、従属性の希薄な働き方

に対しても拡張して適用すべきであるという考え方が定着しつつある。これは、オール・オア・ナッシングの二分法的な法的類型が法的保護に落差を生じさせているからである。また、両国いずれにおいても、雇用を推定する規定を設定している。こうして被用者をデフォルトの地位として設定することにより、当事者の地位をめぐる訴訟が減少し、個人に過重な負担を生じさせない可能性がある。

　同時に、これまでの両国の歴史を振り返ると、従来型の仕事がそのニーズを失い、新たなニーズへと仕事が移行していく過程にあることがわかる。とりわけ、現代のアメリカでは、急速に発展するAIや技術革新により、もしくはプラットフォーム企業によって、これまでの仕事がAIなどで代替されている。工場による垂直型の大量生産方式においては、企業に個人が雇われて契約に縛られるという形式が最も効率的な手段であった。しかし、アメリカにおける先進的な企業の多くは、固定的な雇用のもとで価値を創出するのではなく、企業が単なるプラットフォームにとどまり、自営で働く者がプラットフォーム上で価値を創出している。

　こうした状況にかんがみると、被用者に対して従来型の労働法制を適用するという構造を維持しつつ、一部の労働法上の権利について被用者以外の者に拡大するというイギリスの法的構造は、多様な働き方に対応する法政策としてはかなりの合理性を有しているといえる。また、アメリカにおいても、ABC基準の浸透によって基準の明確化と雇用の推定が図られ、「独立労働者」の構想も提起されている。もっとも、イギリスもアメリカも改革の途上にあり、こうした方策が本当に有効に機能するかという問題については、両国の動向を見極めつつ慎重に評価する必要がある。

　それゆえ、イギリスとアメリカの知見をそのままわが国の労働法の現状にあてはめることはできないであろう。また、わが国は、戦後の日本的雇用慣行が定着した結果、シェアリング・エコノミーといった新たな働き方についても、法的な規制等によりどの程度の広がりを生むのかは不透明な状況にある。ただ、両国の動向は重要な示唆を与えていると思われるので、わが国においてどのような法的検討が必要かについて検討することにしたい。

　わが国における伝統的な雇用モデルは、長期雇用を前提とした終身雇用、

年功制、企業別労働組合であり、高度経済成長期には男女の役割分担モデルが効果的に機能していた。こうした日本の雇用モデルは、年金や住宅、家族手当などの企業依存度が高く、国家的制度の水準、税負担が低いことが特徴であった[505]。戦後のわが国の雇用モデルは、日本の文化を反映させながら、独自の長所とオリジナリティをもったものであった。

今後、労働契約論、より一般化すれば労働法はどうなるか。ここでは、労働契約の法構造を検討する際に基本的に考慮すべき事項を指摘したうえで、検討すべき課題を提示してみたい。

第1は、あらゆる役務提供を対象とした労働市場法の必要性である[506]。これまでの労働法は、第一次産業革命の時代を基礎にして従属労働をその法的対象にしてきた。しかし、アメリカとイギリスの動向をみるかぎり、使用者に従属的な働き方のみならず、プラットフォーム企業を通じたサービスの提供や、フリーランスといった働き方を含めて労働市場を構築する必要性が見いだされる[507]。労働時間を自由に決めることが容易になったことにより、これまで労働法の適用とされない働き方が拡大することになるが、むしろ、そうした者を労働法の適用から排除するのではなく、労働市場の中に位置づけ、労働の一形態として包摂（inclusion）する議論が求められる。労働法的側面と社会保障法的側面を見据えながら、社会的包摂を可能とする法政策を構築するという発想である[508]。フリーランスも対象に含めたうえで、公正で柔軟性のある労働市場を構築するという視点が重要である。

---

505 Mishra,R., Globalization and the Welfare State, (Edward Elgar Publishing Limited, 1999).
506 労働市場法は、雇用関係法（個別的労働関係法）、労使関係法（集団的労働関係法）と並ぶ第3の労働法領域として認識されつつあるが、その独自性については必ずしも明らかではない状況にある。労働法学において労働市場法を検討したものとして、荒木尚志「労働市場と労働法」学会誌97号（2001年）55頁、鎌田耕一「外部労働市場と労働法の課題」学会誌97号（2001年）83頁、同「労働市場法に関する覚書」東洋法学50巻1・2号（2007年）127頁。また、高橋賢司「デジタル化とAIの労働市場と労働法への影響」労旬1895号（2017年）7頁も参照。
507 内部労働市場のみではなく、労働市場に目を向けた理論構成の必要性を指摘するものとして、島田陽一「貧困と生活保障——労働法の視点から」学会誌122号（2013年）100頁。また、社会保障法との接続に関しては、菊池馨実「貧困と生活保障——社会保障法の観点から」学会誌122号（2013年）109頁。
508 宮本太郎「雇用と社会保障の新たな連携——日本型生活保障の解体をふまえて」学会誌122号（2013年）97頁。

第2は、雇用関係の再定義の必要性である。雇用関係の境界を再定義し、多様な働き方を自由に選択できる法的基盤を整備することである。働き方は多様化しており、ギグ・エコノミーに象徴されるように、オンデマンドの働き方がこれから拡大していくことが想定される。働き手と利用者の交渉力格差や事業者としての優越的地位からすれば当然に起こる事態である。必要なことは、そのような「雇用類似の働き方」については、必要性に応じて労働法のルールを適用し、社会保障法制についても「雇用類似の働き方」を包摂していく方向を指向することである。

　現行の解釈でいう「労働契約」関係とされない当事者関係に対して、必要な法的枠組みを付与することが第1の課題となる。イギリスでは、雇用契約概念の基準を修正することにより対処し、最近では第3のカテゴリである「労働者」概念を活用することにより、雇用契約以外のサービス提供契約にも一部の労働法上の保護を拡大することにより対処している。

　他方で、自由に仕事をする時間を決められて、どこで働くかも選択可能な自営的就労について、保護を与えるのは適切ではないという反論もありえよう。そして、保護を付与しすぎることにより、自由が縮減してしまうというジレンマが生じることも考えられる。

　労働法学が、従属労働を超えて、独立労働も含むより広く定義された「労働」を扱うようべきかが問われている[509]。英米の知見が示唆するところは、従属労働関係にこだわらず、労働市場を構築する観点からプラットフォーム企業を介在する働き方も含めた法規制を指向していることである。こうした雇用関係の定義の見直しが必要か、もしくは修正する必要があるのかを本格的に検討すべき時期が到来している。

　第3は、基準の明確化の要請である。イギリスもアメリカも、被用者性をめぐる判断基準の単純化・明確化を指向している点は興味深い。また、マシュー・テイラーは、被用者性の判断をめぐって大きな争いが生じて紛争コストが生じていること、法律によって異なる判断基準の適用を求められる状況

---

[509]　大内伸哉「雇用社会の変化と労働法学の課題」日本労働法学会編『講座労働法の再生　第6巻　労働法のフロンティア』(日本評論社、2017年) 37頁は、独立労働を含む「労働」を対象としたとき、「そこに真の『労働法の再生』が起こりうる」と指摘する。

は非効率であること、独立契約者として扱われた場合には、被用者が享受する多くの利益や法的保護から除外されてしまうこと、使用者による意図的な非雇用化に対処することが必要であることを指摘しており、この点は、わが国の法制度を検討する際にも重要な視点である。

第4は、自己のライフスタイルを選択できることである。いかなる雇用形態を選択しても納得が得られ、個人個人が自らの状況に応じて多様な働き方を自由に選択できる法的基盤を整備することが求められている。この点、西谷敏は、「生き方の多様性はできるかぎり尊重すべきであり、法や政策は、可能なかぎり労働者自身が選択した（自己決定した）生き方において『人間の尊厳』が守られるように制度を設計すべき」であるとしているが、労働者の自己のライスタイルを自由に選択できることは重要な観点であると思われる[510]。

第5は、企業間の公正な競争と社会的公正を維持するという視点である。適切に労働法の体系を維持することにより、企業間の公正な競争を促進するという視点は労働法においても重要である。シェアリング・エコノミーを牽引するプラットフォーム企業は、雇用しないことで雇用をめぐる社会的費用を負担していない。これは、雇用をめぐる社会的費用を負担している従来型の企業からみれば「抜け駆け」であり、公正な企業間競争という意味でも適切ではないという評価が英米の知見から導かれる。競合他社が労働法を遵守する必要がなく、そういった働かせ方で利益を上げるようなことがあれば、当然それに追随しようとする企業もでてくる。いわば、資本主義が成立する労働市場という基盤を労働法が構築するという視点である。こうした観点からすれば、特定の働き方を労働法から排除して放任しておくのではなく、社会の多様性・柔軟性を許容しつつ、企業間競争を可能とし、社会的公正を担保するものに組み替えていくことが求められる。

第6は、「ディーセント・ワーク」の促進である。ILOの定立した概念が「ディーセント・ワーク」の観念は、わが国の労働法学においても受け入れ

---

[510] 西谷敏『人権としてのディーセント・ワーク——働きがいのある人間らしい仕事』（旬報社、2011年）35頁以下。島田・前掲注507）論文においても、自己のライフライルを自由に選択できることを基調に据えた職業能力養成を基礎づける理念の必要性が主張されている。

られつつある[511]。今後、プラットフォーム企業を介在した組織にとらわれない働き方も増加することが見込まれるなかで、国家による職業教育の可能性も含め、「ディーセント・ワーク」を促進する法政策が求められる[512]。アメリカでは、最低賃金法制とキャリアパスの構築について議論されている。テクノロジーの発展により、特別なスキルが必要とされない仕事については、賃金が頭打ちとなり、低賃金のままでは、失業状態を選ぶ人が増えてしまう。キャリアパスが想定しうる仕事が減少し、サービス業の中でも小売や現業系など、キャリアパスのない仕事につく人が増えている。アメリカでは、州レベルで最低賃金の引き上げを実施しており、生活の下支えをする最低賃金法制の役割も拡大することになる[513]。パートやオンデマンド労働については、経験やスキルレベルに応じて「認証」を与えるなどの手法で「キャリアパス」を提供する仕組みも考えられる。

このように、比較法的な視座にたつとき、今後の労働法に求められる役割は、これまでの労働法に固執するのではなく、社会保障法や独占禁止法などの他分野との境界線の分野にも連携・協働することによって、公正な労働市場を構築することが求められているといえよう[514]。

第2款　労働契約の法構造

1　労働契約の規制原理

わが国では伝統的に、労働者と使用者の関係において、労働者が人的および経済的の二重の意味で使用者に従属することが労働関係の最大の特徴であり、こうした認識をもとに解釈論および立法論が展開されてきた。労働法は、工業化における労働者の状況を改善するために誕生したものであり、従属労

---

[511] 西谷・前掲83) 書115頁。労働権とディーセント・ワークについては、有田謙司「労働法における労働権と再構成」山田省三ほか編『労働法理論変革への模索　毛塚勝利先生古稀記念』(信山社、2015年) 5頁。

[512] 国家による職業教育の必要性を指摘するものとして、島田・前掲注507) 論文。

[513] アメリカでは、連邦法定最低賃金を上回る最低賃金を州が独自に決定することができる。2014年には全米で17州が最低賃金を引き上げており、最低賃金により生活の底上げが図られている。

[514] 荒木尚志「労働法の現代的体系」日本労働法学会編『講座労働法の再生　第1巻　労働法の基礎理論』(日本評論社、2017年) 22頁以下は、労働法と社会保障法が協働して、補完的あるいは重畳的に施策を展開していくという視点が必要であると指摘する。

働から起因するあらゆる労働関係の法的問題を解消するための法的措置として役割を担ってきたのが、19世紀以降の労働法の形成過程であり、依然としてそのような役割を担っていることは間違いない。

労働法の基本が形成されて約1世紀を経て、グローバル資本主義が急速に広がるなかで、就労形態は急激に変容しつつある。イギリスでは、マーク・フリードランドが、従属的な関係としてすべてみなしてしまうことが実態と乖離していると指摘し、個人的労働関係に対する法的介入の規範的根拠として、「尊厳（dignity）」、「潜在能力（capability）」、「安定性（stability）」を提示している。従属的関係を前提とした労働法の伝統的理解から、従属関係を問わない「個人的労働関係」という概念を設定することにより、職業生活の全体を包摂する労働法へとパラダイムシフトを促す法制度のあり方が探求されている。

以上のようなイギリスの動向を踏まえると、日本でも単純に使用者に従属する関係のみを「労働法」の対象として、閉じた世界を形成していくのは必ずしも社会的実態を反映した議論ではないことがわかる。雇用システムの変化やIT化の技術の進展により、指揮監督関係が相対的に緩やかになっている雇用関係において、自立的にオンデマンドで働く者の増加が見込まれている。むしろ、こうした働き方について、「労働法」の枠組みのなかで、一部の働き方については包摂するための法制度のあり方を検討していくことが重要であるといえよう。

2　労働契約の位置づけ

イギリスでは、マーク・フリードランドが、雇用契約を労働法の中心軸として据えられるべきであると述べ[515]、雇用契約を中心とした労働法制のあり方を検討している。他方、アメリカでは雇用契約という発想は必ずしも共有されておらず、被用者概念を中心とした法の適用を構想している点で特徴がある。

わが国においては、2007年に労働契約法が誕生し、労働契約を中心とした

---

[515] Freedland, M. R. (eds), The Contract of Employment (Oxford: Oxford University Press, 2016), p6.

法的枠組みに少しずつ移行しつつある。しかし、労働法において労働契約がどのような役割を担うのか、労働市場を規律する法的装置として「労働契約」をどのように位置づけるのかについては、わが国において必ずしも十分な検討はなされてこなかった論点である。

イギリスでは、雇用契約が労働法の必要不可欠な法的装置として把握されている。わが国の労働関係においても、労働契約を通じた権利関係の規整がますます重要性を帯びており、労働契約は、労働者と使用者が法律関係を形成するための最も重要な法的装置の1つと位置づけられよう。今後の労働法は、労働契約が重要な役割を果たすことを前提として、労働契約を労働法の中心的概念として法的に構成していく必要があるだろう。

また、契約関係の安定性の保護という要請も両立する必要がある。契約関係を安定化させることにより、契約目的をより良く達成できる可能性がある。また、当事者間で情報・経験が蓄積され、信頼関係が深まることにより、より効率的な取引をすることが可能になる[516]。

3 労働契約概念と類型的規整

今後の法的課題としては、次のように類型化して検討していくのが有用であろう。

第1は、労働法規の適用を意図的に免れようとする偽装雇用の問題である。外形的には労働契約以外の契約を締結しているが、実質的には、労働者として労働法規を適用すべき事案への対処である。

第2は、特定の企業との関係において、一定の要保護性が認められる「雇用類似の者」に対する法的保護のあり方である。今後は、特定の発注者との間で継続的に契約を結んで就労する働き方や、プラットフォーム企業を介した働き方が増加することが予想される。こうした「雇用類似の者」に対して、労働契約以外の契約類型であっても、法的な位置づけを付与したうえで、要保護性に応じて必要な諸権利を付与していく必要がある。

第3は、自営業者に対するサポートやセーフティーネットのあり方である。

---

516 中田裕康「契約解消としての解雇」新堂幸司＝内田貴編『継続的契約と商事法務』（商事法務、2006年）228頁。

従属性が認められない真正な自営業者についても、取引企業との間で情報の非対称性が存在している。公正な労働市場を構築するという観点からすれば、契約内容の適正化や取引ルールを整備していくことが必要であろう。

このように、労働契約のみならず、他の契約類型をも想定したうえで、要保護性に応じて公正な労働市場を構築していくアプローチが有用であると考える。

雇用が多様化するなかで、労働者の「非雇用化」が進んでいる。こうした課題に対する回答としては、イギリスとアメリカの知見からすれば、基本的には大きく3つのアプローチが考えられる。

第1は、これまでの労働契約概念と労働者概念を再構成することである。

イギリスの多くの研究者は、雇用契約とそれ以外の二分法的な分類が機能不全に陥っているというのが発想の出発点であり、二分法的な分類は、これに適合しない断続的雇用関係、三者間の雇用関係が現代の労働市場で増加している実態に適合しなくなっている。このような状況のなか、特に1990年以降のイギリスでは、雇用契約の基本概念自体を改めて問い直す議論が広く展開されるようになっている。それは、イギリスの伝統的な雇用契約法理に内在する問題に対して一定の歯止めをかけようとするものであり、イギリス労働法に新たなダイナミズムをもたらそうとするものである。イギリスにおける議論の特徴は、伝統的なカテゴリである「被用者」以外についても、一定程度の労働法的規制を及ぼす発想で議論を構築しているところであろう。両説は労働法の適用対象を拡張させるという点において類似している。わが国においても、1985年に提示された労働基準法研究会報告「労働基準法の『労働者』の判断基準について」の判断枠組みを維持するのが、法目的との関係で妥当なのかが問い直される必要があるというべきであろう。

請負やフリーランスなどの指揮命令が希薄な働き方に対して、労働契約と法的分類をするか、もしくは、労働法上のルールを部分適用することにより、こうした働き方に対して社会的な位置づけを付与して、その法的保護を広げていく必要がある。少なくとも、労災補償については、自営的な働き方も視野に入れたうえで労災保険法の趣旨・目的に沿った適用対象の画定方法を模索する時期にきているように思われる。

第2は、第3のカテゴリを導入することである。現行の法制度では、雇用と自営との間で、法律上の保護がオール・オア・ナッシングになっており、両者の間の差があまりにも大きすぎる。裁判例をみるかぎり、労働契約法の類推適用や民法上の法理を用いて妥当な結論を導こうと試みる事案がある一方で、従来の判断枠組みにとらわれて結論の妥当性を欠く事案も散見される。こうした状況を鑑みると、立法論として雇用と自営との間の中間的な働き方に対して、第3のカテゴリを導入し、部分的な保護を与えることも1つの方策となりうる。

　この点、自営的就労に対して労働法上のルールを全面的に適用することは、かえって働き方を制約してしまう可能性があることも考慮する必要がある。立法論として第3のカテゴリを創設すれば、労働法上の保護の一部のみを拡張適用することも可能であり、検討に値する法的対処の1つであると考えられる。また、紛争を減少させるために、雇用の推定規定を設定するなどの立法的措置も必要であろう。

　第3のカテゴリを採用している国としては、イギリスの他に、カナダやドイツ、スペインなどがある。基本的には、労働者と自営業者の間に「独立労働者」もしくは「従属契約者」といった区分を設け、伝統的な被用者が与えられている労働法上の保護の一部を付与するというものである。ここでの発想は、労働者か否かの区分があることにより、労働者の区分を回避しようという「非雇用化」のインセンティブを減らす必要があるというものである。労働者か否かによって取り扱いが大きく違うことにより、就労における不平等が生じているという認識が必要であろう。

　アメリカでは、セス・ハリスとアラン・クルーガーの「独立労働者（independent workers）」という新たな分類を設ける議論が、今後のわが国を考えるうえでは参考になる。また、従属関係に依存しない法規制もイギリスやアメリカでは指向されている。内部告発法制や差別法制で採用されているように、二分法から脱しカテゴリに依存しないニュートラルな規制の可能性もアメリカでは指摘されている。イギリスやアメリカでは、団体交渉や最低賃金、休暇等の基本的な権利が拡張されているが、わが国においていかなる労働法上のルールを拡張適用していくかは、慎重な検討が必要である。

第3は、役務提供に共通した法的ルールを整備する「役務提供契約」アプローチの検討である。イギリスでは、マーク・フリードランドが提唱するように、「個人的雇用契約（The Personal Employment Contract）」や「個人的労働関係（Personal Work Relations）」といった概念を措定することにより、フリーランスをも含めた幅広い就労を対象にした議論が展開されている。わが国においても、債権法改正の際に「役務提供契約」が検討されたように、雇用にかぎらず民法上の請負や委任を含めた「役務提供契約」に共通して適用される契約ルールを整理することによって、あらゆる役務提供に対して法的保護を及ぼすアプローチも検討に値する。契約締結時の契約内容の明示や継続的契約の保護といった私法的な契約規制については、労働契約と労働契約以外の契約類型も含めて、契約類型を超えた共通の私法上の保護が付与されるべきであろう。もっとも、この場合には、労働法と民法の契約ルールの整合性や他法との調整などが今後の法的課題となる。

　さらには、組織に所属せずに働く個人にとって、社会保障制度には制度的な違いが設けられており、金融サービス等の生活保障に関わるサポートも脆弱である。会社に所属しない個人であっても会社員と同じように社会的インフラを享受できる仕組みが必要である。日本の労働力人口の減少を背景に、既婚女性、定年後の高齢者などが積極的に雇用の場で活躍することが期待されている。社会保障も働き方の選択により大きな落差が生じないよう、カテゴリに依存する部分をできるだけ少なくする方策を検討すべきであろう。

第3款　残された課題

　以上で検討したとおり、本書で明らかにしたことは次のとおりである。
　第1に、イギリスやアメリカにおいては、法目的によって労働関係法規の適用範囲を変更させている。
　第2に、契約の性質決定にあたっては、両国とも、適切に判断するために判断基準が実態にあわせて適宜修正され、変更されることによって対応がなされている。また、イギリスでは、雇用契約を適切に把握・理解するためには、当事者の契約形式や合意の内容だけではなく、契約実態から判断されている。

第3に、イギリスでは第3のカテゴリである「労働者」概念を設定することにより、一部の権利を拡大適用しており、雇用契約以外の者も法的保護の対象となっている。

第4に、両国とも、より明確でシンプルな判断基準の必要性が学説等において指摘されており、イギリスでは雇用契約概念の再構成と「労働者」概念を明確化する議論がなされている。アメリカでは、「独立労働者」という概念に基づき、新たな就労形態に対応する議論がなされている。

第5に、従属性にこだわらず、効率的で公平な労働市場を形成するという観点から法的介入が積極的に検討されている。

以上で本書の検討を終えるが、本書で示した理論上の方向性が、日本法の文脈において具体的にどのような解釈論上の帰結をもたらすかという点については、扱うことができなかった。この点については、最近の動向をふまえつつ、立法論を含めた具体的検討を行う必要があろう。また、残された課題としては、二者関係のみならず三者関係の場合の法的取り扱い、法的保護の類型化のあり方、社会保障法制との接続の方法など、さらなる理論的問題が残されている。わが国の労働契約法理の位置づけについても、本書では十分には扱い得ていない。

産業革命の時期がそうであったように、新しい技術を恐れるのではなく、新しい技術がもたらす利便性と社会的利益を分かち合い、個人が自分自身のリスクのなかでチャレンジできることを容認し、資本主義社会のなかでイノベーションの実現を可能とする雇用社会を形成していくことがわが国の発展の道筋である。

アダム・スミスは、『国富論』において市場経済が人間の欲望を社会の富に転換する道筋を考察している。

「人間にはほぼ絶えず同胞から助けてもらわなければならない場面がある。だが相手の温情だけをあてにして助けてもらおうとしてもうまくいかない。相手の利己心を自分の利に引き寄せて、自分がしてほしいようにしてくれれば相手自身の利益になることを示せば、うまくいく確率が高まる。他人になんらかの取引を持ちかける者がやっているのはそういうことだ。私が欲し

いものをくれればあなたの欲しいものが手に入りますよ、取引の申し出には必ずそういう意味がある。私たちが夕食を食べられるのは、肉屋や酒屋やパン屋の温情をあてできるからではなく、これらの自己利益への関心をあてにできるからだ。私たちは相手の博愛主義ではなく利己心に訴えかけ、何が自分に必要かではなく何が相手の利益になるかを語るのである。」

アダム・スミスは、私たち人間は利己的な部分だけではなく、他人の感情や行為に関心を持ち、それを見て、自分も一緒に喜んだり、悲しんだり、あるいは憤慨したりする、そういう能力を備えているのだと述べる[517]。

また、ウォルター・ラッセル・ミード（Walter Russell Mead）は、今後の人間の仕事について次のように指摘する[518]。

「人間対モノではなく、人間対人間の仕事に本来あるべき尊厳を、私たちは見つけなければならない。他人と交わって、相手の望みや必要なものを理解し、自分のスキル、知識、才能を駆使して、相手が支払える値段で相手が望むものをあたえるのが、正直な仕事だということを認識する必要がある。」

今後は、機械ではできない協力、共感、柔軟性は、現代の仕事においてますます重要になるとして、テクノロジーと対人関係を組み合わせた仕事が高く評価されるという未来予想図を描く。

これからの世界は、人のつながりが何よりも重視され、共感や感謝の気持ちを主体とした「共感経済」に進化していくことも想定される。これらのサービスは人と人との"つながり"や"共有"を基盤にした経済圏という意味では、シェアリング・エコノミーもその１つである。合理性や利益を追い求める資本主義から、人と人とが「共感する」という資本主義へと時代が大きく移り変わろうとしている。

AI化が進むなかで、働き方は典型的な雇用だけではなく、クラウドソー

---

517 アダム・スミス『道徳感情論（上）』（岩波書店、2003年）23頁。
518 Mead, W. R., 'The Jobs Crisis: Bigger Than You Think' The American Interest, May 10, 2013（https://www.the-american-interest.com/2013/05/10/the-jobs-crisis-bigger-than-you-think/）。

シングやフリーランス、シェアリング・エコノミーといったように多様化し、「共感経済」を形づくっていくことが考えられる。収入だけでなく生きがいを得るためにも必要であり、求められる部分である。こうした働き方がわが国の労働法制において、どのように位置づけられるかも1つの課題として浮かび上がる。わが国においても、「共感経済」を支援する法政策が求められているともいえよう。課題は多いが、残された課題については他日を期したい。

参考文献一覧

【邦語文献】

秋田成就「日本における労働契約の法的関係」秋田成就編著『労働契約の法理論』（総合労働研究所、1993年）4頁

浅井清信「請負契約の本質について――その危険負担論の序説として」法と経済7巻4号（1937年）

荒木尚志『雇用システムと労働条件変更法理』（有斐閣、2001年）

荒木尚志「労働市場と労働法」学会誌97号（2001年）55頁

荒木尚志「労働者概念を論ずるということ」労研624号（2012年）1頁

荒木尚志『労働法〔第3版〕』（有斐閣、2016年）

荒木尚志＝菅野和夫＝山川隆一『労働契約法〔第2版〕』（弘文堂、2014年）

荒木尚志「労働法の現代的体系」日本労働法学会編『講座労働法の再生　第1巻　労働法の基礎理論』（日本評論社、2017年）22頁

有泉亨『労働基準法』（有斐閣、1963年）

有泉亨「労働者概念の相対性」中央労働時報186号（1969年）2頁

有泉亨「労働契約の法的性質」日本労働法学会編『現代労働法講座　第10巻　労働契約・就業規則』（総合労働研究所、1982年）8頁

有田謙司「労働関係の変容とイギリス労働法理論・雇用契約論の展開」イギリス労働法研究会編『イギリス労働法の新展開』（成文堂、2009年）192頁

有田謙司「労働法における労働権と再構成」山田省三＝青野覚＝鎌田耕一＝浜村彰＝石井保雄『労働法理論変革への模索　毛塚勝利先生古稀記念』（信山社、2015年）

安西愈「『労働者概念』の多義性とその差異をめぐって」季労145号（1987年）162頁

安西愈『トップ・ミドルのための採用から退職までの法律知識〈十四訂〉』（中央経済社、2013年）

池添弘邦「社会法における「労働者」の概念――法律・裁判例・学説と、法政策構想への試論」JILPT Discussion Paper 04-007（2004年）

池添弘邦「労働保護法の労働者概念をめぐる解釈論と立法論――労働法学に突きつけられている重い課題」労研566号（2007年）48頁

石井保雄「戦前わが国における労働関係の法的把握――雇傭契約と労働契約をめぐる学説の展開」山田省三＝青野覚＝鎌田耕一＝浜村彰＝石井保雄編『労働法理論変革への模索　毛塚勝利先生古稀記念』（信山社、2015年）

石尾芳久『日本近世法の研究』（木鐸社、1975年）417頁

石田信平「労働契約論」季労246号（2014年）212頁

石田信平「イギリス労働法の Worker 概念（１）（２）」季労262号（2018年）178頁、同263号（2018年）116頁

石田文次郎「債権契約の二大類型」『東北帝国大学法文学部十周年記念法学論集』（岩波書店、1934年）

石田眞『近代雇用契約法の形成』（日本評論社、1994年）

石田眞「イギリスにおける雇用関係の『契約化』と雇用契約の起源」根本到＝奥田香子＝緒方桂子＝米津孝司編『労働法と現代法の理論　西谷敏先生古希記念論集　下』（日本評論社、2013年）259頁

石田眞「歴史のなかの労働契約法制」労旬1615号（2006年）21頁

石田眞「クラウドワークの歴史的位相」季労259号（2017年）68頁

磯田進「日本の労働関係の特質──法社会学的研究」東洋文化１巻１号（1947年）78頁

岩永昌晃「イギリスにおける労働法の適用対象者（一）（二）」法學論叢157巻５号（2005年）56頁、158巻１号（2005年）72頁

梅謙次郎『民法要義　巻ノ三　債権編　復刻版』（有斐閣、1984年）

大内伸哉「従属労働者と自営業者の均衡を求めて──労働保護法の再構成のための一つの試み」『中嶋士元也先生還暦記念論集 労働関係法の現代的展開』（信山社、2004年）47頁

大内伸哉「NHK の地域スタッフの労働者性」ジュリ1478号（2015年）２頁

大内伸哉『AI 時代の働き方と法』（弘文堂、2017年）

大内伸哉「雇用社会の変化と労働法学の課題」日本労働法学会編『講座労働法の再生 第６巻　労働法のフロンティア』（日本評論社、2017年）37頁

岡田与好『イギリス初期労働立法の歴史的展開　増補版』（御茶ノ水書房、1961年）

岡村司「労働契約（１）〜（５）」京都法学会雑誌３巻６号（1908年）92頁、７号49頁、９号106頁、11号85頁、12号45頁

岡村親宜『労災補償・賠償の理論と実務』（エイデル研究所、1992年）

片岡昇『英国労働法理論史』（有斐閣、1956年）

片岡昇「映画俳優は『労働者』か」季労57号（1965年）156頁

鎌田耕一編著『契約労働の研究──アウトソーシングの労働問題』（多賀出版、2001年）117頁

鎌田耕一「外部労働市場と労働法の課題」学会誌97号（2001年）83頁

鎌田耕一「契約労働の概念」学会誌102号（2003年）132頁

鎌田耕一「雇傭・請負・委任と労働契約」横井芳弘＝篠原敏雄＝辻村昌昭編『市民社会の変容と労働法』（信山社、2005年）159頁

鎌田耕一「労働契約法の適用範囲とその基本的性格」学会誌107号（2006年）24頁

鎌田耕一「労働市場法に関する覚書」東洋法学50巻1・2号（2007年）
鎌田耕一「雇用、労働契約と役務提供契約」法時82巻11号（2010年）12頁
鎌田耕一「個人的就業関係と労働法の再編：Mark Freedland & Nicola Countouris, "The Legal Construction of Personal Work Relations"を読んで」季労239号（2012年）250頁
鎌田耕一「労働者概念の生成」労研624号（2012年）10頁
鎌田耕一「個人請負・業務委託型就業者をめぐる法政策」季労241号（2013年）57頁
鎌田耕一「非雇用就業者と法的保護」月刊労委労協728号（2017年）23頁。
唐津博「『業務委託契約』就業者の法的保護──『労務供給契約』アプローチとは何か」労判1164号（2017年）90頁
川口美貴『労働者概念の再構成』（関西大学出版部、2012年）
川田知子「個人請負・委託就業者の契約上の地位」学会誌118号（2011年）8頁
菊池勇夫「労働契約の本質」『九州帝国大学法学部十周年記念法学論集』（岩波書店、1937年）〔菊池勇夫『労働法の主要問題』（有斐閣、1943年）97頁所収〕
菊池馨実「貧困と生活保障：社会保障法の観点から」学会誌122号（2013年）109頁
國武輝久「特殊雇用形態と労働者概念」学会誌42巻（1973年）99頁
國武英生「イギリスにおける公益情報開示法の形成と展開──労働者による内部告発と企業活動のあり方に関する一考察」北大法学研究科ジュニア・リサーチ・ジャーナル9巻（2003年）1頁
國武英生「イギリスの公益情報開示法」労旬1545号（2003年）20頁
國武英生「イギリスにおける労働法の適用対象とその規制手法」学会誌108号（2006年）184頁
國武英生「就業形態の多様化・非雇用化と労働契約の性質決定」小宮文人＝島田陽一＝加藤智章＝菊池馨実編著『社会法の再構築』（旬報社、2011年）99頁
國武英生「会社執行役員と労災保険法上の労働者」ジュリ1440号（2012年）240頁
國武英生「NHK地域スタッフの労働契約法上の労働者性と労働契約の類推適用の可否」季労261号（2018年）181頁
厚生労働省労働基準局労災補償部労災管理課編『新訂版労働者災害補償保険法〔6訂新版〕』（労務行政、2005年）
毛塚勝利「クラウドワークの労働法上の検討課題」季労259号（2017年）53頁
児玉兼道『労働法要論第2版』（中西書房、1930年）
後藤究「ドイツにおけるクラウドソーシングの進展と労働法の課題」季労259号（2017年）88頁
小宮文人『英米解雇法制の研究』（信山社、1992年）
小宮文人『現代イギリス雇用法』（信山社、2006年）

小宮文人「アメリカの使用者概念・責任」季労219号（2007年）118頁

小宮文人「中世イングランドにおける労働立法の一考察」専修法学論集130号（2017年）221頁

坂井岳夫「ドイツにおける「被用者類似の自営業者」についての考察——社会保険の適用構造に関する基礎的研究」同志社法学65巻4号（2013年）961頁

坂本武憲「役務提供契約」法時81巻10号（2009年）62頁

島田陽一「雇用類似の労務供給契約と労働法に関する覚書」西村健一郎＝小嶌典明＝加藤智章＝柳屋孝安編集代表『新時代の労働契約法理論　下井隆史先生古稀記念』（信山社、2003年）32頁

島田陽一「労働契約法制の適用対象者の範囲と労働者概念」労旬1615号（2006年）28頁

島田陽一「貧困と生活保障——労働法の視点から」学会誌122号（2013年）100頁

下井隆史『労働契約法の理論』（有斐閣、1985年）

下井隆史『労働基準法〔第4版〕』（有斐閣、2007年）

周燕飛「企業別データを用いた個人請負の活用動機の分析」労研547号（2006年）42頁

新屋敷恵美子『労働契約成立の法構造』（信山社、2016年）

趙庭雲「アメリカ複数使用者労働関係法理の展開」九大法学97号（2008年）550頁

末川博「雇用契約発展の史的考察——ギールケ『雇傭契約の起源』に就て」法学論叢5巻5号（1920年）72頁〔同『民法に於ける特殊問題の研究第2巻』（弘文堂、1939年）462頁所収〕

末弘厳太郎『労働法研究』（改造社、1926年）末弘厳太郎『民法講話下巻』（岩波書店、1927年）

末弘厳太郎「労働契約」『法律学辞典』第4巻（岩波書店、1936年）2777頁

末弘厳太郎「労働基準法解説（1）」法時20巻3号（1948年）15頁。

菅俊治「『ライドシェア』導入に向けた動きと国家戦略特区法改正」季刊・労働者の権利317号（2016年）66頁

菅野和夫『労働法〔第11版補正板〕』（弘文堂、2017年）

孫田秀春『改訂労働法論』（有斐閣、1931年）

高島良一『労働契約と団体交渉』（坂井書店、1954年）

高橋賢司「ドイツ法における労働者と独立自営業者の区別の基準——偽装独立事業者（Scheinselbständige）および個人事業主（Solo- Selbständige）に関する法的検討」山田省三ほか編『労働法理論 変革への模索　毛塚勝利先生古稀記念』（信山社、2015年）325頁

高橋賢司「デジタル化とAIの労働市場と労働法への影響」労旬1895号（2017年）7

頁
滝原啓充「イギリスにおけるクラウドワークの進展と労働法の課題——Uber型を念頭とした『労働者（worker)』概念に関する立法論とその焦点」季労260号（2018年）115頁

武井良明『イギリス封建制度の解体過程』（未来社、1965年）

竹内（奥野）寿「米国労使関係法における『単一使用者』・『共同使用者』法理」立教法学73号（2007年）281頁

竹内（奥野）寿「アメリカ全国労働関係法における被用者概念——独立契約者との区別に焦点をあてて」荒木尚志ほか編『労働法学の展望　菅野和夫先生古稀記念論集』（有斐閣、2013年）573頁

蓼沼謙一「労働法の対象——従属労働論の検討」日本労働法学会編『現代労働法講座第1巻　労働法の基礎理論』（総合労働研究所、1981年）

田中豊治『イギリス絶対王政期の産業構造』（岩波書店、1968年）

土田道夫「労働基準法とは何だったのか？」学会誌95号（2000年）159頁

土田道夫『労務指揮権の現代的展開——労働契約における一方的決定と合意決定との相克』（信山社、1999年）

土田道夫「解雇権濫用法理の法的正当性」労研491号（2001年）4頁

土田道夫「『労働者』性判断基準の今後——労基法・労働契約法上の『労働者』性を中心に」ジュリ1426号（2011年）57頁

土田道夫『労働契約法〔第2版〕』（有斐閣、2016年）

角山栄『イギリス絶対主義の構造』（ミネルヴァ書房、1958年）

津曲蔵之丞『労働法原理』（改造社、1932年）

津曲蔵之丞『労働法総論』（有信堂、1954年）

東京大学労働法研究会編『注釈労働基準法上巻』（有斐閣、2003年）

道幸哲也「個別労働紛争は個別的か：分断に対する集団性の端緒」法時 89巻9号（2017年）32頁

道幸哲也『雇用社会と法』（放送大学教育振興会、2017年）

土岐将仁「フランチャイジーの労働者に対するフランチャイザーの労働法上の責任——アメリカにおける議論状況」労研678号（2016年）63頁

土岐将仁「法人格を越えた労働法規制の可能性と限界——個別的労働関係法を対象とした日独米比較法研究(1)〜(6)」法協134巻5号（2017年）669頁、6号（2017年）962頁、8号（2017年）1411頁、9号（2017年）1633頁、10号（2017年）1934頁、11号（2017年）2186頁

独立行政法人 労働政策研究・研修機構「諸外国の労働契約法制に関する調査研究」労働政策研究報告書 No.39（2005年）

独立行政法人労働政策研究・研究機構『諸外国の労働契約法制に関する調査研究』労働政策研究報告書 No.39（2005年）

独立行政法人労働政策研究・研修機構『「労働者」の法的概念に関する比較法研究』労働政策研究報告書 No67（2006年）

内藤恵「アメリカにおける解雇法理の基本構造」慶應義塾大学大学院法学研究科論文集25巻（1987年）121頁

内藤恵「アメリカにおける雇用契約論と解雇法理におけるパブリック・ポリシー」季労146号（1988年）206頁

中窪裕也「労働契約の意義と構造」日本労働法学会編『講座21世紀の労働法 第4巻 労働契約』（有斐閣、2000年）2頁

中窪裕也『アメリカ労働法〔第2版〕』（弘文堂、2010年）

中田裕康『継続的売買の解消』（有斐閣、1994年）

中田裕康『継続的取引の研究』（有斐閣、2000年）

中田裕康「契約解消としての解雇」新堂幸司＝内田貴編『継続的契約と商事法務』（商事法務、2006年）215頁

永野秀雄「『使用従属関係論』の法的根拠」金子征史編著『労働条件をめぐる現代的課題』（法政大学出版局、1997年）159頁

中村天江「プラットフォーマーと雇われない働き方」季労256号（2017年）68頁

中村智一郎「賃金をめぐる社会政策へのプロセス――賃金規制立法について」千葉敬愛経済大学研究論集12巻（1977年）99頁

西谷敏「労基法上の労働者と使用者」沼田稲次郎ほか編『シンポジューム労働者保護法』（青林書院、1984年）10頁

西谷敏「労働契約論と労働法の再構築」法時66巻2号（1994年）4頁

西谷敏「労働契約法制と労働法の未来」労旬1615号（2006年）8頁

西谷敏『人権としてのディーセント・ワーク――働きがいのある人間らしい仕事』（旬報社、2011年）

西谷敏『労働法〔第2版〕』（日本評論社、2013年）

西谷敏『労働法の基礎構造』（法律文化社、2016年）

中根千枝『タテ社会の人間関係』（講談社現代新書、1967年）

野原香織「ボワソナードの雇傭契約論――労働者保護に注目して（上）」法学研究論集（明治大学）39巻（2013年）274頁

東京大学労働法研究会編『注釈労働基準法上巻』（有斐閣、2003年）137頁以下〔橋本陽子執筆〕

橋本陽子「労働法・社会保険法の適用対象者――ドイツ法における労働契約と労働者概念(1)～(4)」法学協会雑誌119巻4号（2002年）612頁、同120巻8号（2003年）

1477頁、同120巻10号（2003年）1893頁、同120巻11号（2003年）2117頁
橋本陽子「ドイツ法における労働契約と労働者概念」学会誌101号（2003年）90頁
橋本陽子「契約労働」角田邦重＝毛塚勝利＝浅倉むつ子編『労働法の争点〔第3版〕』（有斐閣、2004年）277頁
橋本陽子「『労働者』の概念形成——法解釈論における類型概念論を手がかりとして」荒木尚志ほか編『労働法学の展望　菅野和夫先生古稀記念論集』（有斐閣、2013年）47頁
橋本陽子「ドイツ労働法における『就労者（Beschäftige）』および「労働者類似の者」の概念について」山田省三ほか編『労働法理論 変革への模索　毛塚勝利先生古稀記念』（信山社、2015年）303頁
橋本陽子「『労働者』と『準労働者』——労働者概念の総論として」野川忍ほか編『変貌する雇用・就労モデルと労働法の課題』（商事法務、2015年）122頁
林和彦「労働契約の概念」秋田成就編『労働契約の法理論　イギリスと日本』（総合労働研究所、1993年）77頁
長谷川聡「イギリスにおける差別禁止法と労働者の人的適用範囲」季労241号（2013年）71頁
鳩山秀夫『日本債権法各論下巻』（岩波書店、1924年）525頁
樋口範雄『アメリカ契約法［第2版］』（弘文堂、2008年）
樋口範雄『アメリカ不法行為法［第2版］』（弘文堂、2014年）
広中俊雄編『民法修正案（前三編）の理由書』（有斐閣、1987年）
平野義太郎「労働契約概論（1）」法学協会雑誌40巻11号（1922年）37頁
平野義太郎「労働契約論序説」大宅壮一編『社会問題講座』（新潮社、1924年）5巻1頁、7巻29頁
服藤弘司「明治前期の雇傭法」金沢大学法文学部論集法経篇8巻（1960年）2頁
古川景一「労働者概念を巡る日本法の沿革と立法課題」季労219号（2007年）153頁
古川陽二「『自営的就業者』（self-employed）と『被用者』（employee）性判断の基準」労旬1392号（1996年）13頁
藤木貴史「アメリカにおけるギグ・エコノミーをめぐる政策議論」連合総合生活開発研究所『非正規労働問題の今後の課題を探る——非正規労働の現状と労働組合の対応に関する国際比較調査報告書』（2017年）155頁
藤木貴史「アメリカにおけるプラットフォーム経済の進展と労働法の課題」季労261号（2018年）62頁
外尾健一「労働契約」野村平爾編『講座労働問題と労働法　第5巻』（弘文堂、1956年）252頁
松田保彦「アメリカにおける解雇制限の法理」判例タイムズ323号（1975年）8頁

水町勇一郎『集団の再生──アメリカ労働法制の歴史と理論』（有斐閣、2005年）
水町勇一郎「民法623条」土田道夫編『債権法改正と労働法』（商事法務、2012年）3頁
三井正信『フランス労働契約理論の研究』（成文堂、2016年）
皆川宏之「ドイツにおける被用者概念と労働契約」学会誌102号（2003年）166頁
皆川宏之「労働者性をめぐる裁判例の動向と検討課題」季労215号（2006年）35頁
皆川宏之「労働法上の労働者」日本労働法学会編『講座労働法の再生　第1巻　労働法の基礎理論』（日本評論社、2017年）83頁
宮﨑康二『シェアリング・エコノミー』（日本経済新聞社、2015年）
宮本太郎「雇用と社会保障の新たな連携──日本型生活保障の解体をふまえて」学会誌122号（2013年）97頁
民法（債権法）改正検討委員会『債権法改正の基本方針』（商事法務、2009年）
民法（債権法）改正検討委員会編『詳解　債権法改正の基本方針Ⅴ　各種の契約（2）』（商事法務、2010年）
向田正巳「雇用、請負、委任の区別に関する一考察──イギリス職人規制法からの示唆」季労231号（2010年）40頁。
向田正巳「近代雇用契約における契約の自由と従属について」小野秀誠ほか編『民事法の現代的課題　松本恒雄先生還暦記念』（商事法務、2012年）788頁
村中孝史「労働契約概念について」京都大学法学部百周年記念論文集刊行委員会編『京都大学法学部創立百周年記念論文集第三巻』（有斐閣、1999年）506頁
森健資『雇用関係の生成──イギリス労働政策史序説』（木鐸社、1988年）
安枝英訷「ブラックストーンにおける『マスターとサーバントの関係』について」矢崎光圀＝八木鉄男編『近代法思想の展開』（有斐閣、1981年）
柳屋孝安『現代労働法と労働者概念』（信山社、2005年）
柳屋孝安「雇用関係法における労働者性判断と当事者意思」西村健一郎＝小嶌典明＝加藤智章＝柳屋孝安編集代表『新時代の労働契約法理論　下井隆史先生古稀記念』（信山社、2003年）19頁
山川隆一『雇用関係法〔第4版〕』（新世社、2008年）
山川隆一「民法と労働法」日本労働法学会編『講座労働法の再生　第1巻　労働法の基礎理論』（日本評論社、2017年）66頁
山口浩一郎『労災補償の諸問題』（有斐閣、2002年）
山口正太郎『労働法原理』（日本評論社、1928年）
吉田美喜夫「雇用・就業形態の多様化と労働者概念」学会誌68号（1986年）30頁
我妻栄『債権各論・中巻二〔民法講義Ⅴ3〕』（岩波書店、1962年）
脇田滋「『偽装雇用』克服と『労働者性』判断」労旬1634号（2006年）4頁

和田肇「労働契約法の適用対象の範囲」季労212号（2006年）28頁
和田肇「思想としての民法と労働法」法時82巻11号（2010年）4頁
E.A.リグリィ『エネルギーと産業革命——連続性・偶然・変化』（同文舘出版、1991年）
アダム・スミス『道徳感情論（上）』（岩波書店、2003年）
アマルティア・セン（鈴村興太郎訳）『福祉の経済学——財と潜在能力』（岩波書店、1988年）
アルン・スンドララジャン（門脇弘典訳）『シェアリング・エコノミー』（日経BP社、2016年）
ウルリケ・ヘルマン（猪股和夫訳）『資本の世界史』（太田出版、2015年）
エイザ・ブリックス（今井宏ほか訳）『イングランド社会史』（筑摩書房、2004年）
オカケイコ「ギグエコノミーにおける働き方と労働者性——米国を例として」阪大法学67巻3・4号（2017年）605頁
カーン・フロイント（松岡三郎訳）『イギリス労働法の基礎理論』（日本評論社、1957年）
クラウス・シュワブ（世界経済フォーラム訳）『第四次産業革命——ダボス会議が予測する未来』（日本経済新聞社、2016年）
テリージョーンズ・アランエレイラ（高尾菜つこ訳）『中世英国人の仕事と生活』（原書房、2017年）
マーク・フリードランド（手塚和彰訳）「法律と実際の雇用関係の変遷」季労210号（2005年）137頁
リンダ・グラットン・アンドリュー・スコット『LIFE SHIFT』（東洋経済新報社、2016年）

【イギリス法文献】

Anderson, G., and Brodie, D., and Riley, J., The Common Law Employment Relationship: A Comparative Study（Edward Elgar Publishing Ltd, 2017）

Anderman, S.D. 'The Interpretation of Protective Employment Statutes and Contracts of Employment'（2000）29 ILJ 223

Atiyah, P. S., The Rise and Fall of Freedom of Contract（Oxford: Clarendon Press, 1979）

Barmes, L., Collins, H., Kilpatrick, C., 'Introduction: Reconstructing Employment contracts'（2007）36 Industrial Law Journal 1

Barrett, B., 'Clarification of Employers' Liability for Work-Related Stress'（2002）31 ILJ 285

Beatson, J., 'The Role of Statute in the Development of Common Law Doctrine'（2001）117 LQR 247

Beatson, J., and Friedmann, D., Good Faith and Fault in Contract Law（Oxford:

Clarendon Press, 1995)

Brodie, D., 'The Heart of the Matter: Mutual Trust and Confidence' (1996) 25 ILJ 121

Brodie, D., 'Beyond Exchange: the New Contract of Employment' (1998) 27 ILJ 79

Brodie, D., 'Legal Coherence and the Employment Revolution' (2001) 117 LQR 604 (Brodie 2001a)

Brodie, D., 'Mutual Trust and the values of the Employment Contract' (2001) 30 ILJ 84 (Brodie 2001b)

Brodie, D., 'Fair Dealing and the Disciplinary Process' (2002) 31 ILJ 294

Brown, W., 'A Consideration of "Custom and Practice"' (1972) 10 BJIR 42

Burchell, B., Deakin, S., and Honey, S., The Employment Status of Individuals in Non-standard Employment, EMAR Research Series 6 (Department of Trade and Industry, London, 1999)

Burrows, J.F., 'Contractual Cooperation & the Implied Term' (1968) 31 MLR 390

Caiger, A., and O'Leary, J., 'The Re-Regulation of Football and its Impact on Employment Contracts', Chapter 16 of Collins, H., Davies, P., and Rideout, R. (eds), Legal Regulation of the Employment Relation (London: Kluwer Law International, 2000)

Clarke,L., 'Repudiation of Contract and Breach of Confidence' (2003) 33 ILJ 43

Coase, R.H., 'The Nature of the Firm' (1937) Economica NS 4 386

Collins, H., 'Market Power, Bureaucratic Power and the Contract of Employment' (1986) 15 ILJ 1

Collins, H., 'Independent Contracts and the Challenge of Vertical Disintegration to Employment Protection Laws' (1990) 10 OJLS 353

Collins, H., Justice in Dismissal: The Law of Termination of Employment (Oxford: Clarendon Press, 1992)

Collins, H., The Law of Contract,3rd edn (London: Butterworths, 1997)

Collins, H., Regulating Contracts (Oxford: Oxford university Press, 1999)

Collins, H., 'Employment Rights of Casual Workers' (2000) 29 ILJ 73

Collins, H., 'Regulating the Employment Relation for Competitiveness' (2001) 30 ILJ 17

Collins, H., Davies, P.L., and Rideout, R.W., Legal Regulation of the Employment Relation (London: Kluwer Law International, 2000)

Collins, H., Ewing, K., and McColgan, A., Labour Law: Text and Materials (Oxford: Hart Publishing, 2012)

Collins, H., 'Contractual Autonomy', Bogg, A., Costello, C., Davies, A., Prassl, J., (ed).,

The Autonomy of Labour Law (Hart, 2017)

Countouris, N., The Changing Law of the Employment Relationship (Ashgate, 2007)

Crouch, C., Social Change in Western Europe (Oxford: Oxford university Press, 1999)

Davidov, G., and Langille, B., Boundaries and Frontiers of Labour Law (Cambridge University Press, 2006)

Davidov, G., and Langille, B., The Idea of Labour Law (Cambridge University Press, 2011)

Davidov, G., 'The Status of Uber Drivers: A Purposive Approach', Hebrew University of Jerusalem Legal Research Paper (2016) No.17-7.

Davies, P.L., 'Employee Claims in Insolvency: Corporate Rescues and Preferential Claims' (1994) 23 ILJ 141

Davies, P.L., and Freedland, M. R., Labour Law; Text and Marterials, 2nd edn. (London: Weidenfield and Nicolson, 1984)

Davies, P. L., a and Freedland, M. R., Labour Legislation and Public Policy: A Contemporary History (Oxford: Clarendon Press, 1993)

Davies, P.L., a and Freedland, M. R., The Impact of Public Law on Labour Law, 1972-1997' (1997) 26 ILJ 311

Deakin, S.F., 'Logical Deductions? Wages Law before and after Delaney v Staples' (1992) 55 MLR 848

Deakin, S. F., 'The Evolution of the Contract of Employment, 1900 to 1950—the Influence of the Welfare State', Chapter11 of Whiteside, N., and Salais, R., (eds), Governance, Industry and Labour Markets in Britain and France—Modernising State in Mid-Twentieth Century (London: Routledge, 1998)

Deakin, S. F., 'Organisational Change, Labour Flexibility and the Contract of Employment in Great Britain', in Derry, S., and Mitchell, R (eds), Employment Relations, Individualisation and Union Exclusion, An International Study (Annandale NSW: Federation Press, 1999)

Deakin, S. F., 'Legal origins of Wage Labour: the Evolution of the Contract of Employment fiom Industrialisation to Welfare State' in Clarke, L., de Gijsel, P., and Janssen,. J (eds), The Dinamics of Wage Relations in the New Europe (Deventer: Kluwer Law International, 2000)

Deakin, S.F., 'The Changing Concept of the "Employer" in Labour Law' (2001) 30 ILJ 72

Deakin, S.F., The Contract of Employment:A Study in Legal Evolution, (2001) ESRC Centre for Business Research, University of Cambridge. Working Paper No. 203

Deakin, S.F., 'The many Futures of the Contract of Employment', in Conaghan, J., Fischl, R.M., and Klare, K. (eds), Labour Law in an Era of Globalization: Transformative Practices and Possibilities (Oxford: Oxford University Press, 2002)

Deakin, S.F., 'The evolution of the employment relationship', in Auer, P., and Gazier B., (eds.), The future of work, employment and social protection. The dynamics of change and the protection of workers (ILO, 2002)

Deakin, S.F., and Wilkinson, F., The Law of the Labour Market: Industrialization, Employment and Legal Evolution (Oxford, 2005)

Deakin, S.F., 'Does the "Personal Employment Contract" Provide a Basis for the Reunification of Employment Law?' (2007) 36 ILJ 68

Deakin, S.F., and Njoya, W., 'The Legal Framework of Employment Relations', Centre for Business Research, University of Cambridge, Working Paper No. 349 (2007) p8

Deakin, S.F., 'Timing is everything: industrialization, legal origin and the evolution of the contract of employment in Britain and continental Europe' in Brian Bercusson and Cynthia Estlund. (etd), Regulating labour in the wake of globalisation: new challenges, new institutions (Oxford: Hart Pub, 2008)

Deakin, S.F., 'Capacitas: Contract Law, Capabilities and the Legal Foundations of the Market', in S. Deakin and A. Supiot (eds.), Capacitas: Contract Law and the Institutional Preconditions of a Market Economy (Oxford: Hart, 2009) p13.

Deakin, S.F., and Morris, G.S., Labour Law, 5rd edn (London: Butterworths, 2009)

De Stefano, V., The rise of the 'just-in-time workforce': On-demand work, crowdwork and labour protection in the 'gig-economy', Conditions of Work and Employment Series No. 71 (ILO,2016)

Druker, J., and White, g., Reward Management: A Critical Text (London: Routledge, 2000)

Eisenberg, M. A., 'Relational Contracts' Chapter 11 of Beatson, J., and Friedmann, D. (eds), Good Faith and Fault in Contract Law (Oxford: Clarendon Press, 1995)

Fodder, M., and Freer, G., 'The Effect of Contractual Provision for Payment in Lieu of Notice' (2001) 30 ILJ 215

Ford, M., 'Rethinking the Notice Rule' (1998) 27 ILJ 220

Foster, K. 'Strikes and Employment Contracts' (1971) 34 MLR 275

Foster, K. 'Strike Notice and Section 147' (1973) 2 ILJ 28

Foster, K., 'The Legal Form of Work in the Nineteenth Century: The Myth of Contract?', Paper presented to conference on The History of Law, Labour and Crime, University of Warwick (1983)

Fox, A., Beyond Contract: Work, Power and Trust Relations (London: Faber, 1974)

Fredman, S. F., 'Contractual and Public Law Remedies in Respect of Unilateral Alteration' (1984) 13 ILJ 174

Freedland, M.R., 'The Meaning of "Dismissal" in the Redundancy Payments Act 1965' (1970) 33 MLR 93

Freedland, M.R., The Contract of Employment (Oxford: Clarendon Press, 1976)

Freedland, M.R., 'The Crown and the Changing Nature of Government', in Sunkin, M., and Payne, S. (eds), The Nature of the Crown (Oxford: Oxford University Press, 1999) (Freedland 1999a)

Freedland, M.R., 'Deductions, Red Herrings, and the Wage-Work Bargain' (1999) 28 ILJ 255 (Freedland 1999b)

Freedland, M.R., 'The Claim for unfair Dismissal' (2001) 30 ILJ 309

Freedland, M.R., 'Fus cogens and jus dispositivum in the Law of Personal Work Contracts', Chapter XII of Birks, P., and Pretto, A. (eds), Thems in Comparative Law (Oxford: Oxford University Press, 2002)

Freedland, M.R., The Personal Employment Contract (Oxford: Oxford University Press, 2003)

Freedland, M.R., 'Repudiation of Contract and Breach of Confidence' (2003) 32 ILJ 48

Freedland, M.R., 'From the Contract of Employment to the Personal Work Nexus' (2006) 35 ILJ 1

Freedland, M.R., and Kountouris,N, The Legal Construction of Personal Work Relations (Oxford: Oxford University Press, 2011)

Freedland, M.R. (eds), The Contract of Employment (Oxford: Oxford University Press, 2016).

Freedland, M.R., and Prassl, J., 'Employees, Workers, and the 'Sharing Economy': Changing Practices and Changing Concepts in the United Kingdom', University of Oxford Legal Research Paper Series No. 19/2017. (2017) Available at SSRN: https://ssrn.com/abstract=2932757.

Freedman, J., Employed or Self-employed? Tax Classification of Workers and the Changing Labour Market—Tax Law Review Committee Discussion Paper No.1 (London: The Institute for Fiscal Studies, 2001)

Frey, C,B., and Osborne, M, A., 'The Future of Employment: How Susceptible Are Jobs To Computerisation?', (2017) 114 Technological Forecasting and Social Change 254.

Gaymer, J., The Employment Relationship (London: Sweet & Maxwell,2001)

George, M.D., London Life in the Eighteenth Century, (London, 1925)

Graham, C.B., 'The Effect of Liquidation on Contracts of Service' (1952) 15 MLR 48

Hay, D and Craven, P., (ed), Masters, Servants, and Magistrates in Britain and the Empire, 1562-1955, (The University of North Carolina Press, 2004)

Hepple, B.A., 'A Right to Work?' (1981) 10 ILJ 65

Hepple, B.A., 'Restructuring Employment Rights' (1986) 15 ILJ 69

Hepple, B.A., 'Human Rights and the Contract of Employment' (1998) 8 Amicus Curia 19

Hepple, B.A., 'The EU Charter of Fundamental Rights' (2001) 301L1225

Hepple, B.A., and O'Higgins P., Individual Employment Law: an Introduction (London; Sweet & Maxwell, 1971)

ILO, Employment Relationship Recommendation, 2006 (No. 198)

ILO, " Non-Standard Employment Around the World: Understanding challenges, shaping prospects" (2016)

Kahn-Freund, O., 'Legal Framework' in Flanders, A., and Clegg, H. (eds), The System of Industrial relations in Great Britain (Oxford: Blackwell, 1954)

Kahn-Freund, O., 'Binding Effect of a Collective Agreement—Measure of Damages for Breach of Contract of Employment' (1958) 21 MLR 194

Kahn-Freund, O., Selected Writings (London: Stevens (published under the auspices of the Modern Law Review),1978)

Kahn-Freund, O., 'Blackstone's neglected child: the contract of employment' (1977) 93 Law Quarterly Review 508

Karabarbounis, L., and Neiman, B., 'The Global Decline of the Labor Share', The Quarterly Journal of Economics, (2013) 129 Quarterly Journal of Economics 61.

Kenner, J., 'Statement or Contract? —Some Reflections on the EC Employee Information (Contract or Employment Relationship) Directive after Kampelmann' (1999) 28 ILJ 205

Laws, J., 'Public Law and Employment Law: Abuse of Power' (1997) PL 455

Leighton,P., 'Problems Continue for Zero-Hours Workers' (2002) 31 ILJ 71

Lindsay, J., 'The Implied Term of Trust and Confidence' (2001) 30 ILJ 1

Morris,D. 'Volunteering and Employment Status' (1999) 28 ILJ 249

Morris, G., 'Fundamental Rights: Exclusion by Agreement?' (2001) 30 ILJ 49

Nobles, R., Pensions, Employment, and the Law (Oxford: Clarendon Press, 1993)

Palfreyman, D., and Warner, D. (eds), Higher Education Law, 2nd edn (Bristol: Jordans, 2002)

Pollard, D., 'Employers' Powers in Pension Schemes: the Implied Duty of Trust and

Confidence' (1997) 11 (4) Trusts Law International 93

Prassl, J., Humans as a Service: The Promise and Perils of Work in the Gig Economy (Oxford University Press, 2018).

Oliver, D., Common Values and the Public—Private Divide (London: Butterworths, 1999)

O'Higgins, P., 'Strike Notices: Another Approach' (1973) 2 ILJ 152

Rideout,R.W., 'The Contract of Employment' (1966) 19 CLP 111

Schwarzer, W. W., 'Wages During Temporary Disability—Partial Impossibility in Employment Contracts' (1952) 5 Stanford LR 30; republished in (1953) 8 ILR 12

Sedley, S., 'Public Law and Contractual Employment' (1994) 23 ILJ 201

Skidmore, P., 'Whose Risk is it Anyway? Allocation of Entrepreneurial Risk in Employment Contracts', in Baldwin, R. (ed), Law and Uncertainty: Risks and Legal Processes (London: Kluwer Law International, 1997)

Stoljar, S., 'Prevention and Cooperation in the Law of Contract' (1953) 31 Canadian Bar Review 231

Stoljar, S., 'The Great Case of Cutter v Powell' (1956) 34 Canadian Bar Review 288

Supiot, A., Beyond Employment: Changes in Work and the Future of Labour Law in Europe (Oxford University Press, 2001)

Treitel, G. H., The Law of Contract, 10th edn (London: Sweet & Maxwell, 1999)

Veneziani, B., 'The Evolution of the Contract of Employment', Chapter 1 of Hepple, B. A. (ed), The Making of Labour Law in Europe: A Comparative Study of Nine Countries up to 1945 (London: Mansell Publishing Limited, 1986)

Watson, L., 'Employees and the Unfair Contract Terms Act' (1995) 24 ILJ 323

Wedderburn, K.W., and Clark, J., 'Modern Law: Problems, Functions and Policies', Chapter 6 of Wedderburn, K. W., Lewis, R., and Clark, J. (eds), Labour Law and Industrial Relations (Oxford: Clarendon Press, 1983)

【アメリカ法文献】

Buscaglia, C., 'Crafting a Legislative Solution to the Economic Harm of Employee Misclassification', (2009) 9 U.C. DAVIS BUS. L.J. 111.

Carlson, R.R., 'Why the Law Still Can't Tell an Employee When It Sees One and How It Ought to Stop Trying' (2001) 22 Berkeley J. Emp. & Lab. L. 295.

Dau-Schmidt,K,G., 'The Problem of 'Misclassification' or How to Define Who is an 'Employee' Under Protective Legislation in the Information Age' (2018), (https://ssrn.com/abstract=3143296)

DeRoss Jr, J., 'Misclassification of Employees as Independent Contractors in Indiana: A State Legislative Solution' (2017) Indiana Law Review, 50(2)673

Farber, D,A,. 'Statutory Interpretation and Legislative Supremacy' (1989) 78 GER. L. J 281

Harned, K.R., et al., 'Creating A Workable Legal Standard for Defining an Independent Contractor', (2010) 4 J. BUS. ENTREPRENEURSHIP & L. 93, 100

Harned, K.R., Kryda, G,M., and Milito, E,A,. 'Creating A Workable Legal Standard for Defining an Independent Contractor', (2010) 4 J. BUS. ENTREPRENEURSHIP & L. 93, 100

Kendall, M., 'Uber battling more than 70 lawsuits in federal courts', The Mercury News, July 18, 2016 (available at https://phys.org/news/2016-07-uber-lawsuits-federal-courts.html)

Leffeler, F, C., 'Misclassifying Workers as Independent Contractors', (2010) Proskauer Rose LLP. AMERICAN BAR ASSOCIATION. LABOR AND EMPLOYMENT LAW SECTION. WAGE & HOUR BOOT CAMP, p5.

Lobel, O., 'The Gig Economy & The Future of Employment and Labor Law', (2016) University of San Francisco Law Review, University of San Diego School of Law Legal Studies Research Paper Series No16, p8.

Mead, W. R., 'The Jobs Crisis: Bigger Than You Think' The American Interest, May 10, 2013 (https://www.the-american-interest.com/2013/05/10/the-jobs-crisis-bigger-than-you-think/)

Moran, J.A., 'Independent Contractor or Employee?: Misclassification of Workers and Its Effect on the State' (2010) 28 BUFF. PUB. INT. L.J. 105

Mundele, J.M., 'Not Everything That Glitters is Gold, Misclassification of Employees; the Blurred Line Between Independent Contractors and Employees Under theMajor Classification Tests', (2015) 20 SUFFOLK J. TRIAL & APP. ADV. 253

Pearce II, J.A., and Silva, J.P., 'The Future of Independent Contractors and Their Status as Non-Employees: Moving on from a Common Law Standard' (2018) 14 Hastings Bus L.J. 1

Pinsof, J., 'A New Take on an Old Problem: Employee Misclassification in the Modern Gig-Economy' (2016) 22 Mich. Telecomm. & Tech.L. Rev. 341

Pivateau, G. T., 'Rethinking the Worker Classification Test: Employees, Entrepreneurship, and Empowerment', (2013) 34 N. ILL. U. L. REV. 67, 68

Schwochau, S., 'Identifying an Independent Contractor for Tax Purposes: Can Clarity and Fairness be Achieved?' (1998) 84 IOWA L. REV. 163

Smith, P.R., and Hodges,A.C., Stabile,S.J., and Gely, R., Principles of Employment Law (Concise Hornbook Series, 2009) p3

Sokol, H., 'New York's Fair Play Act Changes Rules of the Road for the Commercial Goods Transportation Industry', (2014) Holland & Knight Alert (https://www.hklaw.com/publications/new-yorks-fair-play-act-changes-rules-of-the-road-for-the-commercial-goods-transportation-industry-01-31-2014/)

Steinfeld, R. J., Coercion, Contract, and Free Labor in the Nineteenth Century (Cambridge University Press,1997)

Steinmetz, K., 'How Big the Gig Economy Really Is', TIME, Jan.6, 2016 (available at http://time.com/4169532/sharing-economy-poll/)

Stevens, G. M., 'The Test of the Employment Relation', (1939) Michigan Law Review Vol. 38, No. 2

Stone, K. V. W., 'Legal Protections for Atypical Employees: Employment Law for Workers without Workplaces and and Employees without Employers', (2006) 27 BERKELEY J. EMP. & LAB. L. 251, 257-58

[著者紹介]

國武 英生（くにたけ・ひでお）

1975年	新潟県新潟市に生まれる
1999年	北海道大学法学部卒業
2007年	北海道大学大学院法学研究科博士後期課程単位取得満期退学
	北九州市立大学法学部法律学科講師、同准教授
	小樽商科大学商学部企業法学科准教授を経て、
現　在	小樽商科大学商学部企業法学科教授、博士（法学）、北海道労働委員会公益委員

〈主要著書〉

「就業形態の多様化・非雇用化と労働契約の性質決定——近年の裁判例の傾向とその判断基準」小宮文人＝島田陽一＝加藤智章＝菊池馨実編『社会法の再構築』（共著、旬報社、2011年）

「争議行為の法的効果」日本労働法学会編『講座労働法の再生　第5巻　労使関係法の理論課題』（共著、日本評論社、2017年）

道幸哲也＝加藤智章＝國武英生編『18歳から考えるワークルール〔第2版〕』（共編著、法律文化社、2018年）

〈主要論文〉

「イギリスにおける労働法の適用対象とその規制手法」日本労働法学会誌108号（2006年）184頁

「シェアリング・エコノミーと雇用関係——アメリカとイギリスにおけるUber訴訟をめぐる覚書」季刊労働法257号（2017年）139頁

＊本書は、小樽商科大学から出版助成を得て小樽商科大学研究叢書として刊行したものである。

小樽商科大学研究叢書7

労働契約の基礎と法構造
—— 労働契約と労働者概念をめぐる日英米比較法研究

2019年3月25日　第1版第1刷発行

著　者	國武英生
発行所	株式会社　日本評論社
	〒170-8474　東京都豊島区南大塚3-12-4
	電話　03-3987-8621　　FAX 03-3987-8590
	振替　00100-3-16　　　https://www.nippyo.co.jp/
印刷所	精文堂印刷
製本所	松岳社
装　幀	神田程史

検印省略　© H. KUNITAKE 2019

ISBN978-4-535-52413-2　　Printed in Japan

JCOPY　〈(社)出版者著作権管理機構　委託出版物〉

本書の無断複写は著作権法上での例外を除き禁じられています。複写される場合は、そのつど事前に、(社)出版者著作権管理機構（電話03-5244-5088、FAX 03-5244-5089、e-mail: info@jcopy.or.jp）の許諾を得てください。また、本書を代行業者等の第三者に依頼してスキャニング等の行為によりデジタル化することは、個人の家庭内の利用であっても、一切認められておりません。